新媒体全能实战规划教材

新媒体运营
基础教程

胡悦——著

北京大学出版社
PEKING UNIVERSITY PRESS

内 容 简 介

随着无线互联网的迅猛发展，新媒体运营已成为目前较热门的职业之一，无论是个人还是企业、事业单位、机关单位都离不开新媒体。本书为新媒体运营基础教程，采用"课堂讲解""课堂实训""课堂小结""课后作业"这一结构编写，既有基础理论，又有实操进阶，还有实战提高，非常适合初学者学习。

全书共 11 章，内容包括新媒体与新媒体运营、新媒体运营必备工具、新媒体文案写作技巧、新媒体账号与平台矩阵、用户运营、产品运营、内容运营、活动运营、社群运营、数据化运营，以及新媒体运营实战操作指南。

本书由多年从事新媒体运营的一线老师参与编写，内容全面，专业性较强，可以有效帮助读者掌握新媒体运营的方法、思维和技能。除此之外，本书还为读者提供了实用的新媒体运营指导，帮助读者从新手快速成长为营销高手。本书既适合作为新媒体爱好者或初学者提高自己运营水平的经典自学教程，也非常适合作为高等学校新媒体运营相关专业的教材用书。

图书在版编目（CIP）数据

新媒体运营基础教程 / 胡悦著. — 北京：北京大学出版社，2022.9
ISBN 978-7-301-33310-5

Ⅰ.①新… Ⅱ.①胡… Ⅲ.①媒体－运营管理 Ⅳ.①G206.2

中国版本图书馆CIP数据核字（2022）第160165号

书　　　名	新媒体运营基础教程 XINMEITI YUNYING JICHU JIAOCHENG
著作责任者	胡悦　著
责任编辑	刘云　刘倩
标准书号	ISBN 978-7-301-33310-5
出版发行	北京大学出版社
地　　　址	北京市海淀区成府路205号　100871
网　　　址	http://www.pup.cn　　新浪微博：@北京大学出版社
电子邮箱	编辑部 pup7@pup.cn　总编室 zpup@pup.cn
电　　　话	邮购部 010-62752015　发行部 010-62750672　编辑部 010-62570390
印 刷 者	北京鑫海金澳胶印有限公司
经 销 者	新华书店
	720毫米×1020毫米　16开本　16.5印张　287千字 2022年9月第1版　2024年1月第3次印刷
印　　　数	5001-8000册
定　　　价	69.00元

未经许可，不得以任何方式复制或抄袭本书之部分或全部内容。
版权所有，侵权必究
举报电话：010-62752024　电子邮箱：fd@pup.cn
图书如有印装质量问题，请与出版部联系，电话：010-62756370

前言

本书编写目的

新媒体是依托互联网发展起来的一种新兴媒体，新媒体运营是近年来随着互联网营销多样化而出现的营销方式，被广泛应用于各行各业的产品营销、品牌营销中。

本书从新媒体运营的实际应用出发，以新媒体运营的必备基础知识为基石，以新媒体运营基本操作技能为核心，以新媒体运营应用实战为宗旨，全面系统、循序渐进地讲解了新媒体运营中各个环节的实操与技能，旨在帮助读者培养新媒体运营的逻辑思维，切实掌握新媒体运营的各项工作技能。

本书内容与学时安排

本书秉持理论与实践相结合的理念，以培养新媒体运营的技能型人才为目标，结合大量新媒体实战案例，系统地讲解了新媒体运营的方法、思维、工具、账号打造、运营流程以及各新媒体平台的运营策略和技巧。

编者根据多年的教学与实战经验，建议读者按下表安排本书的学习计划。

	内容要点	学习要求	建议学时（分钟）
第1章 新媒体与新媒体运营	认识新媒体	★	25
	认识新媒体运营	★★	35
	新媒体运营人员的核心技能	★★	30
	新媒体运营人员的职业路径	★★	15
	课堂实训	★★	20
第2章 新媒体运营必备工具	二维码制作工具	★★★	45
	图文排版工具	★★★	60
	图片处理工具	★★	30
	视频拍摄、编辑工具	★★★	45
	H5海报制作工具	★★	45
	课堂实训	★★★	45
第3章 新媒体文案写作技巧	认识新媒体文案	★★	45
	新媒体文案的写作方法	★★★	90
	新媒体文案的写作技巧	★★★	105
	课堂实训	★★★	45
第4章 新媒体账号与平台矩阵	账号定位	★★★	60
	常见的新媒体平台	★★★	105
	选择适合自己的新媒体平台	★★★	25
	课堂实训	★★★	25
第5章 用户运营	用户运营的概述	★	45
	用户画像分析	★★★	60
	用户的寻找、留存与裂变	★★★	105
	课堂实训	★★★	45
第6章 产品运营	产品运营的概述	★	30
	产品信息优化	★★	60
	产品运营策略	★★★	90
	课堂实训	★★★	45
第7章 内容运营	内容运营的概述	★	45
	内容运营三要素	★★★	60
	内容运营的方法与步骤	★★★	90
	课堂实训	★★★	45

续表

内容要点		学习要求	建议学时（分钟）
第8章 活动运营	活动运营的概述	★	45
	活动的准备	★★★	60
	活动的策划	★★★	60
	课堂实训	★★★	45
第9章 社群运营	社群运营的概述	★	45
	社群的创建与管理	★★★	60
	社群的运营	★★★	90
	课堂实训	★★★	45
第10章 数据化运营	数据化运营的概述	★★	45
	数据化运营的价值	★	20
	数据化运营的核心指标	★★★	60
	课堂实训	★★★	45
第11章 新媒体运营实战 操作指南	微博运营案例	★★	25
	小红书运营案例	★★	25
	B站运营案例	★★	25
	短视频运营案例	★★	25
	多平台联合营销案例	★★★	25

注：★表示了解、★★表示熟悉、★★★表示掌握。

本书超值资源

（1）本书提供PPT（PowerPoint）电子教案，可以帮助老师和读者朋友梳理本书的重点。

（2）本书提供案例的素材与效果文件、练习题库，方便读者练习和巩固所学知识。

（3）本书提供名师热门视频课程。免费提供一线名师与新媒体、电商行业相关的实战视频教程，帮助读者朋友提高实战应用能力。

温馨提示：对于以上资源，读者可以通过扫描封底二维码，关注"博雅读书社"

微信公众号，找到资源下载栏目，输入本书77页的资源下载码，根据提示获取。

致谢

  编者在本书的编写过程中得到了很多新媒体平台、网站，以及一些商家、个人的大力支持，特别是公众号"汤臣杰逊品牌新策略"的数据和案例分享，在此向其表示衷心的感谢。

  本书从规划、编写到出版，经历了很长一段时间，经过多次修改逐步完善，最终得以出版。在编写过程中，尽管编者着力打磨内容，精益求精，但因水平有限，书中难免有不足之处，欢迎广大读者提出宝贵意见和建议，以便后续再版修订。

编　者

目 录

第1章　新媒体与新媒体运营　　001
1.1　认识新媒体　　002
1.2　认识新媒体运营　　007
1.3　新媒体运营人员的核心技能　　014
1.4　新媒体运营人员的职业路径　　017
课堂实训：咖啡新物种，用"键盘"打动用户　　018
课堂小结　　021
课后作业　　021

第2章　新媒体运营必备工具　　022
2.1　二维码制作工具　　023
2.2　图文排版工具　　025
2.3　图片处理工具　　030
2.4　视频拍摄、编辑工具　　031
2.5　H5海报制作工具　　036
课堂实训1：查找微信群的二维码　　038
课堂实训2：制作一个不过期的微信群二维码　　039
课堂小结　　042
课后作业　　042

第3章　新媒体文案写作技巧　　043
3.1　认识新媒体文案　　044
3.2　新媒体文案的写作方法　　047
3.3　新媒体文案的写作技巧　　052

课堂实训 1：撰写短视频带货文案　　060

　　课堂实训 2：撰写电商产品宣传文案　　062

　　课堂小结　　063

　　课后作业　　063

第4章　新媒体账号与平台矩阵　　064

　　4.1　账号定位　　065

　　4.2　常见的新媒体平台　　073

　　4.3　选择适合自己的新媒体平台　　090

　　课堂实训：在抖音平台注册一个名为"健康管家"的账号　　093

　　课堂小结　　094

　　课后作业　　094

第5章　用户运营　　095

　　5.1　用户运营的概述　　096

　　5.2　用户画像分析　　101

　　5.3　用户的寻找、留存与裂变　　106

　　课堂实训：用户画像分析案例详解　　118

　　课堂小结　　121

　　课后作业　　122

第6章　产品运营　　123

　　6.1　产品运营的概述　　124

　　6.2　产品信息优化　　127

　　6.3　产品运营策略　　134

　　课堂实训 1：小罐茶——中国茶行业的先行者　　139

　　课堂实训 2：火热的方便速食品牌玩法　　143

课堂小结	146
课后作业	147

第7章　内容运营　　148

7.1　内容运营的概述	149
7.2　内容运营三要素	154
7.3　内容运营的方法与步骤	161
课堂实训：野兽派——"花界爱马仕"的传奇之旅	168
课堂小结	175
课后作业	175

第8章　活动运营　　176

8.1　活动运营的概述	177
8.2　活动的准备	183
8.3　活动的策划	190
课堂实训1：微信朋友圈活动实战	197
课堂实训2：通过微信活动，让老客户裂变	201
课堂小结	203
课后作业	203

第9章　社群运营　　204

9.1　社群运营的概述	205
9.2　社群的创建与管理	209
9.3　社群的运营	213
课堂实训：小面馆的社群运营	221
课堂小结	223
课后作业	223

第10章　数据化运营　　224

10.1　数据化运营的概述　　225

10.2　数据化运营的价值　　234

10.3　数据化运营的核心指标　　236

课堂实训：通过分析直播数据发现运营问题　　242

课堂小结　　244

课后作业　　244

第11章　新媒体运营实战操作指南　　245

11.1　微博运营案例——小米：为米粉手写十万张明信片　　246

11.2　小红书运营案例——王饱饱在冷启动阶段打透小红书渠道　　247

11.3　B站运营案例——Girlcult 近 1 亿的曝光量　　249

11.4　短视频运营案例——看自嗨锅讲大家的故事　　250

11.5　多平台联合营销案例——酒饮品牌"酒时浪"获年轻人青睐　　251

第1章 新媒体与新媒体运营

新媒体运营作为一种全新的运营模式,已帮助多个企业实现高转化率的效果。新媒体运营者应该全面认识新媒体的概念以及分类、运行规则等。同时,作为一名新媒体运营者,必须熟悉运营的相关术语,并了解运营者应熟悉的核心技能及职业路径。

本章学习要点

- 认识新媒体
- 知悉新媒体运营的常用思维
- 了解新媒体运营者的核心技能与职业路径

1.1 认识新媒体

近年来，随着互联网的迅猛发展，新媒体作为一种新且火的媒体形态，为各行各业提供了新的营销平台。大家只有在了解新媒体的基本知识后，才能进一步了解新媒体运营这一岗位。

1.1.1 什么是新媒体？

笔者对新媒体的定义分为狭义和广义两个方面。

狭义上，新媒体是继报纸、广播、电视等传统媒体之后，发展起来的一种新的媒体形态，如常见的网络媒体、手机媒体、数字电视等。

广义上，新媒体是指利用数字技术，通过电视、计算机、手机等终端，向用户提供信息和服务的传播形态。

大家可以通过图 1-1 所示的 4 个层面来理解新媒体。

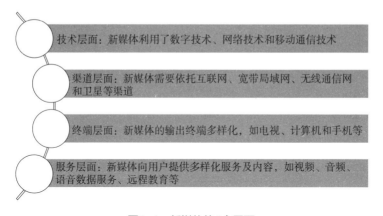

图1-1　新媒体的4个层面

相比传统媒体，新媒体更偏重于为用户提供个性化的服务。与此同时，它还为信息传播者和用户提供可以交流的平台，如微信、抖音等，拉近大家的距离。

1.1.2 新媒体的分类

新媒体的分类多而杂，目前业界也未对新媒体分类做出硬性规定。但就目前发展情况来看，我们可以将新媒体概括为图 1-2 所示的 4 大类。

1. 手机媒体

手机发展至今，已经从一个通信工具逐渐成为"迷你型电脑"，用户可以通过手机来了解世界，发现新事物。手机媒体不仅跨越了地域和电脑终端的限制，方便携带，还能实时接收新消息，方便用户查阅自己感兴趣的信息等，因此受到众多用户的青睐。

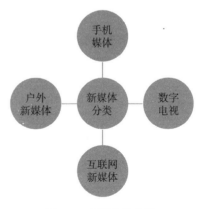

图1-2 新媒体的分类

例如，很多用户以前订阅纸制报纸，而现在订阅电子书刊、杂志。又如，某商报就以微信公众号推文的形式向用户推送天气、交通规则等信息，如图1-3所示。

2. 数字电视

数字电视也是新媒体的重要代表之一。随着数字电视用户的不断增加，很多用户通过数字电视了解信息。某数字电视的页面如图1-4所示，其中包含多个视频播放软件及电视剧、综艺资源。

也正是因为数字电视用户的增加，不少企业通过数字电视建立起了与用户之间的联系。

图1-3 天气、交通规则等信息

3. 互联网新媒体

相较于手机媒体和数字电视，互联网新媒体所含内容更为广泛，包括但不限于常见的网络电视、微博、短视频、微信等。

图1-4 数字电视页面

（1）网络电视。

网络电视（以下简称"IPTV"）即交互式网络电视，是互联网和传统电视的一种结合。IPTV打破了固有的传播者与受众的定位传播，更偏重于二者之间的互动，以实现共享和移动。目前，中国电信、中国移动及中国联通这三大运营商都在竭力打造IPTV。图1-5所示为中国电信的IPTV页面。

（2）微博。

微博是一种"迷你"型的日志，包括新浪微博、网易微博、腾讯微博等，其中新浪微博最为火热。微博可以实现一对多的互动交流，也有快速传播的特征，为企业带来了新的推广平台。图1-6所示为某电子品牌的新浪微博页面，这条微博有上千人参与互动。

图1-5　中国电信的IPTV页面　　　图1-6　某电子品牌的新浪微博页面

（3）短视频。

短视频是指播放时间比较短的视频，如抖音短视频、快手短视频、淘宝短视频等。近年来，一条短视频捧红一个关键意见领袖（KOL），一条短视频捧红一个品牌，一条短视频为视频发布者增加数百万粉丝的例子，已经屡见不鲜。也正是因为短视频用户的与日俱增，不少企业在各个短视频平台开通了营销账号，通过发布短视频来传递品牌信息。图1-7所示为某速食品牌抖音短视频账号发布的内容，以介绍品牌产品为主，获得1.9万人点赞互动。

（4）微信。

微信作为一个社交媒体平台，其功能已经从免费聊天、语音交流、发送红包等，扩展到了关注公众号、分享朋友圈、发布视频、购买产品等，给大部分用户带来了全方位、高品质的服务体验。不少企业开始通过微信公众号、企业微信等功能，向用户发送营销信息。图1-8所示为某服饰品牌的微信公众号向微信用户推送的新品信息；图1-9所示为某餐饮团购的企业微信群向群内用户推送的抢购信息。

图1-7　某速食品牌抖音短视频账号发布的内容

图1-8　某服饰品牌的微信公众号推送的信息

图1-9　某餐饮团购的企业微信群

4. 户外新媒体

户外新媒体是区别于传统户外媒体形式（如广告牌、灯箱、车体等）的新型户外媒体。户外新媒体主要以液晶电视为载体，如电梯广告、地铁广告、大型LED屏等。户外新媒体广告一般覆盖面较广，移动性也较强，像电梯广告、地铁广告等还有着"强迫收视"的特点。图1-10所示为某酒业的车站广告，企业用幽默、诙谐的文案宣传了自己的品牌。

1.1.3　新媒体的特点

随着新媒体的发展，它的呈现形式逐

图1-10　某酒业的车站广告

渐多样化，其特点对于企业而言也更具营销性。新媒体的特点主要体现在图1-11所示的几个方面。

图1-11 新媒体的特点

1. 双向化

新媒体的传播方式改变了传统媒体"传播者单向发布、受众接收"的形式，实现了传播方式双向化，让每一个信息的受众既是信息的接收者，也是信息的传播者。例如，某微博博主将从其他期刊上看到的权威知识发布在微博平台，从一个信息接收者的角色转变为信息传播者。同理，其他用户在看到该条微博时，也可以在评论区对内容进行补充、转发。这样双向化的互动，让信息传播效果更好。

2. 移动化

相较于传统媒体固定的接收信息的方式，新媒体接收信息的方式真正实现了移动化。用户可以通过手机浏览网页、微博等平台的信息，摆脱固定场所的限制。

3. 个性化

新媒体的传播行为更加个性化，每一个用户都可以成为信息的发布者，表达自己的观点，传播信息。同时，相较于传统媒体的大众化，新媒体可以做到面向不同的受众，提供个性化的内容和服务。例如，10名抖音用户在同一时间段浏览短视频，其视频内容可能完全不一样。

4. 实时化

在互联网快速发展的今天，新媒体的信息传播速度远比传统媒体更迅速，甚至能实时接收信息，并做出相应反馈。特别是一些企业，在对热点信息进行剖析后，迅速发布实时内容，快速获得粉丝的关注。

5. 多元化

新媒体多样化的形式，使其内容也多元化。新媒体把文字、图片、视频融为一体，在丰富内容的同时，也增加了传播内容的信息量。同时，新媒体还有"易检索"的特点，用户可以在微博、抖音等平台检索自己感兴趣的内容。

正是因为有着双向化、移动化、个性化、实时化、多元化等特点，新媒体才成为目前火热的营销方式之一，被广大企业和用户所青睐。

1.1.4 新媒体、自媒体与融媒体的区别

新媒体是数字化时代一种具有实时化、个性化、双向化、移动化和多元化等特点的新型媒体形式。它是利用数字技术，以计算机网络、无线通信网、卫星等为传播渠道，以电脑、手机、数字电视机等为终端设备，以图文、动画、音/视频等为传播载体，向用户提供信息和服务的一种传播形式。比如，现在的抖音、微信、今日头条、微博、小红书等都属于新媒体。

自媒体是指普通大众通过论坛、博客、微博、微信，以及新兴的视频网站等网络途径向外发布他们自身的事实和新闻的一种传播方式。这种传播方式是通过数字化的方式，将规范和非规范的信息传递给不特定的大多数或特定的个人。自媒体具有多样化、平民化和泛化等特点。

融媒体不是一种独立的实体媒体，而是一种融合广播、电视、互联网等媒体优势于一身的运作模式。融媒体提倡"资源通融、内容兼融、宣传互融、利益共融"的宣传理念，使其成为一种较为流行的媒体运作模式，很多政府机构都成立了"融媒体中心"。

1.2 认识新媒体运营

前文介绍了新媒体，接下来将介绍新媒体运营的概念、新媒体运营的专业术语，以及新媒体运营的常用思维。

1.2.1 什么是新媒体运营？

新媒体运营，简单来说就是以新媒体为工具，利用互联网的方法、思维和手段为企业带来利润并创造价值。具体来说，新媒体运营是指以移动互联网为基础，通过内容、活动、IP打造、粉丝互动等多种运营方法和手段，借助微信、微博、今日头条、抖音、快手、视频号、小红书、贴吧等新媒体工具，进行产品宣传与推广，

帮助企业获得更多的潜在用户，从而达到销售产品或服务，以及宣传企业品牌的目的。

由此可见，新媒体运营人员的工作职责是负责企业的自媒体平台的日常运营和推广，根据热点策划和创作与品牌相关的优质、传播性高的内容和线上活动，向客户精准推送文章和产品等相关信息，提高客户的活跃度，从而达到相应的营销目的。

1.2.2 新媒体运营的专业术语

新媒体运营过程中会涉及很多相关术语，了解这些专业术语有利于我们更好地掌握新媒体运营的相关内容。

1. 用户术语

种子用户：具有成长潜力的用户。这类用户可以凭借自己的影响力，吸引更多目标用户，是有利于营造产品氛围的第一批优质用户。

重度用户：重复使用某产品的用户。

沉睡用户：又称为僵尸用户（僵尸粉），这类用户会在你的名单里待很久，但从来没有产生交往和利润。

KA（Key Account）：关键客户、重点客户、主要客户、优质客户，即通常所说的大客户，也就是对产品（或服务）消费频率高、消费量大、客户利润率高且对企业的经营业绩产生一定影响的客户。

KOL（Key Opinion Leader）：关键意见领袖，是指在某个领域内说话具有权威性的人（即拥有一定话语权的人），就是我们通常所说的大V或大咖。

KOC（Key Opinion Consumer）：关键意见消费者，指能影响自己的朋友、粉丝产生消费行为的消费者。

2. 流量术语

流量，就是"访问量"，线上叫流量，线下叫客流。在传统营销概念中，某企业开设一家实体店，能够进店的顾客就叫"客流"，就是线下流量。如今的线上流量，就是指一个网上店铺（账号）的访问量，即访问你的网上店铺（账号）的总人数。这个账号就是你在各个新媒体平台的账号，如公众号、小红书账号、微博账号等。下面罗列了新媒体运营中常见的流量术语。

PV（Page View）：页面访问量或点击量。用户每点击1次网页页面就被记录1次，且对同一页面的多次访问，访问量累计。

UV（Unique Visitor）：独立访客数量，是指一个统计周期内独立访客的总数。如果一个 IP 的访客浏览多次，则只能记录 1 次。

> **提示**　如果使用真实 IP 上网，则 UV 和 IP 的数值相同。

RV（Repeat Visitors）：重复访客，即通过互联网访问同一个网页或同一产品的重复触发用户数。

TP（Time on Page）：页面停留时间，即用户在一个页面的停留时间。

Ts（Time spent on the website）：用户在整个网站上的总停留时间。

CTR（Click-Through-Rate）：点击率，即用户点击页面内容的次数与该内容向用户展示的次数之比。它是衡量互联网广告效果的一项重要指标。

VV（Video View）：视频播放量，即视频文件的播放次数。它是衡量视频播放效果的重要参数之一。

DAU（Daily Active User）：日活，即日活跃用户数量，用来反映网站、互联网应用的运营情况。DAU 通常统计一日之内，登录或使用了某个产品的用户数（去除重复登录的用户数）。

WAU（Weekly Active User）：周活，即周活跃用户数量。

MAU（Monthly Active User）：月活，即月活跃用户数量。

3. 内容来源术语

MCN（Multi-Channel Network）：多频道网络，是一种新的"网红"（即"网络红人"）经济运作模式，主要是挖掘、培养网红，打造 KOL 及个人 IP 品牌，并为他们设计与规划，持续输出优质内容，从而实现商业的稳定变现。

UGC（User-Generated Content）：用户生产内容，即用户将自己原创的内容通过互联网平台进行展示或者提供给其他用户，如优酷、Facebook。

PGC（Professional Generated Content）：专业生产内容，如电视节目、纸媒等专业内容通过互联网传播，如优酷的合伙人计划。

BGC（Brand-Generated Content）：品牌生产内容，以团队为核心，为受众提供与产品/品牌/生活方式相关的信息。

OGC（Occupationally-Generated Content）：职业生产内容，就是指用外包、代

运营、职业写手等方式来产出内容。

4. 其他术语

人格化：将账号拟人化称呼，以拉近与用户的距离。

调性：格调和个性，通常是指账号的整体风格。

用户画像：粉丝群体的属性，如性别、职业、学历、收入水平、兴趣爱好等。运营人员可以根据用户画像来推送适合他们的文章和产品。

作为一个新媒体运营人员，必须熟悉以上这些专业术语。这样不仅方便工作中的交流，还能体现自己的专业水平。

知识拓展

公域流量与私域流量

"公域流量"，就是属于公共的流量，不属于哪一个人拥有。这些流量是属于平台的，企业要获取这些流量，就要依附于这些平台（如淘宝、百度、抖音、小红书、今日头条等），按照平台的规则宣传推广（花广告费或高质量内容吸引）来不断获取新的流量。

"私域流量"，就是企业自己的流量。企业可以自由支配这些流量，不用付费，可以任意时间、任意频次，直接触达到用户，如QQ、微信、微信公众号上的粉丝等。

通俗地讲，公域流量就像"大海"，私域流量就像"自家的鱼塘"。每个企业营销推广的目的都是用最少的成本从大海里捞更多的鱼到自家的鱼塘。

1.2.3 新媒体运营的思维

在无线互联网时代，作为一个新媒体运营从业者，要想做好新媒体运营的相关工作，就要拥有新媒体运营的思维。新媒体运营的思维主要包括流量思维、用户思维、裂变思维和大数据思维，下面详细介绍这四种思维。

1. 流量思维

流量思维是指在价值链的各个环节都要以"流量的多少"去解决问题的一种思维。简单地讲，流量思维就是通过多种渠道获得大量用户的传播运营思维方式。在移动互联网时代，无论是线下实体店还是线上网店，无论是传统电商还是现在火爆的直播电商，都离不开流量。流量就是王道，有流量才会有成交。

在网络领域，流量是指一个网站或者APP的浏览量或用户数量，通常按照日、周、月、年计算流量。流量越高，网站或APP的价值就越高。在互联网平台发展的初期，平台有流量红利扶持，那时的流量成本相对较低，商家或个人只要抓住平台流量红利时机进行全面运营，就可以获得丰厚的收益和显著的运营效果。

在新媒体运营中，只有具备了流量思维，才能重视用户的体验并提供满足用户需求的产品和服务，以吸引更多的流量。新媒体运营的最终目的是提高销售额。根据销售额的公式（销售额＝流量×转化率×客单价）可以看出，有了流量才有转化的可能，流量大、转化率高，则销售额高。而流量思维强调的是流量变现与用户黏性，因此，流量思维的核心就是如何使流量变现。用户越精准，广告价值越大，为品牌带来的流量越精准，价值也就越大。

2. 用户思维

用户思维，简单来说，就是站在用户角度思考，以用户为中心，为用户提供各种针对性的产品和服务，树立"用户至上"的思维模式。作为一个合格的新媒体运营人员，我们必须非常了解自己的目标用户。只有准确地找到了自己的用户，并了解用户的痛点，然后提供解决用户痛点的产品和服务，满足用户的需求，让他们成为我们的核心客户，才能达到运营的效果。总之，新媒体运营人员要通过用户思维，深挖用户背后的需求。拼多多之所以能突破重围，成为后起的三大网购平台之一，就是因为它抓住了三、四线城市用户的需求。举个例子，如果你是做母婴产品的，你就要分析母婴店用户的基本属性，包括性别、年龄、职业以及行为特征等，然后根据这些特征找到用户的痛点，整理出用户的需求，最后通过新媒体运营来展示产品以满足用户的这些需求。

3. 裂变思维

裂变思维就是快速获得资源并使资源价值迅速成功最大化的思维方法，简单来说就是让"一个用户带来多个用户"的思维模式。这种思维可以扩大辐射面和影响力，因此，裂变思维也被称为"病毒"营销思维。

在新媒体运营中，要想成功进行裂变，就必须具备以下两个要点。

（1）让用户选择这个平台。

（2）让用户主动推荐、邀请新的用户加入这个平台。

如果平台的产品和服务能够解决用户的需求，为用户提供利益，那么用户则愿意选择这个平台；如果平台给予用户的利益是长期的、持续的，并且让用户感受到了平台的价值，那么用户就会主动为平台（或者产品）做宣传，从而为平台带来更多的用户。

4. 大数据思维

大数据思维是指运用大数据分析进行决策的一种解决问题的方法和思维模式。大数据分析是一种量化分析，可以减少因决策者主观判断而带来的失误。只有采用大数据思维方式、运用大数据技术改进传统的决策方式，才有利于实现决策的科学化。

在新媒体运营中，大数据的应用随处可见。比如，在撰写一篇推文之前，我们应该进行数据分析，分析用户更喜欢什么类型的文章，用户喜欢在什么时间阅读文章，什么样的营销方式能吸引用户购买产品等。由此可见，只有重视数据并进行数据分析，才能创造出更能满足用户需求的产品。

运用大数据思维时需要注意以下几点。

（1）数据的获取量一定要非常大。

（2）要找出真正有用的数据。

（3）对"清洗"后的数据进行分析。

1.2.4 新媒体运营工作流程

一个新媒体运营工作人员，每天的日常工作就是策划选题、撰写各类推文、查看并收集各类账号发布文章的数据，然后对这些数据进行分析，找出数据背后存在的问题并对症下药，以便下次发布文章时可以避免。由此可见，新媒体运营工作只有遵守一定的流程，才能获取持续稳定的精准流量。新媒体运营工作流程可以分为市场调研、内容创作、平台选取、数据测试、优化调整五大步骤，详细介绍如下。

1. 第一阶段：市场调研

市场调研是新媒体运营工作中最重要的一个环节，这一阶段的主要工作包括用户分析和竞品分析。通过用户分析，找出用户痛点，形成需求并在产品中展示出来；通过竞品分析，了解竞品的特性、卖点，从而进行参考、比较和模仿。

由此可见，市场调研阶段要解决的问题是：用户的痛点是什么？我们的产品卖点是什么？我们的客户在哪些渠道活跃？竞品输出的是什么内容？哪些内容阅读量高？哪些内容点赞数多？路径是什么？目标客户在哪儿？只有通过市场调研，才能创造出满足用户需求的产品和服务。

2. 第二阶段：内容创作

市场调研完成后，就要进入内容创作阶段了。这个阶段的主要工作包括选题规划、内容策划、确定创意形式。通过市场调研已经确定了用户是谁、用户在哪些渠道、用户喜欢看什么内容，那么内容创作就是市场调研的实践过程，只有策划贴合热点、击中用户痛点的选题，才能吸引更多用户的关注。

在内容创作过程中，通常需要把握以下要点。

（1）撰写用户喜欢看的内容，且要有一个明确的观点。

（2）选择适合渠道的文体样式。

（3）利用热点新闻、热门事件来撰写爆文标题以吸引关注，创作紧扣主题的金句。

（4）文章内容要有代入感，让读者产生共鸣；通过产品故事和情怀吸引用户。

（5）通过权威认证、名人背书、产品口碑、产品承诺等方式获得信任感。

（6）根据产品特性、卖点分析和用户画像展开创意。

除了进行内容创作，新媒体运营人员还可以通过策划活动、付费推广等方式来提高产品或品牌的曝光量和关注度。

3. 第三阶段：平台选取

内容创作完成后，接下来的工作就是将内容投入不同平台以获取流量。最常见的平台有：①图文平台，如小红书、微信公众号；②直播平台，如花椒、映客直播；③视频平台，如秒拍、优酷、美拍；④音频平台，如网易、荔枝FM。面对众多的新媒体平台，我们不可能在每个渠道上都进行投放，而是要选择适合我们内容的平台。这样不仅可以做精做专所选的投放平台，还可以节约成本和精力，提高投放平台的性价比。

4. 第四阶段：数据测试

做互联网运营工作一定要具备数据思维。数据思维就是用数据来测试运营工作的效果。通常的操作方法是将同一个内容放到多个不同的平台，然后分别测试各个平台的效果，如测试它们的阅读量、点赞数、转化率等。当然，也可以将几个不同的内容放到同一个平台中，测试内容的转化情况。总之，只有通过数据测试才可能选择性价比最佳的平台来进行投放和推广。

5. 第五阶段：优化调整

新媒体运营的测试工作完成之后，接下来就是对得到的相关数据进行分析，根据数据分析和用户调查的结果，找出测试效果不好的原因，然后进行优化调整，以达到我们预期的效果。要优化的内容包括文章内容创意、平台和产品创意与设计等，优化的目的就是把较好的内容投放到较好的平台，以获取精准的流量。

以上就是新媒体运营工作的基本流程，其目的都是把测试好的内容投放在合适的平台以获取持续稳定的精准流量，从而得到较佳转化率。

1.3 新媒体运营人员的核心技能

新媒体运营是目前较为火热且有效的营销方式，对于新媒体运营的从业人员来讲，应该具备创意文案写作、内容创作、活动策划、用户运营、社群运营和数据分析六大核心技能，下面将详细介绍。

1.3.1 创意文案写作

文案写作是新媒体运营人员最基本的技能之一，也是运营人员必备的首要技能。无论是哪种新媒体运营工具，都少不了文案的创作，比如，销售产品的广告、商品详情页、进行品牌宣传的海报、活动页面、渠道推广等都离不开文案的创作。

无论是销售文案还是品牌宣传文案，其最终目的都是转化，因此，文案需要有一定的创意，只有有创意的文案才有生命力，才能吸引更多的用户点击和传阅，从而提高转化率，以实现运营的最终目标。而文案创意则来源于卖点挖掘和文案写作，卖点挖掘的重点是从产品的功能和使用效果中找出能满足用户需求的卖点；文案写作的重点则在于如何吸引用户浏览文案、刺激用户的购买欲，使用户产生购买行动。某双肩包的文案如图1-12所示，用"横竖都是它"清晰地展示了该双肩包可以满

图1-12　某双肩包的文案

足两种用法的卖点，也给用户提供了购买该产品的理由。

1.3.2 内容创作

内容创作是新媒体运营重要的工作内容，它是指围绕产品和用户喜好创造、编辑和组织多元化内容来吸引用户。例如，围绕产品撰写有趣的文案、公众号推文、抖音短视频、小红书笔记，以及网民喜闻乐见的潮流帖子，这些都属于内容创作。内容创作的目的是通过内容来吸引用户阅读并认同产品，在用户心里"种草"，最终促使用户购买。

内容创作看似简单，实则复杂，它不仅要求运营人员具备一定的文案写作基础，还要求运营人员将产品特点与创意有机结合起来，这样才能更好地传递产品价值。具体来说，新媒体运营人员在创作内容时，首先要策划打造爆款的选题，确定内容创作框架，收集内容创作的相关素材；然后注重内容创作细节，提升写作质量，用标题提升内容的阅读量；最后巧妙结合热点并借助微博、直播、短视频等新型推广方式，进一步引爆流量。

图1-13　发布在小红书的内容

例如，某达人在小红书发布了一篇关于美甲的内容笔记，吸引了6.3万名用户点赞，如图1-13所示。在这篇内容火热的同时，内容中所展示的美甲产品及店铺信息也得到了宣传，对该款美甲产品感兴趣的用户有很大的概率进入店铺购买同款产品，由此完成营销。

1.3.3 活动策划

活动策划是指通过组织活动来达到特定目标，例如，参加平台活动或策划店铺活动等，将销售额在短时间内提升到预期的水平。运营人员可以根据营销的实际需要，报名参加平台的一些日常活动或大促活动；另外，还可以策划一些个性化的活动，如秒杀活动、限时预售、限量促销等。通过活动策划，可以在较短时间内提升目标数据。活动策划不仅要求运营人员必须熟悉新媒体平台的各个活动及其规则，还要求运营人员必须具备活动创意、执行、控制和复盘等能力。

例如，某花艺直播间右下角有个秒杀活动，用户可凭手速以低于平时售价的价格购买产品，如图1-14所示。在新媒体运营中，运营人员经常策划诸如此类的活动，能有效刺激用户的下单欲望，提升产品成交率。

1.3.4 用户运营

用户运营，顾名思义，就是从用户角度出发去实现运营的目的。用户运营的主要内容包括拉新、留存和消费转化等。用户运营的目的是将新用户留存并转化为老用户，并对老用户进行再营销以提高用户黏性和复购率。用户运营的日常工作主要包括不断挖掘新用户并提高用户留存率、分析用户需求；对用户进行分类管理；策划用户营销活动，提高用户黏性与活跃度等。

图1-14 直播秒杀活动页面

图1-15 用户微信群

例如，某品牌折扣店在收银处放置了进群抢福利的提示，邀请用户扫码进入品牌微信群。再如，为集中管理用户，运营人员常在群内分享抢购、秒杀等活动。图1-15所示为该企业的用户微信群。诸如此类的用户运营工作，旨在提高客户活跃度和成交率。

1.3.5 社群运营

社群运营就是通过运营社群来实现某种业务方面的目的，即通过社群形式来拉新、留存与管理用户，引导用户达成目标。因此，社群运营要求运营人员具备话题策划与沟通交流等能力。

社群运营的工作内容不仅包括搭建和运营社群，吸引精准用户加入，并策划线上活动，培养更多优质用户，还包括社群的管理和维护，创建激励机制来提升群成员的留存率、复购率。

 提示　社群是指有共同兴趣的人为了共同的目标而聚集在一起的网络群体，如微信群、QQ群等。

1.3.6 数据分析

在新媒体运营过程中，运营人员每天都会查看大量的数据，因为这些数据能真实地反映运营的状况。通过对这些数据进行分析，运营人员可以进一步了解产品、用户、渠道，进而改进和优化运营策略。因此，新媒体运营人员必须具备一定的数据分析技能，熟悉运营中所涉及的关键数据，以及知悉查看、提升各项数据的技巧等，保证整个运营过程顺利完成。

数据分析广泛应用于新媒体的各个方面，例如，了解不同平台的用户群体的特征，我们就可以对产品进行精准投放。而要了解各平台用户群体的特征，就需要对各平台用户群体的性别、年龄、职业、喜好等数据进行分析，然后看看不同年龄、不同性别的用户在不同的内容分类上的搜索量和点击量。

再如，对于内容运营者来说，需要分析文章的阅读量、分享率等，了解内容质量，以优化内容编辑；对于渠道运营者来说，需要分析不同渠道广告的点击率和转化率，从而选出性价比较高的渠道进行广告投放。

数据分析的基本工作流程是，明确目标、收集并整理数据、确立数据指标并对其进行分析、制作数据分析报告、制定运营决策。

1.4 新媒体运营人员的职业路径

单从就业方向来看，按照运营人员成长路径由低到高的顺序，新媒体运营人员的职业路径可划分为四个层级：运营专员、运营主管、运营经理、运营总监，如图1-16所示。

图1-16 新媒体运营人员的职业路径

新媒体运营人员各个阶段及主要负责的工作内容如表1-1所示。

表1-1 新媒体运营人员各阶段详情

阶段	时间	主要工作
运营专员	1年经验	内容运营、用户运营、活动运营
运营主管	2~3年经验	运营数据分析、市场公关、品牌管理
运营经理	4~5年经验	多渠道运营、业务线驱动、开拓新流量通道
运营总监	5年以上经验	制定品牌战略、规划年度营销目标

当然，对于一些运营成绩优异的运营者，到了运营总监的位置后也可以考虑自媒体创业，成为新媒体企业创始人。当然，运营这个岗位需要靠时间打磨，重在学习和摸索，只有不断积累运营经验，才能快速升职加薪。

课堂实训：咖啡新物种，用"键盘"打动用户

20世纪80年代末，从雀巢速溶咖啡广告出现在中国电视机屏幕上的那一刻开始，咖啡就像一团野火，不仅燃起了国人对饮品的新嗜好，也在商业和资本市场"烧"起了一轮又一轮疯狂的"战火"。时至今日，尽管中国咖啡市场已扩充到千亿规模，但速溶咖啡仍然占据着高达79%的市场份额，远高于美日等咖啡成熟市场。

再从咖啡消费区域来看，2022年，中国一线城市和二线城市居民中，超6成用户每周会饮用3杯及以上咖啡，人均咖啡消费量已与成熟市场相当。咖啡进入日常生活，已成为一、二线城市居民的"刚需"。

一、二线城市是职场人士的聚集地，更多的年轻群体前往都市寻求职业生涯的发展。F5咖啡作为新锐咖啡品牌，从创立之日起，就将品牌定位于职场人士的精品速溶咖啡。2022年，F5咖啡已覆盖主流电商、连锁超市等全域销售渠道。

1. "键盘"咖啡

不可否认，咖啡这个品类在中国的分化趋势很激进，短短几十年时间便分化出不同的产品形态。如果F5仍从品类分化上寻找差异点，那么或许会让用户目不暇接，分辨不过来。

因此，品牌需要寻找其他的定位渠道。F5咖啡的"键盘"造型成功定位了职

场人士市场，或许会掀起新一轮咖啡创新风潮。台式电脑、笔记本电脑是职场必需的设备，工作离不开它们，自然离不开键盘，每台台式电脑、每台笔记本电脑都有一个键盘，就算是虚拟键盘，也是一个标准键盘的形态。

超即溶冷萃咖啡经典系列
3秒冷热即溶 | 还原现磨手冲

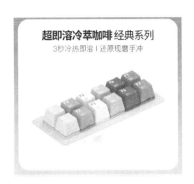

图1-17　F5咖啡旗舰店中某款咖啡的图片

“键盘”成为连接品牌和用户的独特记忆点。F5 咖啡全系列产品矩阵的所有产品都采用了“键盘”造型，区别于其他品牌的“杯子”“罐子”等造型。“键盘”造型更具场景记忆，更独特且更加日常和普遍。图 1-17 所示为 F5 咖啡旗舰店中某款咖啡的图片。

“键盘”造型成功将 F5 咖啡嵌入用户的日常工作场景中，职场人士在工作中饮用饮品是再普遍不过的场景。一边敲打键盘工作，一边饮用 F5 的“键盘”咖啡，场景嵌入的确比较自然，不会产生违和感，而且咖啡本身就具有“提神”的功能。

众所周知，电脑键盘上有 12 个“F”+ 数字的按键，每个按键都有不同的系统功能，“F5”这个键的功能就是“刷新”。电脑刷新后会清除故障干扰，页面会恢复，功能会重新运转。同理，用户也需要“刷新”，因为太阳每一天都是新的，新的一天立一个新的目标，将所有烦闷和疲惫扔进回收站，“刷新一下”元气满满。

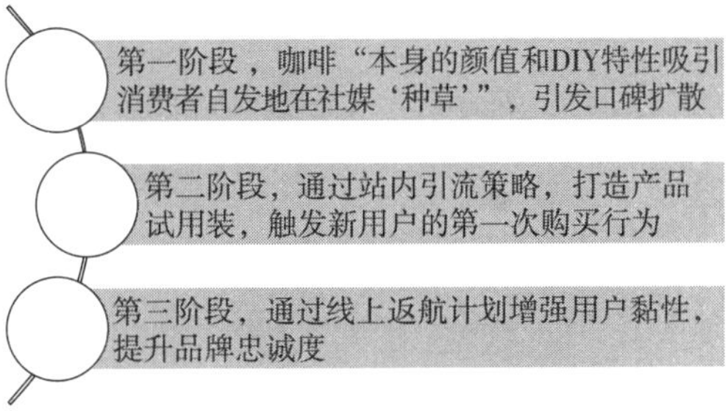

第一阶段，咖啡“本身的颜值和DIY特性吸引消费者自发地在社媒‘种草’”，引发口碑扩散
第二阶段，通过站内引流策略，打造产品试用装，触发新用户的第一次购买行为
第三阶段，通过线上返航计划增强用户黏性，提升品牌忠诚度

图1-18　F5咖啡三个阶段的营销闭环

2. 营销策略

F5 咖啡虽然上线不久，但品牌营销策略的路径非常清晰，打造了如图 1-18 所示的三个阶段的营销闭环。

（1）社媒“种草”。

很多新锐品牌在冷启动阶段都会选择深耕某个社交媒体，从而形成口碑裂变的营销效果。但是这样的口碑裂变，往往需要产品的各个属性与社交媒体用户口味契合。首先，产品的成图率，能否可以触动用户在第一时间有分享的冲动，这

也意味着产品的外观属性必须有亮点。

F5咖啡独创的"键盘"造型可谓是一个咖啡新物种，如此好看的外观设计，自然能有效促使用户主动分享。从颜值、外观上看，F5咖啡的设计确实做得无可挑剔。小巧时尚、便于携带的同时，不同的产品色彩鲜明独特，亮眼吸睛，组合在一起可以拼配成一个键盘，趣味性和体验感都比较强。

截至2022年4月，小红书关于"F5咖啡"的笔记在短短几个月就达到了2万多条，这是很多新锐品牌望尘莫及的数据。图1-19所示为小红书平台与F5咖啡相关的部分内容。其中关于"种草"的内容，绝大多数会提及品牌及产品的颜值和外观。

此外，F5本身是一种超即溶咖啡，品牌本身在微博上也主要分享咖啡的创意DIY玩法，诱发用户DIY。所以，"种草"内容同时也包含很多创意DIY的教程，品牌口碑进一步扩散。

（2）站内引流。

引流杠杆的主要功能在于降低品牌的使用门槛，减少用户的购买成本。因此，对于品牌认知度较低的新锐品牌来说，价格是前期形成引流杠杆的有效手段。

常见的引流手段如推出产品试用装，让用户以最低的价格体验品牌的主力产品。F5将经典咖啡系列中的4颗咖啡组成一个试用装作为引流产品，只需9.9元，如图1-20所示。试用装极大地降低了消费门槛，激发了用户的购买欲望。

图1-19　小红书平台与F5咖啡相关的部分内容　　图1-20　F5咖啡试用装购买页面

（3）返航计划。

F5 的返航计划同样是在培养用户的参与感，塑造用户的忠诚度，引发复购。和其他品牌的返航计划不同，F5 的返航计划的名字确定为"四季返航计划"，每个季度举办一次。

F5 的返航计划就是将散落在地球上的咖啡"键盘"进行回收利用，用户可以用"键盘"兑换返航物资。图 1-21 所示为 F5 咖啡公众号推出的 2022 年春季返航活动。

图1-21　2022年春季返航活动

从 2022 年春季返航活动的返航物资中可以看到，有很多是和咖啡品类相关的物资，如 3 风味试饮咖啡、F5 富士山杯、两用冷萃随行杯等，重在培养用户的咖啡忠诚度。

此外，F5 咖啡的返航计划设计了一种新的货币——F 币。用来兑换物资，明确 1 个 3g 键盘杯 =1 个 F 币，1 个 2g 键盘杯 =0.5 个 F 币。估计更多的用户会选择前期购买 3g 杯装的产品，由此又提高了咖啡的消费份额。

F5 咖啡作为新锐咖啡品牌，就目前取得的成绩来说，算是咖啡界的一匹黑马。品牌打造的"键盘"咖啡的策略思路有很明显的创新和可取之处，借助小红书、微信、微博等平台完成了用户运营、内容运营以及社群运营，让品牌在众多咖啡品牌中脱颖而出，赢得用户的喜爱。

课堂小结

本章详细介绍了新媒体的概念、分类、发展阶段以及特点等，旨在帮助大家更全面地认识新媒体运营。为了让大家进一步了解新媒体运营，本章还详细讲解了新媒体运营的常用思维，并且分析了新媒体运营者应具备的核心技能及职业路径。

课后作业

1. 分析新媒体运营与电商运营的区别。

2. 罗列适合自己的新媒体运营平台，并说明原因。

第 2 章 新媒体运营必备工具

在新媒体运营过程中，需要根据不同的营销目标产出不同形式的内容。在这些工作中，可以使用工具来提高工作效率。常见的运营工具包括二维码制作工具、图文排版工具、图片处理工具、视频编辑工具等。新媒体运营者必须熟悉这些工具的使用方法，为今后的营销工作助力。

本章学习要点

- 了解二维码制作工具
- 了解图文排版工具
- 了解图片处理工具
- 了解视频拍摄、编辑工具
- 了解 H5 海报制作工具

2.1 二维码制作工具

营销推广的过程中离不开二维码,但是原系统自带的一般是黑白相间的二维码,如个人微信二维码、微信群二维码等,看起来不够美观。如果借助二维码制作工具,使二维码更加美观,就能有效增强用户扫描、识别二维码的欲望。常用的二维码制作工具包括草料、码上游等二维码在线制作网站以及互联二维码、工具集合箱等二维码制作小程序。

2.1.1 草料二维码生成器

草料二维码是一个二维码在线服务网站,提供二维码生成、美化、印制、统计、管理等技术支持和行业解决方案。新媒体运营者运用草料二维码,无须找人设计网页、编写代码,就可以创建属于自己的二维码。新媒体运营者可进入草料二维码服务网站,选择以"文本""网址""文件""名片"等方式生成二维码,如图 2-1 所示。

图2-1 草料二维码服务网站

运营者在草料二维码服务网站上生成二维码后,还可以对二维码进行美化、下载、保存等。除了草料外,还有多个二维码制作网站,如码上游、二维码中心、二维工坊等,大家可同时使用多个网站,从而找到适合自己的二维码制作网站。

2.1.2 微信小程序

新媒体运营者除了可以在草料、码上游等二维码制作网站中制作二维码,还可以借助微信小程序来生成、美化二维码。在微信小程序中输入关键词"二维码",可以看到多个二维码制作小程序,如图 2-2 所示。

任意选择一个二维码制作小程序,即可根据自身需求生成二维码,如图2-3所示。

图2-2　二维码制作小程序　　　　图2-3　选择小程序生成二维码

生成二维码后可以继续在小程序中美化、保存二维码。在小程序生成的二维码页面,点按"二维码美化"按钮(见图2-4),可对二维码进行美化处理。一般小程序自带经典、简约、黑白等二维码样式,新媒体运营者可根据自己的喜好选择美化方案,然后点按上方的"完成"按钮即可完成二维码的美化操作,如图2-5所示。

图2-4　点按"二维码美化"按钮　　　　图2-5　选择小程序美化方案

制作二维码的小程序有很多,新媒体运营者可进行多次尝试,选择适合自己的小程序。

二维码营销的方法与步骤

传统的营销方式是单向的,二维码营销方式是双向互动的。使用二维码做营销时,通常要结合一定的促销活动,以达到更佳的营销效果。二维码营销的一般方法与步骤如下。

(1)制订促销方案。在开展促销活动前,首先必须制定一个适合二维码促销的可行性方案。其目的是调动消费者的积极性和主动性,增强活动参与性和互动性,以确保促销活动的顺利进行。

(2)成本预算。促销方案确定后,第二步就是进行成本预算。相关工作人员要合理预算二维码促销活动中涉及的奖品采购成本、物流成本以及其他费用,建议选择专业的促销机构,由它们提供一站式服务,以降低成本。

(3)附码。使用二维码做促销,建议选择专业的合作商进行附码,以确保每一个二维码都能有效利用。

(4)促销资源兑现。使用专业促销软件,通过系统后台直接监控促销全过程。终端客户扫码参与活动后可直接生成兑现报表,既省时省心,又可以保证促销资源兑现。

(5)严格控制中奖率。严格按照最初的预算来控制中奖率,实时监控与调整中奖率和奖品数量,避免超预算。

(6)防止盗刷。使用二维码促销时,必须做到一物一码,防止盗刷。一旦发现中奖率溢出、虚假刷单,应当立即停止,避免造成更大的损失。

(7)评估促销活动的效果。促销活动结束后,要对促销活动进行总结和复盘,收集整理销售数据、费用数据等,以便对促销成果进行有效评估。

2.2 图文排版工具

营销推广过程中难免需要用到图文推广这种方式,自然也就需要将图文内容进行排版编辑,使图文更具美观性及可读性。以微信公众号的图文排版为例,常见的排版工具包括微信自有工具、秀米编辑器、135编辑器等。

2.2.1 微信自有工具

微信公众平台自带图文编辑功能，图2-6所示为微信公众平台的软文编辑页面。通过该页面自带的工具，我们可以完成图文排版的基本操作，操作如下。

图2-6 微信公众平台的软文编辑页面

· 调整文字大小、粗细、颜色。

· 设置字体。

· 插入分割线。

· 调整背景色、行间距等。

· 设置左、右对齐、文章序号、无序列表。

· 清除格式。

· 插入图片、视频、音频、投票程序、小程序等。

虽然微信自有工具已可满足简单的排版需求，但为了内容多样化，新媒体运营者可以选择第三方编辑工具来排版。对于发展中的公众号，使用第三方编辑工具排版不仅可以提升工作效率，也有利于找到适合自己账号发展的固定版式。

2.2.2 秀米编辑器

秀米编辑器是一款功能强大、容易上手的微信公众号编辑软件。这款工具适合排版初学者，利用它可以轻松完成图文排版。如图2-7所示，新媒体运营者可根据不同的用途、行业等元素找到适合自己的排版风格，并一键套用。

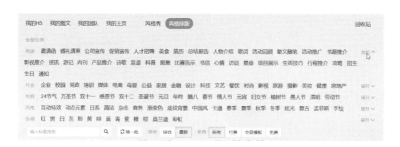

图2-7 秀米编辑器的风格排版页面

重点推荐秀米编辑器的以下功能。

- 新模板：根据不同的节日，更新节日对应的模板。
- 标题：标题处为空白页面，方便大家直接编辑标题。
- 卡片：可用卡片突出重点文字或段落，使文章更具层次感。
- 分割线：多种分割线样式可供选择。

无论是编辑新页面还是修改之前的草稿，秀米的功能都很强大。此外，利用秀米排版的文档可分享给其他人，方便团队协作。而且运用秀米编辑器处理好的内容，可以同步到微信公众平台，无须再进行复制粘贴操作。

2.2.3　135编辑器

135编辑器最大的亮点在于，它提供了丰富的样式库，用户可以插入排版、秒刷排版、一键排版，而且它支持样式操作、换色与传递、文档导入、生成长图文、微信同步和定时群发等功能。

图2-8　135编辑器的定时群发功能

135编辑器问世较早，有大批粉丝，其中最值得一提的功能为定时群发。如图2-8所示，在135编辑器平台点击用户名，在弹出的文本框中选择"定时群发"功能，即可解决众编辑每天早起或晚睡发文的烦恼。

2.2.4　i排版编辑器

i排版编辑器是排版工具中的后起之秀，风格偏清新文艺，编辑界面比较干净，容易上手，支持多种文本样式。i排版团队经常推出使用教程，i排版编辑器的优点如下。

- 支持调整页边距。通常软文整体页边距为"1"，如果我们正文中有应用的段落，则可将其页边距调整为"2"，使整体排版效果更佳。
- 支持微信同步。一键把编辑好的图文内容同步在公众平台的素材库里。
- 支持生成长图。可在线生成长图，便于用户把排好的内容发到公众号、朋友圈、微博。
- 支持生成短网址。长链接不方便查看和转发，i排版的短网址功能，支持生成短网址和对应的二维码。
- 支持弹幕模式。使用弹幕模式可以增加文章趣味性。

此外，i排版编辑器还支持一键缩进、一键添加签名等。整体来说，它的功能不逊色于秀米编辑器。

上述几种工具适合各种类型的公众号排版，除此之外，市场上还有很多排版工具，如百度UEditor、易点微信编辑器等。新媒体运营者可以尝试多种编辑器，从而找到较为适合自己的工具。

2.2.5 微信公众号配图神器

在进行图文排版时，为活跃版面内容，我们可以添加一些图片。新媒体运营者可以根据公众号定位，在图片网站上选用相应风格的图片。

1. 动图推荐

在做公众号运营时，有些心情用文字根本表达不出效果，这种情况下就可以适当选用表情。这里推荐一些不错的动图网站（排名不分先后），如表2-1所示。

表2-1 动图网站

网站名称	推荐理由
小猪动图	动图很萌，包含当下流行和分类检索，还有各种综艺表情包
无奇动图	专注于GIF动图的搜索平台，包含热门动图、斗图表情包、综艺影视剧类动图、海量名人动图、美食美景、萌物萌宠等
SOOGIF	一个定位于给公众号提供动图素材的网站，可直接在新135编辑器中使用
Rafael Varona	站内动图精巧呆萌、偏后现代风格、涵盖类型广
Gifparanoia	动态图片效果好，进入网址便能看到整个页面都是动态的
Giphy	一个主要以国外人物和图像为主的动图网站

2. 静图网站推荐

相比动图网站，静图网站更多，部分静图网站如表2-2所示。国外部分图片网站更新速度快，质量高，很值得推荐。在选用图片时，要注意版权。运营者可多了解一些图片网站，闲暇时间再进行分类整理，使用起来会更加得心应手。

表2-2 静图网站

网站名称	推荐理由
花瓣网	一个主打文艺图片的网站，图片像素高。花瓣网推出朋友圈配图，可以满足多种搞笑风格

续表

网站名称	推荐理由
视觉中国	一个主打黑白视觉系列图片的网站,有很多富含艺术特色的水粉画
创客贴	一个专业做公众号封面的网站,有专门的模板素材,简单修改后可直接使用
Foodiesfeed	一个专门做美食类图片的网站,图片高清、色彩鲜明,特别适合美食类的公众号使用
Pexels	一个提供海量共享图片素材的网站,图片高清、质量佳,且站内图片都会显示详细的信息,包括相机型号、光圈、焦距、图片分辨率等
Unsplash	一个提供免费高质量图片的网站,站内图片均是实物拍摄且更新速度快
Magdeleine	一个提供高分辨率图片的网站,用户可以通过颜色、情绪寻找图片

知识拓展

文字配色小技巧

文字的颜色对整篇软文的影响很大,不同颜色的文字会产生不同的阅读效果。例如,大型国企、政府类的官方账号,在选择文字颜色时会偏向于黑灰,既不失官方的严谨,也能突出重点。

关于文字配色,有以下建议。

第一,颜色不超过3种,且最好统一。除了黑白外,整篇文章的文字最好不超过3种颜色,且颜色要与整篇文章调性相符。如文章内容提及咖啡厅,给人慵懒、暖洋洋的感觉,那么建议文字采用棕黄色。另外,整篇文章的文字颜色需要统一,不建议使用相撞的颜色,如黄色和绿色、红色不建议放在一起使用。

第二,文字颜色要和文章的调性相关。例如,文章内容是抒情的,就不要用特别冷的颜色,如蓝色;文章内容特别喜庆,就多用红色、黄色、紫色等偏暖色调的颜色。

2.3 图片处理工具

精美的产品图片，对一个网店而言是至关重要的，因为精美的图片往往更容易吸引用户的眼球，而质量差的图片则会使用户"望而却步"。通过数码相机拍摄的照片，可能会存在各类问题，如曝光不足、反差过高等，后期需要处理。

现在的作图软件有很多，新媒体运营者并不需要都学会。这里推荐两款，一款是操作简单、常用功能都具备的"美图秀秀"；另一款是专业的图像处理软件"Photoshop"，它功能强大，能够生成非常精美的图片，但使用上也较为复杂，适合有一定软件基础的人使用。

2.3.1 截图工具

在新媒体运营过程中，我们可能需要截取图片。例如，在讲解到某操作步骤时，如果能将操作步骤用截图的方式进行逐步讲解，将更有利于用户理解。那么，截图工具有哪些呢？如计算机自带的截图工具，微信、QQ 等社交软件自带的截图工具，以及一些专门截图、录制视频的工具等。这里介绍较为简单的两种截图工具：计算机自带截图工具及微信截图工具。

1. 计算机自带截图工具

大多数计算机都自带截图工具。以 Windows 系统的计算机为例，它自带了全屏截图和窗口截图两种。其中，全屏截图较为快捷，直接按计算机键盘上的"Print Screen"键，系统便会自动对页面进行截图，并将图片保存在系统的剪贴板中，如图 2-9 所示。

图2-9　Windows自带截图功能

2. 微信截图工具

QQ、微信等社交软件也自带截图功能。以微信截图为例，在启用微信的同时，按键盘上的"Alt + A"组合键，即可灵活选择截图范围，如图 2-10 所示。

除了以上两种截图工具外，我们

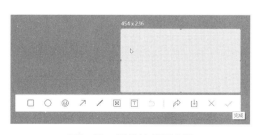

图2-10　微信的截图功能

还可以使用第三方开发的截图工具，如 SnagIt、Snipaste 等。

2.3.2 美图秀秀

美图秀秀（见图 2-11）于 2008 年 10 月 8 日上市，是一款免费的影像处理软件，截至目前已累计超 10 亿用户。新媒体运营者可借助美图秀秀完成美化图片、人像美容、添加文字、添加贴纸饰品等操作，使图片看起来更加美观。

图2-11　美图秀秀首页

2.3.3 Photoshop

Adobe Photoshop，简称"PS"，是一款专业的图像处理软件。PS 有很多功能，如图像编辑、图像合成、校色调色等，如图 2-12 所示。

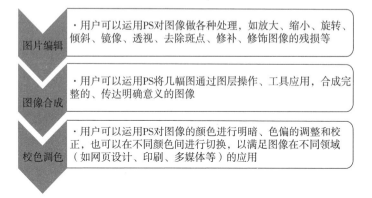

图2-12　PS的功能

如果只是简单的图像处理，那么可以借助美图秀秀完成；如果需要对图像进行深度美化处理，则建议使用 Adobe Photoshop 完成。

2.4　视频拍摄、编辑工具

企业要想做新媒体营销，就离不开视频营销，而一条完整的视频需要经过前期精心拍摄及后期处理才能生成。故新媒体运营者应该认识一些视频拍摄工具及视频编辑工具。可用于编辑短视频的工具种类繁多，如"爱剪辑"软件、"剪映"

APP 等。

2.4.1 视频拍摄工具

拍摄短视频之前，需要准备一些常用器材，如手机、相机等拍摄器材，三脚架、自拍杆等辅助设备。拍摄器材的选择涉及专业度和预算，不同的团队规模和预算有不同的选择。下面介绍一些常用器材供大家参考。

1. 拍摄器材

拍摄器材多种多样，如手机、相机、摄像机等。在价格上，手机价格较低；在外形上，手机小巧轻便，易于携带；在功能上，手机自带视频拍摄功能，用户可以直接将拍好的视频分享到各个短视频平台，实时显示视频的播放量、点赞数等数据。近年来，手机配置越来越高，尤其是在摄像方面性能更为显著。

除了手机外，我们还可以选用相机拍摄短视频，如单价在 4000 元左右的微单相机、单价在 5000 元左右的单反相机等。相机虽然有视频录制功能，但绝大多数被用于拍摄静态的素材照片，用于短视频里。

部分在短视频方面投入较大的电商卖家，由于对画质追求较高，也会选择使用摄像机来拍摄短视频。截至目前，市面上的摄像机可以分为两种，一种是适合大团队拍摄的专业摄像机，另一种是适合单人、小团队拍摄视频的 DV 机。二者在价格、成像效果及便携性等方面均有所差异，大家可根据自身需求购置适合自己的摄像机。

2. 三脚架

三脚架是短视频拍摄过程中使用最为频繁的一种辅助性拍摄工具，其最大的特点在于"稳"。虽然现在大多数拍摄设备都具有防抖功能，但人的双手长时间保持静止，几乎不可能，因此就需要借助三脚架来稳定拍摄设备，从而拍摄出更为平稳的效果。

如果新媒体运营者选用手机来拍摄短视频，可以购置手持云台、自拍杆等辅助工具，来提高视频画面的稳定性。

3. 声音设备

很多视频都需要画面里的人物发出声音，用手机或相机拍摄短视频时，由于距离的不同，可能会导致声音忽大忽小。尤其是在噪声较大的室外拍摄时，环境音甚至会盖过人物的声音，这些情况下，都需要借助麦克风来提升短视频音频质量。

市面上的麦克风价格不一，但大多数麦克风都具备音质好、适配性强、轻巧便携的特点。

4. 灯光设备

拍摄短视频时，如果遇到光线不足的情况，为了保证视频的拍摄效果，就需要准备灯光设备。常见的灯光设备有 LED 灯、冷光灯、闪光灯等。在使用灯光设备来辅助拍摄时，往往还需要一些辅助性照明器材，如柔光箱和反光板等。

另外，企业还可以根据拍摄需求购置如滑轨、小型摇臂等辅助工具，来提升视频画面质感。

2.4.2 视频编辑

拍摄好视频后，还需要对视频进行剪辑，如删除、增添片段、添加音乐、添加字幕、添加特效等。故新媒体运营人员需要掌握一些视频编辑工具的操作方法，如剪映、爱剪辑、Adobe Premiere Pro 等。

1. 剪映 APP

剪映是由抖音官方推出的一款视频剪辑工具，带有全面的剪辑功能，支持变速，有多种滤镜和美颜效果以及丰富的曲库资源。截至目前，剪映支持在手机移动端、平板电脑端、Mac 电脑、Windows 电脑全终端使用。

这里以手机端的剪映 APP 为例进行讲解。剪映 APP 号称"抖音官方剪辑神器"，不仅支持视频剪辑、添加音频、添加贴纸、添加滤镜等，还支持无水印保存，以及直接将视频分享至抖音。为方便用户熟悉、使用剪映，抖音官方还推出了剪映 APP 的音频实操课程，讲解如何添加字幕、添加音乐、添加特效、添加转场等操作。进入剪映 APP 首页，可以看到剪映支持拍摄、录屏、创作脚本等，如图 2-13 所示。

图2-13 剪映APP首页

新媒体运营者可以直接用剪映 APP 拍摄视频，也可以用它剪辑视频、添加字幕、添加音乐等。而且创作好视频后，可一键将视频分享至抖音平台，十分便捷。

手机视频编辑器种类繁多，表2-3所示为常见的手机视频编辑器名称及主要功能。

表2-3　常用的手机视频编辑器

编辑器名称	主要功能
快影APP	北京快手科技有限公司研发的一款集视频拍摄、后期制作为一身的视频软件。该软件拥有强大的视频制作功能、特效功能，还有海量音乐、音效供用户选择，运用它用户可以在手机上轻松完成创意视频的制作
小影APP	小影是杭州小影创新科技有限公司推出的一款原创视频、全能剪辑的短视频社区APP，因为其拍摄风格多样、内容新潮、有创意、视频特效众多，迅速获得一大批用户追捧。小影APP有着即拍即停的特点，配上各种美轮美奂的实时滤镜，让画面更有美感
视频剪辑大师	拥有海量短视频特效素材、海量高音质背景音乐素材、搞笑表情且经常更新，力求用户使用的特效不过时。剪辑大师操作方式很简单且功能强大，即使是一个新手，也能在短时间内掌握它的用法，从而将普普通通的短视频剪辑成独具一格的作品

2. 爱剪辑软件

虽然手机上的后期制作类APP操作简单，但对于对短视频要求比较高的创作者来说，还不能满足自身要求，此时就需要选择爱剪辑、Camtasia Studio等软件来编辑视频。

爱剪辑是由爱剪辑团队研发的一款根据国人使用习惯、功能需求与审美特点设计的视频后期制作软件，具有颠覆性和首创性的特点。爱剪辑的工作界面简洁，首页包括菜单、信息面板、添加面板和预览面板等，如图2-14所示。

爱剪辑的功能十分强大，不仅提供了超强的好莱坞文字特效、各种视频风格的滤镜、转场特效、缤纷相框，还具有叠加贴图功能、去水印功能等，而且支持多种视频/音频格式；另外，爱剪辑操作方式简单、易上手，视频处理速度快、稳定性高，非常适合用于短视频后期制作。

图2-14 爱剪辑首页

3. Adobe Premere Pro

Adobe Premiere Pro（简称"PR"）是由 Adobe 公司开发的一款专业剪辑软件，一般用于广告与电视节目制作。虽然 PR 的操作界面比一般的手机视频剪辑 APP 复杂许多，但它可以完成更多的专业视频调整操作。因此，PR 是视频编辑爱好者和专业人士必不可少的视频编辑工具。

Premiere 有着专业性强、操作简单等优点，支持对声音、图像、视频、文件等多种素材进行加工处理。Adobe Premiere Pro 2021 的操作界面如图 2-15 所示。

图2-15 Adobe Premiere Pro 2021的操作界面

2.4.3 音频编辑工具

拍摄、制作视频时，需要添加恰到好处的音乐来营造更好的视频氛围。因此对于新媒体运营人员而言，除了需要掌握一些视频编辑工具外，还需要掌握一些音频编辑工具。

1. 手机音频编辑器

手机音频编辑器种类繁多，如爱剪辑、剪映等。它们不仅可以进行视频剪辑，还能进行音频剪辑。

2. 电脑端音频编辑软件 Adobe Audition

Adobe Audition（简称"Au"），是由 Adobe 公司开发的一款专业的音频编辑软件。Au 提供了先进的音频混合、编辑、控制和效果处理功能，是专为音频编辑专业人员设计的声音后期制作软件。很多视频中的音频效果都可以通过 Au 来处理完成，如变音、消除噪声等。

2.5　H5海报制作工具

"H5"，从广义上讲，是指 HTML 5，即网页使用的 HTML 代码；从狭义上讲，就是互动形式的多媒体广告页面。H5 广告常见于微信营销，它像是一个网页，里面可以放文本、图片、音频、视频等基本的流媒体格式的文件。图 2-16 所示为某企业的线下沙龙邀请函，该邀请函为 H5 形式，用户可以在页面中填写参会回执的姓名、参与人数等信息。

图2-16　某企业的线下沙龙邀请函

H5 海报比一般的海报形式更为灵活，所含信息也更为广泛，因此被应用在多个方面。新媒体运营人员应掌握 H5 海报的制作方法。常用的 H5 海报制作工具包括搜狐快站、初页等。

2.5.1 搜狐快站

为满足站长创建站点的需求，不少公司（如百度、腾讯、搜狐等）都推出了自助移动建站工具。

这里以搜狐为例，讲解创建站点的方法。搜狐快站是由搜狐推出的一款可视化快速建站工具，用户利用该工具可以在线生成自己的移动端站点，为企业带来更多移动端口资源。打开搜狐快站网页，点击"建站"按钮即可进入建站页面，如图2-17所示。

从搜狐建站页面中可以看到，搜狐快站目前支持新建企业官网、图文博客、在线商城、本地服务、社区论坛等站点，适用性较广。

图2-17　搜狐建站页面

2.5.2　初页

初页是一种"类PPT"的移动端设备展示与传播的HTML 5页面，新媒体运营人员可用它来制作精美的邀请函、海报、贺卡等。进入初页APP首页（见图2-18），可在线制作商业宣传海报、单图拼图海报等。进入"手机海报"页面，可以看到一些参考海报，已经调好了滤镜、文字、版式等，如图2-19所示。新媒体运营人员只需要先选好模板，再进行图片替换、文字修改等即可快速制作海报。

图2-18　初页APP首页　　　　　图2-19　"手机海报"页面

2.5.3 MAKA

MAKA 是一个 H5 在线创作及创意工具，有着模板众多、一键分享等优点。新媒体运营者可以通过 MAKA 快速编辑出效果美观的 H5 海报。

本小节将运用 MAKA，制作一个以重阳节为主题的 H5 海报。

首先进入 MAKA 首页，选择一款自己心仪的 H5 海报模板，然后点击"立即编辑"按钮，如图 2-20 所示。

进入 H5 海报修改页面，修改海报文案、联系电话、活动地址等信息，再点击右上侧的"下载/分享"按钮（见图 2-21），即可生成一张新的 H5 海报。

H5 海报制作工具不仅限于上述 3 种工具，还有易企秀、人人秀等。新媒体运营人员可尝试多个工具后，找到较为适合自己的工具。

图2-20　点击"立即编辑"按钮

图2-21　点击"下载/分享"按钮

课堂实训 1：查找微信群的二维码

现在微信群二维码应用非常广泛，无论是企业还是事业单位，抑或是班级、团体，都建有自己的微信群。那么如何找到微信群的二维码并分享呢？下面我们将练习查找"三年级 2 班"微信群的二维码并将其分享给朋友。

第 1 步：在手机上打开微信，然后打开要查找二维码的群，此例为"三年级 2 班"微信群。点按微信群右上角的"…"按钮，如图 2-22 所示。

第 2 步：在跳转后的页面中点按"群二维码"，如图 2-23 所示。

图2-22 点按"…"按钮　　　　　图2-23 点按"群二维码"

第3步：微信自动生成群二维码并跳转至群二维码名片页面，如图2-24所示。二维码页面上会显示该二维码的基本信息，如名称、有效期等。

第4步：点按页面右上角的"…"按钮，手机屏幕下方会弹出如图2-25所示的菜单。

第5步：点按"保存图片"，二维码就会被保存在手机的相册中。

图2-24 群二维码名片页面　　　　图2-25 保存图片

 当然，我们也可以将二维码截图保存到手机的相册中。

课堂实训2：制作一个不过期的微信群二维码

微信官方显示，微信群二维码只有7天有效期，这就导致很多企业在做二维码营销推广时非常不方便。针对这一个问题我们可以使用活码来解决。

活码是网上的第三方平台开发的一个中转页面，该系统会循环判断企业提供的多个群二维码中的有效二维码并进行显示，这就保证了群二维码长期有效。

例如，某企业将群二维码活码（由一个群二维码刷新出来的多个二维码）印刷在广告单上进行发放，前100名用户扫描二维码，系统展现的是A二维码；第100~200名用户扫描二维码，系统展现的是B二维码……依次类推，即使有1000名用户扫描二维码，也都可以进入群组。而且这些活码内的群二维码可以随时添加、删除。下面以使用小程序制作活码为例介绍具体的操作步骤。

第1步：下载一个群二维码，如图2-26所示。

第2步：在微信小程序搜索框中输入"活码"，在显示的结果中选择一个小程序（本例选择了"活码制作器"），如图2-27所示。

图2-26 下载一个群二维码

图2-27 点按"活码制作器"小程序

第3步：进入"活码制作器"页面，选择一种模式（这里以点按"普通循环码"按钮为例），如图2-28所示。

第4步：小程序跳转至"创建活码"页面后，用户需要根据提示完善指定地区可见等信息，然后点按"下一步"按钮，如图2-29所示。

图2-28 点按"普通循环码"按钮

图2-29 点按"下一步"按钮

第5步：在"编辑活码"页面上传原来的群二维码，并按需修改标题、区域等内容，完成后点按"提交保存"按钮，如图2-30所示。

完成上述操作后，在"我的活码"页面即可查看已经生成的二维码活码，如图2-31所示。

图2-30 点按"提交保存"按钮

图2-31 查看二维码活码

课堂小结

本章详细介绍了新媒体运营必备工具,包括二维码制作工具、图文排版工具、图片处理工具,以及视频拍摄、编辑工具,海报制作工具等,旨在帮助大家快速熟悉新媒体运营过程中所需掌握的技能及相关工具的使用方法。

课后作业

1. 用微信小程序设置一个彩色的微信账号二维码。
2. 用美图秀秀工具给任意一张图片添加水印。
3. 用剪映 APP 剪辑一段视频,并为视频添加字幕、音乐、特效。

第3章 新媒体文案写作技巧

互联网的快速发展推动着新媒体运营不断进步，在这一进程中，"新媒体文案"应运而生，并逐渐发展成一个新兴的行业。新媒体文案是基于新媒体这个广阔的平台产生的，在继承了传统文案特点的基础上，又延伸出了自己的特点。不过，新媒体文案的创作并不是简单的字词组合。要想创作出优秀的文案作品，除了要熟悉新媒体文案的概念、特点等，还要掌握文案写作的方法和技巧。

本章学习要点

- 了解新媒体文案的概念、特点及商业价值
- 掌握新媒体文案的写作方法
- 掌握新媒体文案的写作技巧

3.1 认识新媒体文案

优秀的新媒体文案对于新媒体运营起着极其重要的作用,是企业进行产品宣传、树立品牌形象的关键利器。下面我们将对新媒体文案的概念、特点、商业价值进行讲解。

3.1.1 新媒体文案的概念

文案的概念来源于广告行业,因此又被称为广告文案,一般是指以文字等内容来表现产品或者品牌,从而打动用户,使其产生消费行为的形式。新媒体文案是基于新媒体行业而产生的广告文案形式,主要是为了通过文案内容向用户传递产品或品牌信息,吸引用户的注意,引发用户的购买欲望,从而达到促进产品销售,塑造品牌形象的目的。

图3-1　某手机品牌在新浪微博发布的新品文案

随着互联网的发展,用户已经不再满足于单一的视觉表现形式,因此新媒体文案的形式也从最初的图文,演变成了图文、视频、音频以及超链接等元素的结合,以此来丰富文案的内容,使文案更加生动有趣,富有吸引力。

例如,某手机品牌在新浪微博发布的新品文案,就采用文字+视频+链接的形式,简单明了地展示了该新品手机的工艺、功能以及购买链接,如图3-1所示。

用户在查看这条微博的内容时,如果被文案中的文字或视频所吸引并产生了购买欲望,就可以直接点按文案中的购物车链接下单购买,整个购物流程十分便捷。

3.1.2 新媒体文案的特点

新媒体文案是一种网络广告文案,因此它既具有传统广告文案的特点,又带有一定的互联网属性。综合而言,新媒体文案主要具有3个显著特点,即内容多元化、成本更低、互动性更强,如图3-2所示。

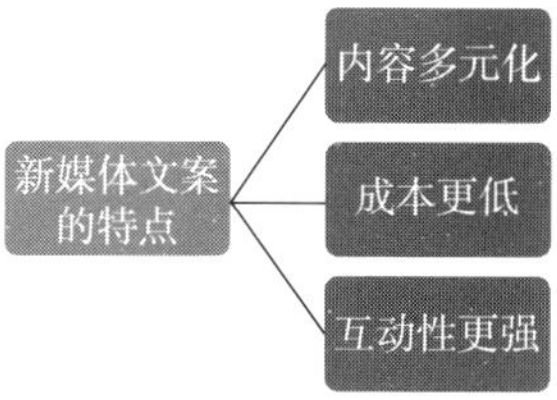

图3-2　新媒体文案的特点

1. 内容多元化

相较于传统广告文案,新媒体文案具有更加丰富的内容表现形式和传播渠道。新媒体文案中不仅包括文字、图片等传统的内容表现形式，还能通过视频、音频、H5以及超链接等多媒体形式，丰富文案的内容，加强文案的吸引力。

不同的内容表现形式给文案的创作提供了更大的创意空间，使用户能够全面立体了解产品，身临其境地感受产品，并心甘情愿地传播产品。

2. 成本更低

相较于成本高昂的传统广告，新媒体广告的创作成本和发布成本都更低。以电视广告为例，随便一则电视广告动辄需要几十万元、几百万元的广告费。而同为品牌视频广告，加上创作、拍摄、发布、投流量，新媒体广告可能只需要几万元甚至更低的价格。

同时，新媒体文案创作的目的在于促进产品的交易，这就要求文案的创作者不管是在主题的表达上还是在产品信息的传递上，都要以市场化的商业目标为主。所以新媒体广告不仅价格低，还可以让用户了解产品的基本信息，有效促进产品销售；打造企业的品牌形象，增强产品的品牌力，为产品的长期销售奠定基础。

3. 互动性更强

新媒体文案的媒介是互联网，因此新媒体文案自带互联网属性。在写作方式、传播渠道、传播手段等方面，新媒体文案都与传统文案有一定的区别。新媒体文案更侧重互动和分享。

对于写作新媒体文案而言，不仅要考虑如何激发用户的阅读兴趣，还要考虑如何让用户在阅读完文案内容后积极参与到活动中来，并将文案内容分享给其他人，使文案实现二次传播，这也促使新媒体文案的互动性更强。

3.1.3 新媒体文案的商业价值

在互联网时代，用户对产品的需求越发的多元化。除了基本的生活需求外，用户还有很多心理需求。新媒体文案的出现和发展，很好地抓住了用户的心理需求，用最低的成本和代价引起用户的情感共鸣，从而达到营销推广的目的。因此，新媒体文案有着巨大的商业价值。

1. 增强用户的信任感

新媒体文案的主要目的是让用户对文案内容所描述的产品或品牌产生信任，并在这种信任的基础上产生购买产品的欲望。因此，为促进产品的销售，新媒体运营者需要通过各种方法来取得用户的信任，如在文案中展示产品信息、第三方评价、各种专业机构的认证证书等。除此之外，文案创作者还应从人文方面对用户进行关怀，引起用户情感上的共鸣，取得用户的认同，从而促使用户产生购买欲望。

例如，某速食企业的视频文案，通过展示生产车间的环境、打包过程，来证明产品的品质，加深用户对产品的信任，进而促进产品的销售，如图3-3所示。

2. 树立品牌形象

不少用户在选购产品时会不同程度地受到品牌的影响，从而产生不同的购买偏向。因此，很多商家开始重视对品牌的营销，常常通过新媒体文案生动形象地向用户展示品牌文化、品牌的形成过程以及品牌所包含的价值观等。商家试图通过这种方式来提高品牌的形象，增强用户对品牌的好感和信任度。经过长期的宣传，即可积累一定的社会公信力，让品牌在市场中具有更强的竞争力。

例如，某钻戒品牌撰写的小红书文案，通过描述某款产品的外观及联想到的情感，来提升品牌的公信力，让更多的用户认识和认同该品牌及该产品，如图3-4所示。

图3-3　某速食企业的视频文案

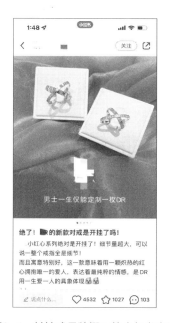
图3-4　某钻戒品牌撰写的小红书文案

3. 增加多方互动

很多新媒体文案的传播方向并不是单向的，而是双向的。在传播过程中，企业可以获得用户的反馈，可以根据反馈及时调整营销方向并修正各种错误。此外，在论坛、微博、微信等平台上传播文案时，用户与商家之间、用户与用户之间还能进行沟通互动、话题讨论，从而产生二次宣传与营销效果。

3.2 新媒体文案的写作方法

新媒体文案写作是一项非常复杂且有一定难度的工作。只有富有创意且构思精妙的文案内容，才能赢得用户的青睐，对用户的购买行为产生影响，从而有效促进产品的销售和品牌的宣传。因此，为了创作出创意独特、思路清晰的新媒体文案作品，新媒体运营者需要掌握一些基本的创意方法和写作思路。

3.2.1 新媒体文案写作的准备工作

文案写作并不是简单的字词组合，也不是单纯的模仿抄袭。在写文案之前，应该做好准备工作，包括分析市场、分析产品、分析受众群体、分析竞争对手，如图3-5所示。完成这些步骤后确立自己的营销策略，才能撰写文案。

图3-5 新媒体文案写作的准备工作

1. 分析市场

市场调研分析，是指运用科学的方法，有目的地、系统地收集、记录、整理和分析产品市场的情况，了解该类型产品的现状及其发展趋势，为制定宣传方案、进行市场预测、创作有针对性的文案，提供客观、正确的依据。

例如，在撰写一条关于减肥产品的文案前，应对该产品的市场现状进行调研和分析，从而判断一款产品适不适合做研发及推广。

2. 分析产品

分析产品是指对产品基本信息进行了解与熟悉。作为新媒体文案创作者，一定要在熟悉产品的基础上进行文案创作，这样写出的文案才能符合产品的特点，并展示出与众不同的卖点，进而吸引需求与之匹配的用户。

例如，在撰写一条关于某美妆产品的文案前，必须先熟悉该产品的成分、功效等信息，这样才能写出准确展示产品卖点的文案。

3. 分析受众群体

分析受众群体是指对产品的消费人群进行分析，这样能更好地发现市场机会，有效地制订营销计划。新媒体文案创作者要以产品受众为基础，分析产品消费对象的社会角色、地位和阶层，以及用户对产品的具体需求，从而创作出能够真正打动用户，唤起用户内心的各种情绪，令用户最终产生购买行为的文案。

很多新媒体文案创作者都会在分析受众群体后写出直击用户痛点的文案。比如，女性内衣的痛点是身材走形和健康问题。

4. 分析竞争对手

现如今很多市场都较为饱和，同质产品众多，竞争对手也层出不穷，此时就需要对竞争对手进行分析与定位，通过观察竞争对手的产品、卖点、文案，找到自己与竞争对手的区别，然后选择自己的文案创作方向。

经过以上几步，就能大概确定一个产品的市场情况、产品卖点、目标用户画像以及竞争对手的情况等。结合这些信息，再思考文案的标题、开篇、正文、结尾等如何设计。

3.2.2 新媒体文案的标题创意

被称为"广告教父"的大卫·奥格威对于标题的研究非常通透。他曾经说过："阅读标题的人数是阅读正文的5倍，如果你的标题没有吸引到受众的目光，就相当于浪费了80%的广告费。好的广告语一定是让每一分钱都落地有声。"

作为新媒体文案创作者，必须掌握文案标题的写作方法。因为用户在浏览信息时，最先看到的就是标题，标题如果具有吸引力，就会吸引用户的注意力，进而使用户对文案正文内容产生阅读的兴趣，增加文案的点击量和读者数量，最终达到宣传推广的目的。那么，标题应该如何写呢？笔者总结，应注意图3-6所示的几点。

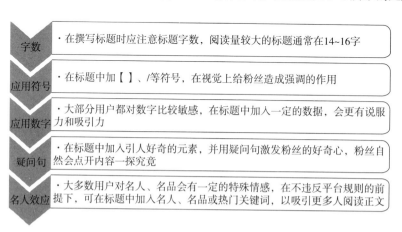

图3-6 新媒体文案标题写作要点

图3-7所示为某公众号的几个标题，其中就加入了数字、符号、疑问句等，

以吸引更多读者阅读全文。

除此之外,文案创作者还可以在标题中设置悬念,激发用户追根究底的心理,让用户跟着你的思路"走"下去。或是在标题中添加卖点,吸引读者阅读全文。总之,标题至关重要,它将直接影响内容的阅读量或观看量。因此在写标题时,应清晰准确地将重要信息传递给用户。

图3-7 某公众号标题(部分)

3.2.3 新媒体文案的开篇布局

新媒体文案的开篇也是营销的重要环节,好的开篇起着承上启下的作用,能将由标题吸引来的用户引入正文中。通常新媒体文案的开篇布局有图3-8所示的几种方式。

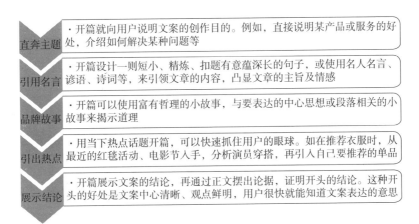

图3-8 新媒体文案的开篇方式

例如,某公众号文案开篇就引出了"重阳节"这一热点,并且引用了名人名诗,吸引读者继续阅读正文,如图3-9所示。

在撰写新媒体文案开篇时,除了可以应用以上几种方式,还可以运用修辞手法,如排比、比喻、夸张、比拟、反问、设问等,让文案开头更加生动。不同的文案有不同的开头设计,文案创作者可灵活运用以上写作方法,创作一则充满吸引力的新媒体文案开篇。

图3-9 某公众号文案开篇

3.2.4 新媒体文案的正文创作

无论文案的标题和开篇写得多么精彩绝伦，若正文无法激发读者的下单欲望，那这篇文案就是失败的。好的正文能刺激更多读者点击、转化；而差的正文不仅耗费了制作人员的时间与精力，还达不到预期的效果。因此，文案创作者必须掌握新媒体文案正文的写作方式，将产品与读者联系在一起，创作出打动人心的好内容，从而吸引读者的注意，激发读者的购买欲望。那么，如何策划正文内容呢？

1. 展示产品卖点

想激发读者对产品的兴趣，可以直接展示产品特点或产品能带给用户的好处。例如，某速食品牌的某款拉面的文案，简单明了地说明了这款拉面的汤底、配料、面条等卖点，如图3-10所示。这种正文创作方式在新媒体文案中最为常见，其结构就是"特点1+特点2+特点3……"，不同的段落写不同的特点，这种并列式的正文结构能把产品的特点比较清晰、准确地表达出来。

图3-10　某款拉面的文案

图3-11　某家电产品拍摄的视频画面

2. 利用故事打动读者

通常利用讲故事或者对话的表述方式创作的文案，都试图通过故事来打动读者。这一类型的正文中的内容是层层推进、纵深发展的，后面内容的表述只有建立在前一个内容的基础上才能体现出意义。例如，很多品牌的文案都会详细描述创始人的创业经历，其目的就是从创业不易的角度出发，引起读者的情感共鸣并由此吸引读者购买产品。

图3-11所示为某家电品牌找视频达人拍摄的视频文案,它就是用情感故事来打动观众的。该视频围绕男主人公生日这一事件展开,开篇观众会认为,女主人公因为工作忙碌和应酬忘记了男主人公生日这件事。继续观看就会发现,女主人公虽然忙,但是并没有忘记男主人公的生日。她在早上出门前就将食材放入了烤箱,为的就是结束忙碌的工作后,回家陪男主人公过生日。视频最后用一句暖心文案"愿你付出甘之若饴,所得归于欢喜——某某烘炸一体机"呼应主题。

3.2.5 新媒体文案的结尾设计

对于一篇新媒体文案,如果没有恰当的收尾,就像在高速上开车,开得正兴起时前方突然没有路了,又没有任何交代,会惹来骂声一片。新媒体文案创作者掌握表3-1所示的几种结尾方式,会让软文撰写"进退自如":进可以展开,退可以收尾。

表3-1 新媒体文案的结尾方式

名称	具体内容
自然收尾	在内容表述完后,不去设计含义深刻的哲理性语句,而是自然而然地收束全文。记叙性文章常以事情终结作为自然收尾
首尾呼应式	结尾与开头呼应,文章的开头若提出了论题或观点,中间会不断展开,进行分析论证,结尾时回到开头的话题上来。这样的收尾方式多应用于议论性文章,既能让文章结构更完整,使文章浑然一体,又能唤起读者心灵上的美感
点题式	行文中没有明确提出观点,结尾时用一句话或简短的一段话明确地点出文章的观点。这种形式的结尾能够帮助读者悟出全文的深意,提升软文的品质,从而给读者留下深刻的印象
名言警句式	用名言、警句、诗句收尾,要么让软文意境深远,要么揭示某种人生的真谛。这类收尾往往能用三言两语表述出含义深刻、耐人寻味的哲理性或警醒性的意思,使之深深地印在读者心中,达到"言已尽,意无穷"的效果
抒情议论式	用抒情或议论的方式收尾,是用作者的真情激起读者情感的波澜,从而引起读者的共鸣。这类收尾有着强烈的艺术感染力且应用较广,既可以用于写人、记事、描述物品的记叙文中,也可用于说明文、议论文中
余味无穷式	结尾处留白,让读者的思想自由驰骋。读者可以纵横想象,适当补白、续写,这样的结尾会令人有意想不到的收获和非同寻常的深刻体验
请求号召法	在前文讲清楚道理的基础上,向读者提出某些请求或发出某种号召,邀请或请求读者加入行动中

很多公众号文案、微博文案以及小红书文案的结尾处，创作者都会用请求号召法引发读者关注账号、留言或点赞等行为。图3-12所示为某公众号文案的结尾，用"速来评论区团建！说说你们的看法！""冷哥将抽取1名最走心的狗子送出拖鞋袜"等文案，激发读者评论。

图3-12 某公众号文案结尾

3.3 新媒体文案的写作技巧

新媒体文案的写作不同于普通文章的写作，新媒体文案比普通文章更加精炼，更加符合网络流行文化的趋势。在写作新媒体文案时，必须遵守主体清晰、有价值、说大白话以及从用户的痛点出发的原则，这样才能写出既有价值，又利于传播的文案。

3.3.1 文案主体清晰

文案主体清晰是指文案能让用户快速看到他想要的好处，在这一过程中，文案创作者还要使用一定的方法来提高转化率。那么，如何做到文案主体清晰呢？可以从图3-13所示的三个方面入手。

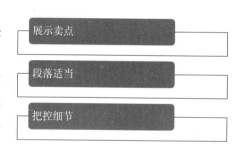

图3-13 文案主体清晰的要点

1. 展示卖点

对于中长篇的文案，创作者在安排文案内容时，应将产品的核心卖点或用户最为关心的利益点进行重点展示，如将相关内容放在内容页的第一段或第二段。

比如，写一份关于防污衬衫的长文案，在内容结构的安排上，要先将衬衫防污这一主要卖点写在前面。在文案的开始处可以铺垫一下，说白色的衬衫沾上污渍后会影响个人形象，紧接着马上引出产品的某一个卖点，说现在不用担心了，因为有了防污衬衫，果汁、咖啡洒在上面，只需抖一抖就干干净净了。

在放出主要卖点后，接下来可以讲衬衫的其他卖点，如不挑身材、透气等。然后可以说明该产品为什么可以防污，最后阐述衬衫在细节上的一些设计，以增加产品的附加值,让用户更心动。

2. 段落适当

长文案一定要注意段落,如果一个段落有五六行字,就会显得冗长。一般来说,控制在两三行即可。微信、微博以及论坛等平台上发布的文案,其段落都不会很长。例如,某微信公众号的文案段落不仅做到了两行隔段,还在段落与段落之间空了一行,让段落之间不那么紧凑(见图3-14),这样读者阅读起来会更轻松。

3. 把控细节

文案创作者要避免那些不具体的说法,以及让文案显得乏味的内容。阅读文案的读者一般是对产品感兴趣的用户,因此我们要直接把能打动读者的东西全抛出来。对于一些重点,可以加粗显示或使用其他背景色来突出,但要注意一点,就是特殊样式不能用得过多,不然会让读者眼花缭乱,反而影响用户体验。图3-15所示的就是一个正面的例子,创作者将产品的一些功能进行了重点标注,便于读者阅读及理解。

图3-14 某微信公众号的文案

图3-15 某微信公众号的文案

笔者通常不会在文案中用很多句号,一般是在一个段落的最末端用一个句号。在上下段连接时,即使中间配有图片,也需要考虑前文与后文的衔接性。如果一篇文案需要向用户介绍产品的几个不同卖点,那么为了让用户看一次就能明白,我们可以用小标题进行分段。因为用户通常只会看一遍文案,如果不能让用户一次就清楚产品有哪些亮点,就可能失去这个用户。用小标题分段可以抓住读者的注意力,同时也能让读者快速检索内容。

3.3.2 文案内容必须有价值

文案是写给用户看的,那么用户喜欢什么样的文案呢?答案是有价值的文案。例如,微信公众号中比较常见的情感类文案,有讲爱情的,也有讲亲情的。用户喜欢看这类文案并非没有道理,因为此类文案或是能给人以启发,或是能给人提供精神动力，或是能触动心灵，但不管怎样，内容都要有价值。

有价值的文案就是用户在看过之后，会觉得很需要文案中提供的产品或服务。当然，文案的价值是靠文案写作者塑造的。以产品类文案为例，目标用户往往并不了解产品的性能、质量等。如果文案写作者不去塑造产品的价值，目标用户就不会也不可能知道这个产品能带给他们的好处，而结果就是用户不买单。

下面我们来看一个案例。

有一个白酒品牌，在当地小有名气，但是与其他白酒品牌相比，市场份额差得较多，于是经营者请了一位产品经理做运营推广。

该产品经理亲临制酒厂，了解了白酒的制作工序。该厂制作白酒用的水是名泉古水，发酵时使用的窖池是10年以上的老窖，酿造成功后还会经过严格的检测，最后才是销售。对此，他感到很震撼。

产品经理问该白酒品牌的老板："你们制作白酒的工序如此繁复、专注、严谨，为什么不在你们的网站上、公众号上用文案来告诉用户呢？"老板回答："大家制作白酒的工序基本上都是这样，有什么好说的呢？"

后来，产品经理写了一篇文案，内容就是该白酒品牌是如何以匠心精神生产白酒的。用户看了该文案后都很受触动，该品牌白酒的销量也因此得到了很大提升。

从这个案例中我们也可以看出用文案来塑造产品价值的重要性。当然，要让文案有价值，还要找准文案的匹配对象。如何才能提高文案的内容价值呢？有图3-16所示的3种方法。

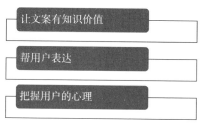

图3-16 提高文案内容价值的方法

1. 让文案有知识价值

让文案有知识价值可以理解为科普。例如，要让用户购买美容仪，就要科普美容仪的作用及美容仪是如何解决皮肤问题的，如祛痘、美白等。

2. 帮用户表达

用户很多时候是不会表达心声的，如果有哪篇文案能帮助他们表达出来，他们就会觉得这一内容很有用。例如，很多人会受到失眠的困扰，在文案中就可以一个失眠者的自述来说明失眠带来的问题，如掉头发、记忆力减退、皮肤松弛……有失眠症状的用户一看，就会觉得和自己遇到的问题一样。然后告诉他们如何改善失眠，如睡前喝牛奶、使用××产品等，这样用户就会觉得这篇文案对自己来说很有价值。

3. 把握用户的心理

文案内容的价值还体现在对用户心理的把握上，如很多人去超市买东西都喜欢到打折区逛一逛，目的很简单，就是以低价买好货。超市的营销文案也很简单，如特价9.9元、限时促销、买二赠一等。虽然简单，但十分有效，因为抓住了用户贪图便宜的心理。

网络文案同样可以如此，把握住用户的心理，就会使他们认为这一内容是自己愿意看到的，也会自愿掏腰包。

3.3.3 文案写作要"说大白话"

在撰写文案时要"说大白话"。什么是"说大白话"呢？简单地说，就是写出来的文案要让人看得懂。不管是关于产品介绍的文案还是关于活动推广的文案，都要能告诉用户，这个产品的功能特点是什么，这个活动的内容是什么。

什么样的文案才是一份好的、能"说大白话"的文案呢？下面我们来看一下小米的案例。小米的文案有两个重要的特点：一是用户一听就懂，二是能直抵人心。例如，小米手机的某条微博文案就用言简意赅的文字吸引大家纷纷进入回忆，回想自己这一年的精彩瞬间并在评论区留言，这条微博内容共有四千多条评论，如图3-17所示。

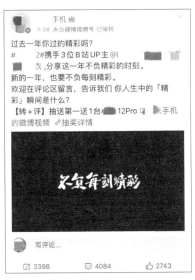

图3-17　小米手机的某条微博文案

可以看出，小米的文案简单、直接，但仅仅这样是不够的，还要能让目标受众产生情感共鸣，这样的文案才是好的文案。受众对文案的关注一般只有几秒钟，文案必须让目标受众看完以后就立刻明白其要表达的意思并让目标受众产生情感共鸣。让文案说"大白话"，并不是要将华丽的文案改成平铺直叙的大白话，而是要提高文案的内容价值，让文案有趣、有料、有说服力。

3.3.4 文案要从用户的痛点出发

简单来说，用户的痛点就是用户要做出某一行动时，所遇到的最大的困难或麻烦。现在我们来看两个案例。年轻白领在结束一天的工作后，累得不想做饭（痛点），因此选择了送美食上门的外卖（痛点消除）；外出就餐不想排队点餐（痛点），故选择了用手机微信自助点餐（痛点消除）。

我们再来看一个关于美图秀秀的案例。美图秀秀是一款修图软件，在它被开发出来之前，市场上已经有很多修图软件。这些修图软件大多专注于高性能的图像处理，如强大的Photoshop。

但对于非专业的普通用户来说，Photoshop的很多功能他们都用不到。这时让这些用户使用修图软件的最大困难是什么呢？答案肯定不是图像处理的性能。对于普通用户特别是平时很少使用各类软件的用户来说，Photoshop使用起来比较复杂，也比较麻烦。因此，消除此类用户使用图像处理软件的困难是易用性。

于是，美图秀秀抓住了这一点，专注于提高软件的易用性。使用过美图秀秀的用户都应该清楚，美图秀秀操作简单，并且还有网页版，不需要下载，动动鼠标就可以轻松修图。如今美图秀秀已拥有一批忠实的用户，甚至包括一些专业用户。这是为什么呢？就是因为它简单易用。

回到文案写作中，文案也要抓住用户的痛点才能让用户产生行动。文案能准确戳中用户的痛点，是运营者要提升的能力。一般来说，我们可以从影响用户行为的因素出发来找痛点，包括产品性能、价格、形象、质量、可靠性等。

例如，产品是护肤品，目标群体不用说，就是比较爱美的人群。此类人群希望自己皮肤能更白皙、更透亮，他们在选择产品时会比较关心产品成分、产品作用以及产品安全性等。因此，护肤品是否有效、安全就是爱美人群的痛点。

在写文案时，可以从这两个痛点出发。那么，如何在文案中体现有效呢？最好的方法就是举用户使用产品的前后对比。普通用户还不能完全让用户相信，如果能举名人、网红、知名博主的例子，那么可信度将大大提高。这时可以放几张图，再用文字来说明用户是如何拥有现有肤质的。

如何在文案中体现安全呢？最简单的方法就是用专业权威机构开的证明，说明该产品是有科学依据的，并且经过临床试验，已获得了××机构的认证。

很多时候，产品的卖点实际上就是用户的痛点。因此，在写文案时，要将产品卖点与用户痛点结合起来。例如，我们的洁面乳含有××，作用是××，可以××，达到××效果。

3.3.5 如何撰写一篇好的卖货文案？

好的文案至少有以下 2 个特点：首先是有吸引力，让目标用户看到文案就有点击文案的兴趣；其次是有行动语，推动用户做出下一个行动，如点击、收藏、加购物车、购买等。

例如，某款针对头发护理的产品主图文案为"白头发，点进来"。首先用"白头发"这个敏感词，引起有白发人群的关注；再用"点进来"这一行动词，引导用户点击产品主图进入产品详情页。

那么，如何写出这样好的文案呢？写文案的人通常都有一种体会：面对自己熟悉或常用的产品，可以毫不费力地说出产品卖点以及选择它的原因。但大多数卖家及文案人员面临的情况是，仅靠产品图片、资料及样品就要写出富有感情的文案，所以难度很大。

回看市面上的文案，大多是把现有资料做简单加工，生成诸如"科学的精工配置""舒适的使用体验""呵护家人健康"或"缤纷优惠狂欢"等文案。这样的文案固然没错，但并不实用，如同一份速冻菜，只是半成品，不够鲜活、不够诱人。卖家要想写好文案，就必须成为五星级大厨，对"原料"深加工，煎炒烹炸，出品一份精品，一出场就香飘十里，让人欲罢不能。

尤金·舒瓦兹在《创新广告》中提到，文案无法创造购买产品的欲望，只能唤起原本就存在于百万人心中的希望、梦想、恐惧或者渴望，然后将这些"原本就存在的渴望"导向特定产品。简言之，文案不创造购买欲，而是激发购买欲。

而要激发目标用户的购买欲，就要懂得用户心里想什么，然后说到他们心坎里。因为每位用户的钱都是有限的，所以他们在选购产品时都会选择非常想买的产品，这时文案就是激发他们购买的那一把利器。如果他们被成功"安利"，自然会下单。至于如何做，可以从以下几方面入手。

1. 感官占领

文案创作者可以把自己假设成正在使用某款产品的用户，用眼睛、鼻子、身体甚至是心灵去感受产品，再把感官感受记录下来。比如，我们要销售一款按摩仪产品，卖点主打缓解颈部疲劳，这时该如何突出卖点呢？方法就是将使用这款产品的感受完整地进行描述，让用户产生"代入感"。文案内容大致如下。

如果你每天也看很久手机、电脑，经常出现脖子酸痛、头昏脑涨等问题，那要注意你的身体健康问题了。很多年轻人去医院检查都有颈部健康问题，这个颈部按摩仪虽然只有巴掌大（眼睛），力气却很大，开关一开，马上就可以感受到两股电流刺激颈部穴位，一阵酥麻蔓延全身，震得脖子都在左右摇动（身体）。

特别是这个颈部按摩仪的"单手按压"模式，像泰国技师用食指、中指、大拇指揉按穴位的感觉，阵阵酥麻，舒服得让你上瘾，希望它不要停（身体）。15分钟一节，摘下仪器，颈部的紧张沉闷感竟然消失了（身体），有一种连上5天班终于周末的欣喜，你会情不自禁地长出一口气"呼……"，感觉像是换了个新脖子！（心理）。

感官方面的文案虽然略长了一些，但是也更直观和详细，将每个感官的感受都进行了描述。目标用户更容易产生代入感，他们能快速想象出自己使用产品的场景。

2. 恐惧诉求

恐惧诉求类文案常见于省事型、预防型和治疗型的产品文案中。因为有时只说卖点吸引力较小，如果能从反面说出用户的恐惧诉求，再解决诉求，则文案中所介绍的产品会更具诱惑力。恐惧诉求可用图3-18所示的计算公式来体现。

图3-18 恐惧诉求公式

以销售一款电动牙刷为例，写恐惧诉求文案时，就要采用"痛苦场景+严重后果"的结构，让用户重视牙齿健康。一个带有恐惧诉求的经典电动牙刷文案节选如下。

每个人都知道刷牙很重要，但常常还是应付了事，导致出现牙龈问题，轻则牙龈发炎，重则牙痛。特别严重时，只能请假看病，看病回来还得加班补上（严重后果）。但凡去过牙科的人都晓得：看牙真贵！治疗几颗牙，费用随便都要上千元。交了钱还要遭罪，躺在牙椅上，闻着消毒水的味道，任牙医的手在自己嘴里钻洞，

疼得眼泪在眼眶里打转（痛苦场景），真是花钱又遭罪啊！（严重后果）

上述案例中介绍的这款电动牙刷在某众筹平台上线后，24小时内100000支库存被一扫而空。由此可见，带有恐惧诉求的文案营销效果非常不错。

3. 认知对比

很多时候产品的卖点是"更好"，简单说就是，你的产品相比同类产品在某些方面做得更好。但如果用文案将优势直接表达出来，就会显得平淡无味。最好的方法是进行认知对比，通过文案将竞品与自己产品的差距描述出来，如设计、功能、质量等方面的差距。

图3-19所示为淘宝平台某锅具的产品文案。通过对比两款锅的抗菌率、导热系数、抗菌时效等，提出自己的产品在功能上有明显优势，从而吸引用户关注。

在写认知对比类文案时，有个重要前提："批评"竞品时必须有理有据，不能无中生有，恶意诋毁竞品。

4. 用户证言

用户证言，主要是利用用户的从众心理，将好的用户证言（如评论、问答、小红书分享）优化成文案。用户证言既能激发目标用户的购买欲望，又能赢得观看者的信任。例如，某款卸妆水就在产品详情页写了"红遍全球的卸妆界C位担当，10万+美妆博主强推！"，如图3-20所示。

图3-19 某锅具的产品文案　　　　图3-20 某款卸妆水文案

正常情况下用户在购买一款产品之前，大多会通过已购买的用户对该产品的评论来了解产品。如果大多数用户都在用真实可信的内容证明产品好，就会提高潜在用户对产品的信任度。

新媒体运营者还可以直接在评论中收集较好的评论，优化成文案。在收集用户证言时，原则是挑选的证言必须能击中目标用户的核心需求。以一款脱毛仪为例，用户关注的可能是脱毛效果、是否反弹、有无副作用等，卖家在收集证言时就要以这些内容为主。而产品是否方便携带、是否能连接蓝牙等评论，就可以舍弃。

最后还有一点，文案写多了难免会产生一些惯性思维，如何突破瓶颈呢？其中一个不错的方法是把文案人员分为几组，每组写一份草案，然后进行PK。在PK过程中，大家可以敞开说自己的文案和对方文案的优缺点，直至其中一方把对方说服为止。最终胜出的一方可以得到一些奖励。事实证明，这个方法对于文案工作者转换思路非常有用，各位可以参考、学习。

课堂实训1：撰写短视频带货文案

带货文案也叫卖货文案，其特点是逻辑性强，但需要运营人员对产品和用户的了解度高。带货文案的逻辑思维是，激发消费者的购买欲望→快速建立信任→引导消费者立刻下单。

1. 带货文案的撰写原则

撰写带货文案需要遵循以下三个原则：

（1）标题要抓人眼球；

（2）开头要引人入胜；

（3）故事不仅要吸引人，还要有代入感和场景化。

2. 带货文案的撰写要点

（1）明确产品卖点与用户需求。一篇优秀的带货文案，首先需要明确产品的特点和卖点，然后要结合用户的痛点来放大产品卖点，说服消费者。关于产品卖点的描述应言简意赅，并且越具体越好。

（2）文案要有吸引力。一篇好的文案，无论是标题还是内容，都应该对用户有吸引力。文案创作者可以结合热点，撰写一个吸睛的爆款标题，讲一个吸引用户的故事，以提高文案的点击量。

（3）巧妙地切入产品。虽然带货文案的最终目的是销售产品，但不能硬生生地切入产品，而是要过渡自然，巧妙地找到承接点。比如，可以对用户的使用场景进行描述，解答用户的疑虑点，在用户建立信任的基础之上，循序渐进地引导到产品，不能直接介绍产品如何好。

> 带货文案的目的是让阅读的人对文案中介绍的产品感兴趣，从而购买产品，而不是为了自我感动。因此，文案要避免使用大量的专业术语，而是要尽量使用亲民的大白话。

3. 带货文案范例

熟悉了带货文案的特点以及撰写原则和要点之后，下面我们以某款护肤产品为例，来看看如何写一篇短视频带货文案。

视频标题为"草莓鼻妹妹的低价救星来了，还去美容院乱花什么钱？"以疑问句的形式抛出问题，并用"低价""救星"等文字，来迅速抓住对产品价格敏感的用户的眼球。文案正文以创作者的亲身经历为实例，讲述了自己所遇到的问题以及困扰，将用户代入一个个场景中，最后促使有相同烦恼的用户迅速下单。这篇短视频带货文案的具体内容如下。

前几期视频里有很多妹妹问我黑头怎么去，今天用一期视频分享一下我的个人经历。我之前经常去做皮肤护理，如小气泡之类的，一次大概100来块钱。其实呢，那些东西对皮肤是有伤害的。后来我在网上买了一台这样的仪器，确实把脏东西都吸出来了。但是用了一段时间后我发现，我的鼻子上不仅黑头没有减少，而且多了坑，变成了"草莓鼻"。我就很疑惑，明明是按照说明书的操作来的，也有配合皮肤收缩水敷，每次吸完都感觉毛孔是空的，为什么还会发展成"草莓鼻"啊？

后来在××的指点下我明白了，这些方法都是治标不治本。清洗不到位，皮肤分泌油脂，化妆后卸妆不彻底等原因导致毛孔堵塞，久而久之就形成了黑头。像我之前那样，没有正确地清洁护理，就会导致皮肤越来越差，越来越油，反反复复，恶性循环。

正确的护肤流程应该是先清洁，在选择护肤品时优先选择质地比较清爽的，再涂质地油腻的，让皮肤有个循序渐进的吸收过程。而且仅仅靠护肤品是不够的，还有一个重要的细节需要注意，你们知道是什么吗？是防晒！

很多妹妹都喜欢旅游，或者是工作原因需要到户外去，如果你没有对皮肤采取隔离防晒措施，长期下来皮肤就会长斑、没有光泽。更有部分人对紫外线过敏，会出现皮肤泛红发痒、皮肤变黑等问题。

我们平时也用过一些防晒的产品，像防晒霜、防晒乳、防晒喷雾，但不知道你们有没有和我出现同样的尴尬情况？有的防晒霜或喷雾喷到身上，一旦涂抹不均匀就会出现结块、结团的现象，导致皮肤白一块黑一块，不仅难看，而且油腻。夏天脸上本来就容易因为出汗而导致花妆，再油腻一点，整张脸就像一面反光镜。

来，这款喷雾是一个韩国产品，采用了微氧泡泡科技，一喷一抹就行，涂抹特别均匀，清爽不油腻。而且买了这个喷雾连素颜霜的钱都省了，它可以直接涂抹在皮肤上，不卡粉也不需要打美白针。喷雾里含有红石榴（抗氧化）、紫玉兰（生长在海拔300~1600米的山区，有药用价值，可以入药起消炎作用）、积雪草（入药清热解毒消肿），全脸全身都可以用。

除此之外，这款喷雾还不需要额外卸妆，洗面奶一洗就可以了。用这款喷雾简直就像穿隐形丝袜，一喷就白，敏感肌也可以用。就在我们家1号链接，美容院卖400多元一瓶，其他电商渠道178元一瓶，我们直播间专享价128元，而且现在拍下一瓶直接发两瓶。100ml的包装，可以随身携带，也可以带上飞机高铁。

课堂实训2：撰写电商产品宣传文案

相比短视频、公众号等软文，电商产品文案更直接，简明扼要地说明产品卖点即可。电商产品宣传文案主要出现在产品海报、详情页等地方。这里以写一则关于保温桶的产品宣传海报文案为例，介绍电商产品宣传文案的创作方法。

用户在淘宝、拼多多等电商购物平台搜索某个产品时，搜索结果是以"图片+文字"的形式进行展现的，图片占了较大的视觉空间，文字则起着画龙点睛的作用。在制作产品海报时，除了需要拍引人注目的图片，还需要提炼产品卖点。卖点如何提炼呢？我们不妨从商品的大小、颜色、形状、重量、材质以及功能等方面入手进行总结。总之，"一句话能够传达的竞争优势"，即卖点的定位。

例如，保温桶的卖点无非是材质健康、保温效果好等，在写文案时就可以从这两个方面出发。

- 材质："拒绝劣质材料，选用 304 不锈钢，吃的就是健康。"
- 保温："真空保温长达 12 个小时，每顿都吃热饭。"
- 福利："下单即送筷子和勺子，限量 500 份，送完为止。"

课堂小结

本章首先从认识新媒体文案的概念、特点及商业价值等基础内容出发，介绍了新媒体文案对于新媒体运营的重要性。又结合文案创作实操，详细讲解了新媒体文案写作的准备工作，以及标题创意、开篇布局、正文创作、结尾设计等环节的具体方法。最后，考虑到新媒体文案的传播性及转化率，还详细介绍了新媒体文案的写作技巧。

课后作业

1. 找出四种以上的文案载体。
2. 思考写文案时如何兼顾用户体验和企业信息的传递。
3. 撰写一篇电商产品的宣传文案。

第 4 章
新媒体账号与平台矩阵

都说选择大于努力,只有选好新媒体平台,才能让后续的营销落地。那么,新媒体运营人员在面对众多新媒体平台时,应该如何选择呢?新媒体运营人员在了解新媒体平台前,要先认识一下账号定位的重要性以及账号定位的基本步骤,再结合各个平台的特征及产品特征,选择适合自己的新媒体平台。

本章学习要点
- 了解账号定位的重要性及账号定位的基本步骤
- 认识常见的新媒体平台

4.1 账号定位

常言道:"物以类聚,人以群分。"运营者想吸引到什么人群,就要做这个领域的专家或达人。而做专家或达人的第一步,就是创建一个符合人设的账号。一个有着鲜明特点的账号,能直接告知目标用户它能为用户带来什么价值,从而吸引他们关注账号,为账号变现做准备。下面我们以抖音账号定位为例,介绍账号定位的重要性以及具体的工作内容。

4.1.1 账号的重要性

抖音目前的口号为"记录美好生活",但有很多用户把抖音当作记录日常生活的平台,时常发布诸如美女、萌宝、食物、情感等内容,给人留下饭后消遣娱乐的印象。如图 4-1 所示的普通抖音用户,单从部分作品的封面来看,视频内容主要为记录所吃食物、自拍人像、萌娃镜头等,给人留下些许杂乱的印象。单从这些内容来看,可能连平台也无法给他添加适合的标签。

实际上,抖音平台中类似这样的账号很多,他/她们常凭着自己的主观想法来拍摄和呈现内容,没有规划,也谈不上定位。作为普通用户,自然可以把抖音当成满足自己的娱乐工具。但对于想在抖音平台安营扎寨,获得一定收益的用户而言,必须找准账户定位,生产更多迎合目标用户的内容。

什么是定位呢?我们可以将其理解为个人短视频内容的专一呈现方向。例如,某定位为萌娃的账号"小麦",其抖音首页如图 4-2 所示。从首页的账号昵称、简介以及作品封面可以清楚地看出,该账号是一个萌娃展示号,作品内容主要是以妈妈的身份记录女儿的日常,作品展现了女儿可爱淘气的一面,截至笔者截图时,该账号已吸引了 900 多万粉丝关注。

通过以上两个例子可以大致看出,账号定位实际上就是想好这个账号能持续产出什么内容,以及该账号能为用户提供什么价值,也便于系统给账号打标签、做分类,如美食类、萌宠类、文教类、游戏类等。

那么,运营者如何找到个人定位呢?首先,要思考自己有什么亮点,再将亮点与商品结合,持续产出能吸引目标用户的内容。

例如,某文教类账号是由一个情感电台主持人经营的。由于自身对两性情感、家庭婚姻等话题有着独特的见解,所以该主持人创建了一个文教类账号。从账号定位上看，该账号想要吸引对人际沟通、两性沟通有兴趣的人群，所以它生产的内容也以情感知识、人际表达、沟通技巧为主，精准地吸引了目标粉丝。在吸引粉丝后，该账号就可以售卖一些关于情感、两性方面的知识课程或书籍，实现变现。

图4-1 没有定位账号的作品封面（部分）

图4-2 "小麦"的账号首页

再如，某主营红糖的商家，其目标人群主要是注重养生的女性。故该账号定位就以女性养生为主，常产出女性养生知识、调节身体的知识等内容，并将自家红糖添加在内容中，在吸引粉丝关注的同时也售卖红糖。

账号定位是抖音运营的关键，运营者要想变现，就必须先找到适合的账号定位，并根据定位产出相关的内容，这样才能吸引更多精准粉丝。

4.1.2 账号定位的基本步骤

认识到账号定位的重要性后，紧接着就要落实账号定位工作。短视频账号定位大致分为4步，如图4-3所示。

图4-3 短视频账号定位的操作步骤

1. 身份角色定位

每一个账号都需要设置基本信息，如账号名字、设置头像、个性签名、背景图设计等。这些信息在一定程度上体现了一个账号的主旨和内容，也对账号的被关注度、互动起着重要作用。例如，抖音用户在首页看到某条热门视频作品时，如果对视频内容感兴趣，就会进入该账号首页查看账号详细信息。而如果账号信息详尽且有吸引力，就有可能吸引用户关注该账号、查看该账号发布的其他视频作品。因此，运营者一定要对账号身份角色进行定位，创建一个鲜明的身份。

（1）账号名字。

很多用户在查看一个账号时，往往是从留意账号名字开始的，因为账号名字在一定程度上反映了一个账号的身份。例如，从"奶爸帅小强"这一账号名字可以看出，该账号可能是一个育儿类或萌娃类账号。又如，某抖音账号名字为"薛海讲PPT"（见图4-4）。从账号名字可以看出，该账号的身份角色定位可能是一位在PPT行业内有所成就的达人，其内容也主要是上班族关心的技能，如职场办公技能、职场情感等。

再如，某抖音账号名字为"老爸评测"（见图4-5）。从账号名字可以看出，该账号的身份角色定位是评测，其内容主要是给大家测评、推荐物品，吸引喜欢购买小物件的粉丝关注。

图4-4 "薛海讲PPT"账号首页

图4-5 "老爸评测"账号首页

由此可见，账号名字是身份角色定位中的重要因素，运营者需设置一个符合账号身份角色定位的名字，便于用户通过账号名字联想到账号定位。在设置名字时，除了要符合角色定位外，还要利于搜索和记忆，尽量不使用生僻字，也别过于简单，否则容易与其他账号混淆。

（2）设置头像。

头像是一个账号的门面，设置账号头像时不仅要结合账号内容风格来确定，且要求图像清晰美观。图4-6为某医务人员的抖音账号头像，该头像为医务人员身着工作服所拍摄的实图，让人一看就可以猜测出这是一个与医务相关的账号，更给人留下一种严肃、可靠的印象，拉近了用户与账号的距离。

那么，对于一个刚创建好的抖音账号，应该如何设置头像呢？可以参考表4-1所示的3个建议。

图4-6 某医务人员的抖音账号头像

表4-1 设置账号头像的建议

	具体内容	举例
美观	独具美观度的头像更能给人留下赏心悦目的感觉，也更具吸引力	很多颜值类账号，都选取真人照片来做头像，直观地展现了运营者的个人形象，从而拉近了用户与运营者之间的心理距离，更有利于打造个人IP
精准	对于垂直账号，应根据账号垂直度选取头像	例如，美食类账号可选用与美食相关的图片做头像，在吸引用户关注的同时，也有机会被商家发现，发起合作
直接	头像也可以直接体现主题，用最简单、直接的方式给用户传递信息	例如，某些品牌商家直接将自己品牌的Logo用作头像，既可以向用户传达账号的运营方向，也有助于强化品牌形象

（3）个性签名。

很多平台都提供了个性签名板块，其作用是用简短的文字补充说明账号的身份角色定位。除此之外，它还具有很高的营销价值。我们可以通过个性签名，用一句话来告诉用户，自身账号能为他们带来什么价值，或表明自己的身份。

例如，某定位为美食达人的账号，可以通过个性签名"关注我，每天学习新菜谱"，来吸引喜欢烹饪美食的用户关注；又如，某定位为健身达人的账户，通过个性签名"健身达人××，获得××奖项。关注我，每天晚上定时直播带操，一起塑造小蛮腰"，来吸引喜欢健身的用户关注。

实际上很多账号通过个性签名，吸引到了精准粉丝，实现了垂直商品的带货转化。例如,"很哥评酒"是一位优质的电商达人,他把自己所带产品类目(酒)以及联系方式放在了个性签名区域,非常清晰地表明了自己的身份,成功吸引了很多同行和爱酒人士的关注,如图4-7所示。

(4)背景图设计。

背景图就是抖音主页的头图,是一个体现账号身份角色定位的重点位置。很多达人会设计较有吸引力的背景图,其目的就是更好地展示账号特点。

图4-7 "很哥评酒"的个性签名

首先,背景图片的颜色应该与头像呼应。其次,背景图要在美观的基础上有辨识度。同时,要在背景图中增添有趣的引导话语或是突出利益点内容,引导更多用户关注账号。如图4-8所示的账号"大胡子说房"的背景图中写道:"你身边的房产专家,关注我私信咨询购房问题",让有购房需求的用户在利益的驱动下,主动关注账号,希望获得咨询购房问题的机会。

图4-8 "大胡子说房"背景图

背景图中还可以添加很多信息,如账号简介、人设介绍、活动通知等有利于商品宣传、品牌宣传的信息。例如,某旗袍体验店将自己店铺的地址以"文字+图片"的形式展现在背景图中,便于对视频感兴趣的用户根据地址信息来到店内消费。

除此之外,背景图还可以选用个性化的图片,加上账号领域的说明,强化用户对账号的记忆。例如,某情感达人的账号背景图中就用了很抒情的文字,强化了自己账号的情感定位,吸引垂直粉丝互动。

由此可见,背景图的设计有多个优点。运营者需要根据实际情况,综合账号定位,设计有吸引力的背景图,吸引更多用户关注、互动、转化。

2. 性格风格定位

账号有清晰的性格定位才能提高账号的辨识度,也更容易被人记住,如温柔可人的知心姐姐形象，懂事可爱的邻家妹妹形象，或是严肃认真的传道授业解惑的导师形象，等等。

性格风格是多种多样的，部分人天生就有鲜明的性格特点，且该性格本就受大众欢迎，这类人就可以直接在短视频中放大自己的性格特点；而部分人的性格特点不够鲜明，他们就需要通过后期包装来达到理想的性格风格。所以，这里我们把账号性格风格分为擅长型和包装型两种。

（1）擅长型的性格风格。

擅长型的性格风格，只需要在短视频中将自己所擅长的性格放大即可。很多达人在日常生活中，就是一个很有性格特点的人。例如，笔者曾听"多余和毛毛姐"的运营介绍，该账号出镜的主人公在日常生活中就是这样一个擅长表演的人，能通过极致夸张的表情引得大家大笑。实际上，"多余和毛毛姐"这一账号也确实将其擅长的表演应用到了自己的视频作品中，很多用户都被他夸张的面部表情和方言所吸引。截至笔者截图时，该账号已吸引了3千多万粉丝关注，如图4-9所示。

（2）包装型的性格风格。

虽然不是所有人都有明显且自己擅长的性格，但可以通过"包装"，让账号所代表的人物形象

图4-9 "多余和毛毛姐"抖音粉丝量

有更具体的特点。特别是很多需要带货营销的账号，为了迎合目标用户的喜好，可以通过包装，给粉丝留下很好的印象。例如，一些售卖母婴商品的账号，通过把自己包装成育儿专家的形象，让自己在视频中提到的观点更具说服力，自己推荐的商品也更容易被接受。

由此可见，账号想吸引到什么人群，就要根据这一人群的喜好来包装自己，使自己有鲜明的性格特点，来迎合这一人群。

演员在根据剧本拍摄影视作品时，剧组会通过设计演员的发型、服装、语言等，去匹配影视角色。创建一个账号如同包装一个演员一样，可以从表4-2所示的内容入手，包装一个具有鲜明性格风格的人物形象，增强用户对账号的记忆。

表4-2 包装人物性格风格的主要内容

名称	特点	包装	包装的具体内容
形象	出镜人物的外在形象要能体现出一种风格，如淑女风、运动风等	视觉	人物的妆容、发型、服饰、饰品等
		听觉	令人记忆深刻的口头禅
		技能	人物的职业或专业技能，如医生、健身教练
		语言	通过语速、语言风格等来体现
场景	大多数视频作品的拍摄场景，最好能和同行区别开来	普通	家里、办公室、商场、公园等
		特殊	人迹罕至的旅游景点、自家养殖场等
		稀少	飞机、高铁驾驶舱、手术室等
人物	邀请其他人物出镜，让视频内容更具张力	亲属	父母、兄妹、爷爷奶奶等
		同事	上级领导、办公室同事等
		亲密	夫妻、情侣等
		其他	路人

3. 内容类别定位

热门内容的类别数不胜数，既有令人赏心悦目的颜值类，也有令人捧腹大笑的段子类，还有让人收获知识的知识分享类。选择不同的内容类别，将决定吸引不同的人群。例如，一个分享情感知识的账号，发布的大多数作品中都会讲解情感故事和情感知识，全方位地、立体地展现了一个情感达人的角色。平台也会给该账号打上"情感""知识分享"等标签，并根据标签将视频推送给目标用户或潜在用户。由此可见，内容类别定位也很重要，选择适宜的内容类别，对于今后的作品曝光度和后期广告植入有着重要意义。根据整理笔者发现，受欢迎的短视频内容主要包括表4-3所示的6种。

表4-3 受欢迎的6种短视频内容

内容分类	简介	适用范围	优点
知识分享类	内容偏向于分享生活小知识、常识等，主要用于满足用户对内容实用性的需求	比较适合作为文教类账号的内容选择，如情感号、母婴号、健康号、商业职场号等	此类内容主要通过为用户提供价值，从而吸引很多精准粉丝，这类内容的点赞量、转化粉丝比例也比较高，且拍摄成本相对较低，是做账号的首选

续表

内容分类	简介	适用范围	优点
教学教程类	教学教程类作品能将传递的知识进行进一步展示，用户在观看视频后能更快地将这些知识加以利用	适用范围较广，如美妆教学、穿搭教学、美食制作、PS修图和PPT等	这类内容通过简单易学的教学视频，让用户在短时间内掌握技艺，受到广大用户喜爱。而且这类内容适合做商品"种草"，也容易提升账号IP权威
幽默搞笑类	对于在快节奏的生活中不停忙碌的现代人来说，在享受碎片化的休闲时间时，他们更希望观赏到让自己放松、娱乐的幽默搞笑类内容	适用范围较广，如搞笑段子、吐槽视频、脱口秀等	幽默搞笑类内容没有年龄、性别限制，适用范围也较广，如可以穿插在知识分享类、教学教程类内容中，深受众多用户喜欢
剧情段子类	短剧段子类的内容，类似于微型电影或是微型电视剧	由于这类内容区别于其他内容，对脚本策划、出镜人员、导演和摄影都有一定的要求，故拍摄成本也较高，不建议个人选择	剧情段子类内容一旦做好了，很容易因为一个作品而引爆粉丝
颜值圈粉类	是指能满足大家追求视觉享受，喜欢美好事物的心理的视频内容	应用比较广，如常见的美景、美人、美物等	颜值圈粉类内容涨粉往往很快，相较于剧情段子类，其拍摄方式更简单，拍摄成本也更低，可通过变装、街拍，或借助抖音自带道具等来完成拍摄
商品测评类	主要通过购买商品，针对商品的外观、颜色、味道、功能等对商品做测评	涵盖范围非常广，如护肤品测评、零食测评等	商品评测类视频的拍摄难度不算很高，没有太多技巧，重点是要在拍摄过程中全面地展现出商品的外观、性能优势等

当然，视频内容的类别远不止上述6种，还有咨询解答类、影评剧评类、萌宠萌宝类……运营者可结合账号定位及自己所长来选择恰当的内容。

4. 表现形式定位

运营者想拍好视频作品，还需要进一步了解短视频的表现形式。因为不同风格的视频作品，其表现形式也有所差异。针对目前视频的拍法以及用户的心理，我们可以将短视频的表现形式概括为表4-4所示的5种。运营者可以如法炮制，在前人的经验总结中探寻属于自己的拍摄短视频道路。

表4-4 常见的5种短视频表现形式

表现形式	简介
图文形式	图文形式是指将图片和文字结合展示，把想表达的内容放在图片中，然后加上配乐。它是最为简单的一种表现形式
讲解形式	讲解形式主要是通过分点讲解的方式进行知识科普、细节描写、产品解读等，常见于知识分享类、教学教程类等内容中
采访形式	采访形式可以用于很多场景化的采访，如常见的街头采访就喜欢把一些有趣的段子植入被采访人的口述当中，引得用户纷纷点赞、转发
剧情形式	剧情形式是指有情节、有条理，能完整表现一个故事的视频内容。常见的有喜剧剧情、职场剧情、男女剧情等
Vlog形式	Vlog全称是"video blog"或"video log"，是指视频博客、视频网络日志，是博客的一种。Vlog一般由真人出镜，记录创作者自己的所见所闻、日常生活。这类视频能够拉近用户和创作者之间的心理距离

4.2 常见的新媒体平台

部分人对新媒体平台有误解，认为微信、抖音就是新媒体平台。其实不然，新媒体平台数不胜数，且还在持续新增中。新媒体运营人员应该了解各个新媒体平台的形式、特点等，从而根据自己的产品特征，选择适合的平台，然后搭建新媒体运营矩阵。

4.2.1 微信大家庭

随着微信用户数量的增长，微信营销方式也逐渐多样化起来。商家应该掌握更多的微信营销方法，如目前较为火热的微信公众号营销、朋友圈营销、小程序营销以及企业微信营销等。

1. 微信公众号

微信公众平台即公众号平台，它是给个人、企业和组织提供业务服务与用户管理能力的服务平台。公众号曾非常风靡，是商家的粉丝集结基地。新媒体运营者可以通过公众号把粉丝聚集起来，宣传一些有利于产品成交的内容。

许多新手运营者存在这样一个错误认知：认为公众号的主要功能就是推送图文消息，做宣传。不得不承认，利用图文消息进行推广宣传是公众号一个主要且重要的功能，但公众号还有其他功能，这些功能也可以为营销服务。

（1）自动回复。

公众号运营者可在微信公众平台通过编辑内容或采用关键词，实现被添加自动回复、消息自动回复和关键词自动回复功能。被添加自动回复是指用户一旦关注公众号，立即就会收到回复。例如，用户关注某数字营销服务工具公众号后，会收到图4-10所示的自动回复。

消息自动回复是指订阅用户只要向公众号发送消息便会收到回复。消息自动回复与关键词自动回复相辅相成，如果粉丝发送的消息包含关键词，将会优先关键词自动回复；如果开启了全匹配，就需要粉丝发送与设置的词一样的关键词才会自动回复。例如，在某移动公众号中发送"话费"，用户会收到图4-11所示的自动回复的与话费相关的消息。

图4-10 关注后的自动回复

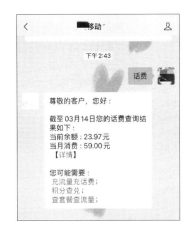
图4-11 对话后的自动回复

自动回复的作用在于增强互动，提高用户活跃度，引导粉丝进行下一步操作及开展营销活动等。

（2）自定义菜单。

运营者可以在公众号会话界面的底部自定义菜单，菜单项可按需设定，并设置响应动作。用户可以通过点按菜单项收到设定的响应，如收到消息、跳转链接等。不管是网站运营新手还是老手，都会疑惑自己的公众号为什么赚不了钱，其实问题就出在自定义菜单上。通过观察那些赚钱的公众号我们就可以发现，它们的自定义菜单中都有各自的"生意"。

例如，在某茶叶公众号的自定义菜单的"行走茶区"菜单项中，用户点按"行走茶区"就可以直接进入微商城，如图4-12所示。

为避免公众号推送过多信息，引发用户的反感，运营者需要将一些功能迁移到自定义菜单中。

（3）留言。

留言功能并不仅仅是给粉丝提供了一个评论的入口，还是运营者获得粉丝反馈、与粉丝交流互动的端口。

对粉丝的留言评论，公众号运营者可以进行置顶、加精选、回复和删除等操作。这样公众号就可以只展示由运营者挑选的留言内容，进而提高粉丝对公众号的认同感和黏性。就像在淘宝买东西，买家都喜欢看评论，评论好自然会促使买家下单。而公众号的留言内容可以由运营者自己选择，优秀的留言无疑能提高品牌的口碑。图4-13所示为某公众号的留言活动。

图4-12　某公众号的自定义菜单

图4-13　某公众号的留言活动

（4）投票。

运营者可以在微信公众号中举办关于比赛、活动、答题等项目的投票活动，以收集粉丝意见，了解粉丝感兴趣的内容。

投票是很多运营者会忽视的功能，但如果投票活动能吸引粉丝参与，那么对后期运营会很有帮助。

（5）其他功能。

除以上功能，公众号还有以下丰富的功能。

- 卡券功能：微信公众平台通过提供给商户或第三方一套派发优惠券，从而帮助商户高效运营和管理会员。
- 摇一摇周边：微信公众平台提供的一种新的基于位置的链接方式。用户可通过摇一摇周边与线下商户进行互动，而商户则可以通过摇一摇周边为用户提供个性化的服务。
- 电子发票：微信公众平台提供给商户或第三方的电子发票技术解决方案。商户和第三方可选择由第三方开票方提供的电子发票套餐，并根据套餐权限在其微信公众号中申请、开具、接收、管理电子发票。
- 微信连 Wi-Fi：微信公众平台为商户的线下场所提供一套完整且便捷的微信连 Wi-Fi 方案，能帮助商户提高经营效率。
- 客服功能：微信公众平台为公众号提供的客户服务功能，支持多人同时为一个公众号提供客户服务，可在线回复用户的询问，从而提高粉丝对公众号的满意度。

2. 微信朋友圈

《中国互联网络发展状况统计报告》显示，截至 2018 年 12 月，微信朋友圈用户使用率已达 83.4%。可见，微信朋友圈已经非常普及。不少商家也看到了朋友圈强大的社交互动功能，认为在朋友圈策划活动比较有前景。

微信朋友圈是微信众多功能中的一种，目前已经发展为用户最喜爱和最常用的功能之一。微信官方给微信朋友圈的定义为："在这里，你可以了解朋友们的生活。"通过微信朋友圈，用户可以发布图文、视频或转发信息。

微信朋友圈提供即时发布图文、视频等功能。用户自主发布的图文、视频等信息，会被好友在朋友圈中看到，好友可以对之进行点赞和评论等互动操作。某用户的朋友圈如图 4-14 所示，其中有用户分享的图文内容，好友点赞以及好友的评论等。

除图文内容，微信用户还可以在朋友圈分享歌曲、视频等内容。微信用户在微信公众号或其他地方看到有趣的图文内容后，也可以将其分享到朋友圈，被更多好友看到。微信用户要分享公众号文章，可通过"分享到朋友圈"按钮来完成，如图4-15所示。

图4-14　某用户的朋友圈截图

图4-15　"分享到朋友圈"按钮

除公众号文章可被分享到朋友圈外，很多手机APP也具备分享信息到朋友圈的功能，这就让朋友圈信息来源变得非常广泛，发布过程也非常轻松。这些都成了朋友圈极大普及的原因，也使其成为新媒体运营的营地。

3. 微信群

几乎每个玩微信的人，都有自己的微信群，我们可以选择自己创建或加入别人创建的微信群。前文谈到二维码推广时，提到了添加微信好友。对卖家而言，不仅可以用二维码添加好友，还能通过二维码来吸引粉丝加入相关群组。如果做得好，这将是维护新老客户关系的捷径。

有了群成员后，如果管理不当，就会发生"死"群的现象。几乎每个微信群都会经历图 4-16 所示的几个阶段,给人的整体感觉可用八个字概括:忽远忽近,若隐若现。

维持微信群的活跃,可以从以下 4 个方面入手。

首先,微信群质量的高低取决于群活跃度的高低,而群的活跃度取决于不断更新的各种话题。有话题,群友才会争先恐后地发言。

即使是群满员的情况下,也不可能全部成员同时在线交流,重要的是某一些话题能够带动某一些人产生共鸣。最好是每天固定一个话题,预留时间互动,慢慢形成一种习惯。这个话题可以是群主或管理员在微博或新闻中获取到的热门话题,也可以是群主或管理员自己发起的话题。除此之外,群主或管理员对于群成员提出的各种问题,应做到有问必答,有求必应。

图4-16 微信群的发展阶段

其次,微信群需要积极分子。在几百个人的群里,只靠群主一人来引出话题、管理,会显得单薄。因此,基本上每个微信群里都会有一小部分的积极分子,他们有着乐于助人、乐于发问、乐于学习的特点。群主要擦亮眼睛,抓住这些积极分子,让他们来帮助自己管理群组。积极分子的存在会让群友不孤独。

再次,让群成员有利可图。并非所有的人都志同道合,再热门的话题,也有不愿意互动的人。维持群活跃的技巧之一,是让成员有利可图。这个"利"不一定是大额红包。偶尔几个小红包、几份小礼物或是专业知识的分享,让群成员认为这个群是有真材实料的,他们自然会长期关注。

最后,设置硬标准。有的微商代理一进群,第一件事就是加群里的成员为好友或是在群里发广告。偶尔发一两个广告可以,长期发广告炸群,其他群成员自然会因反感而选择退群。因此,群主应在群里设置硬标准,如禁止私加好友或禁止打广告,一旦违反,马上踢出去,还群一个干净的空间。

4. 小程序

微信 2017 年 1 月推出新功能"小程序"时,很多人都不知道这个新功能是干什么的。但是移动互联网大数据平台 QuestMobile 的数据显示,截止到 2021 年 8 月,微信整体月活用户规模已稳定达到 10 亿量级,而承接服务功能的微信小程序在微信月活用户中的渗透比例已经达到84.6%，月活用户规模超过千万的小程序数量已经达到115个，说明微信小程序已经是当下顶级流量平台。

微信创始人张小龙曾这样描述小程序："不需要下载安装就可以使用的应用，它实现了应用触手可及的梦想，用户扫一扫或搜一下即可打开应用。也体现了用完即走的理念，用户不用关心是否安装了太多应用的问题。应用将无处不在，随时可用，但又无需安装和卸载。"简单而言，小程序是一个无需安装、用完即走、轻便的APP。小程序有图4-17所示的几个优点。

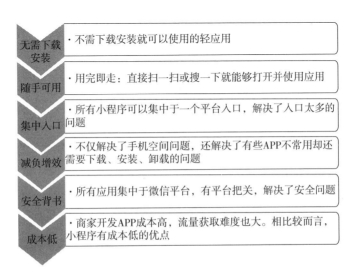

图4-17 小程序的优点

5. 企业微信

微信巨大的用户数量，催生出一系列可用于营销的工具。例如，用于高效办公和管理的企业微信。2021年1月18日微信公开课PRO分论坛的数据显示，2020年企业微信链接的微信用户数达4亿，活跃用户数超1.3亿。故而，新媒体运营者应该掌握企业微信的营销方法，高效管理内部员工的同时维护好客户。

企业微信是腾讯微信团队为企业打造的一个专业的办公管理工具。企业微信有着和微信一致的沟通体验，并与微信消息、小程序、微信支付等互通，可以帮助企业高效办公和管理。

早在几年前，商家的营销还集中在电视广告、电梯广告中。但是现在，营销方式不再受限于地点和线上，而是主要以用户为中心，搭建自己的私域流量池后，再为用户提供服务和产品。

如何选择搭建流量池的工具呢？首选肯定是用户数量巨大的微信。但是不是使用个人微信就可以了呢？就目前的情况而言，个人微信添加好友频繁、过度宣传，并不适合作为搭建流量池的工具。

如果要用微信做营销，那么应该选择企业微信。商家通过企业微信服务的微信用户总数已超过4亿人，利用企业微信，对外可以实现获客，增加销售额；对内可以实现员工高效管理。尤其是在智慧增长方面，企业微信有着如图4-18所示的4大方案。

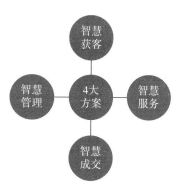

通过企业微信，商家可以把微信公众号、小程序、朋友圈及直播等玩法结合起来，通过一些福利活动，完成获客、服务、成交、管理等低价高频获客的动作。以瑞幸咖啡为例，瑞幸咖啡成立于

图4-18 企业微信智慧增长方案

2017年10月，发展至2019年5月已经上市。瑞幸咖啡的成功，离不开企业微信。瑞幸借助企业微信，同时打造起了自己的多个社群，将流量引入私域流量池。用户在下单后可扫描二维码添加企业客服微信号，再加入社群。新人入群或老用户邀请新人入群，都可以获得折扣券。正是因为如此，才吸引了众多老用户纷纷邀请新用户入群、下单。

4.2.2 电商平台

近年来，随着电商平台的发展，有不少新媒体运营者进入了电商平台。新媒体运营者通过在电商平台发布产品、更新图文和视频内容来吸引目标用户关注并购买产品。那么，目前值得选择的电商平台有哪些呢？常见的电商平台主要包括淘宝网、京东以及拼多多等。

1. 淘宝网

淘宝网于2003年5月10日成立，发展到现在已拥有近10亿的注册用户，日活用户超过1.2亿，在线商品数超过10亿件。随着淘宝网规模的扩大和用户数量的增加，淘宝从单一的C2C网络集市变成了涵盖C2C、团购、分销、众筹等多种电子商务模式的综合性零售商圈，成为世界范围内的知名电子商务交易平台之一。淘宝网首页如图4-19所示。

图4-19 淘宝网首页

淘宝网的开店门槛相对较低,凡是年满18周岁的公民都可以开设店铺;开店成本相对较低,绝大部分类目只需要1000元的保证金。由于该平台开店门槛低、成本低,因此成为新媒体运营电商的首选。消费者在查看逛逛帖子时(见图4-20),可以跳转至产品详情页购买,如图4-21所示。

新媒体运营者可以通过开设淘宝店、发布逛逛信息等方式,推广产品以实现转化。

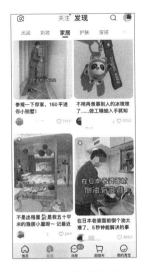

图4-20 逛逛页面

图4-21 从逛逛进入产品详情页

2. 京东

自 2004 年京东公司涉足电子商务领域以来,京东网上商城一直保持着高速成长。随着京东的稳步发展,京东商城在北京、上海、广州、成都等地建立了物流平台,为全国用户提供更快、更便捷的配送服务,多地实现了当日购,当日达。京东商城旨在为消费者在第一时间提供优质的商品及服务。

截至目前,京东已经发展成为国内最大的自营式电商企业,在线销售如计算机、手机、家电、服装、家居用品、书籍以及虚拟商品等多个类目的商品。京东首页如图 4-22 所示。

图4-22 京东首页

3. 拼多多

2015 年 9 月,上海寻梦信息技术有限公司创办了社交新电商平台拼多多。拼多多是一家专注于 C2B 拼团的第三方社交电商平台。消费者通过拼多多的商品链接,可与朋友、家人、网友等人拼团,以更低的价格购买优质商品。对于拼多多平台的多个商品,用户都可以通过"去拼单"或"发起拼单",以低于商品正价的价格买到,如图 4-23 所示。

新媒体运营者可以根据产品卖点,编写"行家心得",吸引其他消费者关注产品,如图 4-24 所示。

拼多多平台早已汇聚了数以亿计的年度活跃买家和数以万计的活跃商户,平台年交易额更是高达数亿元人民币。据拼多多官方数据显示,40.4% 的拼多多活跃用户不与淘宝、京东重叠;4500 万左右的拼多多活跃用户同时使用京东;6200 万左右的活跃用户同时使用淘宝;拼多多有 2 亿独占的新消费者推动着品牌成长。

图4-23 拼多多商品拼单页面　　图4-24 拼多多行家心得页面

新媒体运营者可在这些电商平台分享图文、视频内容,来吸引消费者关注品牌或产品。

4.2.3 短视频平台

近年来,短视频及直播行业的蓬勃发展,为商家提供了一种全新的营销模式。不少商家也确实利用短视频带货,打造出了更利于消费者购物的新营销场景,从而实现了更多产品营销。抖音、快手等作为当今现象级的流量平台,是商家进行短视频营销的首选之地。

随着直播、短视频的火热,越来越多的用户注册了短视频账号,并通过浏览短视频下单购买商品。例如,抖音用户可以在自己发布的视频中挂上商品链接(见图 4-25)。观看该视频的用户如果对商品感兴趣,可以点按链接进入商品详情页(见图 4-26)购买商品。

图4-25 抖音视频页面截图　　图4-26 从视频链接进入商品详情页

正因视频与商品的完美结合,让不少消费者在观看视频的娱乐过程中,被内容激发需求,从而下单购买商品。也正是因为如此,不少商品凭借短视频成功被打造成了爆款,甚至出现了供不应求的局面。

1. 抖音

2016年9月,今日头条内部孵化出了抖音。2021年1月6日抖音发布的《2021抖音数据报告》显示,截至2021年1月5日,抖音日活用户数突破了4亿,抖音成为国内最大的短视频平台。

抖音用户以一、二线城市为主,推荐模式以滚动式为主,系统推什么,用户就看什么。由于抖音短视频平台有着市场大、用户多等优点,因此成为很多电商卖家的营销阵地。很多卖家在抖音发布营销视频并进行直播,其中很大一部分都取得了理想效果。

例如,截至笔者截图时,某知名美妆博主在抖音平台已积累1800多万粉丝,获赞1.1亿个,如图4-27所示。点按进入该账号的橱窗页面,可以看到已售商品超过了10万件,如图4-28所示。

图4-27 某美妆博主抖音账号首页

图4-28 某美妆博主橱窗页面

部分卖家在开通抖音账号的同时,为了方便平台用户下单转化,直接在抖音也开设了抖音店铺。用户在看视频或看直播时,可直接在抖音平台完成交易动作。

2. 快手

快手是由快手科技开发的一款短视频应用APP,用户可以用照片和短视频记录生活,也可以通过直播与粉丝实时互动。快手科技发布的2021年第一季度业绩显示，在2021年第一季度，快手中国应用程序及小程序的平均日活跃用户达到3.792亿，同比增长26.4%，环比增长20.0%。由此可见，快手也是一个热门的直播、短视频平台。

快手的内容覆盖生活的方方面面，用户遍布全国各地。这些用户对新事物的接受度较强，是很优质的电商客户。由于用户基数大而广，快手平台吸引电商卖家纷纷入驻。卖家在快手平台可以完成分享视频、直播卖货等操作。

某运动鞋服品牌在快手的账号首页如图4-29所示，截至笔者截图时，该账号已积累了300多万粉丝。从页面中可以看出，账号在发布视频作品的同时，还能完成直播、发布商品信息等操作。进入该账号的店铺，我们还可以看到各个产品的主图、标题、价格、销量、评价等信息，如图4-30所示。

图4-29　某运动鞋服品牌的快手账号

图4-30　某账号的店铺首页

实际上，除以上热门平台外，新媒体运营者还可以在美拍短视频、西瓜视频等平台发布视频。但无论是在哪个平台发布直播、视频内容，都应注意视频内容质量，毕竟好的内容才是吸引粉丝的关键。

4.2.4　音频平台

音频平台是指用户通过网络流媒体播放、下载等方式收听的音频内容平台，如喜马拉雅FM、蜻蜓FM、荔枝FM、懒人听书等。据艾媒咨询数据显示，2020年中国在线音频用户规模为5.7亿人，预计未来继续保持稳定增长，2022年将达到6.9亿人。为什么音频会受到广大网民的追捧呢？追其原因主要是音频的伴随属性。相比视频、文字等媒体，音频具有独特的伴随属性，无须占用双眼，可以利用好消费者做饭、乘车、睡前等碎片化时间。

同时，很多消费者可能被各种广告信息刷屏，因此厌倦文字、图片和视频广告。但在音频内容中，因为不知道广告会在什么地方出现，用户便无法避免广告，所以更能牢牢地记住广告信息。也因为如此，音频具有很高的营销价值。

当然，音频营销并不一定要求新媒体运营者去录制音频内容。新媒体运营者可以通过联系知名主播销售商品，支付佣金的方法达成合作。例如，某经营图书类产品卖家与情感主播合作，由于主播在对于情感的见解中提到某本书中有一个观点很受用，并详细介绍了这本书的主要内容、优惠活动以及购买方式等信息，主播还给出了专属粉丝特权，刺激粉丝下单。最终，该音频节目播放量超百万次，一天内卖出近千册书籍。

常见的音频运营方式包括内容植入、品牌入驻、主播互动，如图4-31所示。

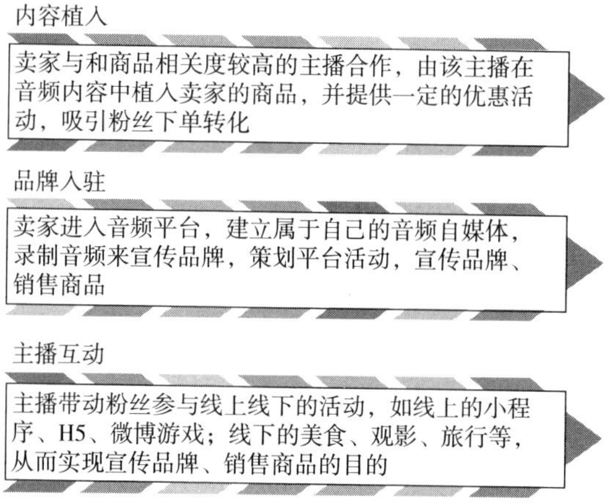

内容植入
卖家与和商品相关度较高的主播合作，由该主播在音频内容中植入卖家的商品，并提供一定的优惠活动，吸引粉丝下单转化

品牌入驻
卖家进入音频平台，建立属于自己的音频自媒体，录制音频来宣传品牌，策划平台活动，宣传品牌、销售商品

主播互动
主播带动粉丝参与线上线下的活动，如线上的小程序、H5、微博游戏；线下的美食、观影、旅行等，从而实现宣传品牌、销售商品的目的

图4-31 常见的音频运营方式

新媒体运营者可以结合音频平台用户的特征及自家商品的信息，找到与自己商品契合度较高的主播达成合作，让更多用户通过音频熟悉自己的商品。

4.2.5 其他内容运营平台

内容运营是指以内容为起点，通过内容吸引消费者，再向消费者提供商品或服务的电商模式。通过内容运营，使消费者对商品背后的品牌、故事、人物产生共鸣，从而提高消费者的购买意愿。

以抖音、快手、小红书、知乎为代表的"种草"内容平台的加速商业化，促使不少新媒体运营者纷纷加入了这些内容平台，在多领域和场景下介入用户日常生活和消费决策。新媒体运营者也可以通过这些内容平台，发布图文、视频内容，吸引目标消费者的关注。

1. 小红书

小红书是一个从社区起家的生活方式平台和消费决策入口。根据千瓜数据独家推出的《2021 小红书活跃用户画像趋势报告》来看，小红书有超 1 亿的月活用户数。众多用户在小红书社区分享文字、图片、视频笔记，记录美好生活。数据还显示，2020 年小红书笔记发布量近 3 亿条，每天产生超 100 亿次的笔记曝光。

对于新媒体运营而言，小红书是"电商 + 微博"的内容型营销平台。只要商家能产出优质内容，就能获得意想不到的传播效果。小红书的内容呈现方式以图文及视频的笔记为主，在创建账号后即可发布笔记。

例如，某小红书用户在小红书平台发布了一篇关于面膜的笔记，如图 4-32 所示，截至笔者截图时，这篇笔记共被收藏 2.4 万次，点赞 3.5 万次，获得较高人气。不仅如此，这篇笔记提及的某款面膜在淘宝平台已达到月销 1000+ 的销量，如图 4-33 所示。由此可见，做好内容运营，通过优质内容也可以提高商品曝光率，为商品带来高销量。

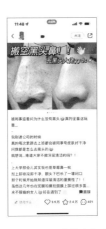

图4-32　关于面膜的小红书笔记

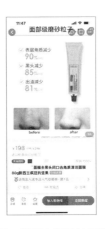

图4-33　笔记中提及的面膜销量

2. 知乎

知乎发布的 2021 年第二季度财报显示，知乎平均月活用户数为 9430 万人，同比增长 46.2%。随着知识大爆炸，大家逐渐倾向于高质量的知识，所以知乎等知识分享类的营销 APP 越来越受用户喜欢。

另外，知乎还拥有平台的优质性。知乎在所有的新媒体平台中有着信任度高、流量优质、搜索精准等优势，所以综合考虑，知乎适合商家引流。知乎作为分享知识的问答社区，已经成为不少商家的"战场"。知乎平台主要有以下三个特点。

- 平台开放度高，话题多；
- 知乎对提问的问题很少干预，自由度比较高；
- 用户黏性比较好，平台流量也比较高。

知乎平台的用户多以年轻人和中年人为主，学历呈现中高等化，消费能力与消费频次也比较高。而且这一人群容易被权威引导，或被某个话题下的高热度回答所影响，去购买暂时不需要的商品。所以对于商家而言，知乎有很大的市场潜力。

从内容角度来看，知乎作为一个分享知识的问答社区，内容载体主要以回答的文章为主。虽然也有视频，但数量较少。每个话题下的回答，拥有庞大的信息量。每刷新一次，就会出现很多话题。这些话题有热门话题，也有少量冷门话题。

回答的文章内容的浮现频率与知乎的循环机制有关，循环周期大致分为 1 周、3 周、2 个月。循环周期的长短与制作内容的层级高低有关，高层级的内容循环周期短，浮现频率高。简单来说，就是回答的质量和互动性越高，循环次数越多。

3. 微博

微博发布的 2021 年第一季度业绩报告显示，微博 2021 年第一季度日活用户数已达到 2.3 亿人。由于用户数量大，微博也成为广大自媒体和企业使用较多的营销平台。微博具有传播速度快、传播范围广的优势，这也使微博营销具有独特的优势。新媒体也可以借助微博平台，在网络市场上占据一席之地。但不可否认的是，随着注册微博的自媒体和企业的日益增多，微博营销的竞争也在加剧。

在微博运营初期，比较简单且实用的吸粉方法就是借助热点进行营销。微博中有一个微博热搜榜，其能够实时反映微博热点内容的方向。现在热搜榜已经成为一个高曝光流量位。微博热搜榜中呈现的是被高度关注的微博内容，商家完全可以利用其来吸粉、涨粉。如图 4-34 所示为微博热搜榜。

图 4-34　微博热搜榜

从热搜榜中我们可以看到热搜内容的排名与热度，这些内容下活跃的粉丝都是优质粉丝。点击热搜榜中的一条内容，会跳转至综合页面。该页面全是与该热搜内容有关的内容，而且我们可以发现，排名靠前的有些账号并不是大号或者粉丝量很大的号。

这就给了企业一个吸粉的启示：可以通过发布与该热搜内容有关的内容来获得曝光。但这里要注意一点，就是发布的微博内容中一定要带有这个热搜内容的关键词或话题。要实现吸粉或者引流的目的，新媒体运营者在微博内容的发布上还需要下点功夫。

在微博上利用热点信息进行营销时，找准时机也很重要。越早掌握热门信息进行话题发布，话题的"竞争对手"就会越少，曝光量通常也会越高。这里有几个技巧供大家学习。

- 尽量选择靠近当前时间的热搜内容。
- 甄选话题，可选择自己擅长的话题或者便于引流的话题。例如，一部电视剧在开播及大结局时，都比较容易上热搜，这时就可以在微博内容中加上该话题，并为粉丝提供电视剧资源，如加××号获取资源、私信回复获取资源等。这样一来，很多需要资源的粉丝就会关注该微博账号。
- 有的热门话题在当前的热搜中的排名可能比较靠后，但也可能因为网友的关注而跃进前几名。如果能判断某个话题具有"冲劲"，就可以提前利用它。一般来说，具有争议性的热点信息更容易火。

选择好热门信息或话题后，接下来就是利用它。对于内容的发布，可以采用以下两个技巧。

（1）多话题发布。

一条微博中并不一定只能加入一个热门话题，可以加入多个，如加入一个热搜话题，再加入两个与之有关的其他话题。例如，将"# 汉服 #"作为主话题，引申出来的"# 汉服摄影 #""# 汉服约拍 #"就是次话题。如果你是摄影工作室的营销者，那么这样的话题布局方式就比较适合，在信息流中被展现的可能性就会比较大。

（2）注重互动性。

即使是蹭热点的内容，也要注重其互动性。因为评论或点赞的人数越多，微博内容就越容易被排在前面。另外，商家需要明确一点，蹭热点不是发布与话题不相关的内容。有的推广人员在自己发布的微博中加入了热门话题，内容却与热门话题毫不相关，只有自己想要推广的信息。这样为了蹭热点而发布的内容很难受到微博用户的喜爱，互动性自然也不会太强，吸粉就更是难上加难了。

4. 今日头条

易观千帆的数据显示，2021年2月今日头条APP月活人数为30131.45万人，并且这个数字还在增长。今日头条的千人千面，是指通过内容来匹配粉丝推荐，根据不同人群的兴趣推荐不同的内容。这样的推荐机制，能够把商家的内容推荐给精准的目标人群，实现精准化营销。

对于新媒体运营而言，除了微信、微博等营销渠道外，还可以抓住新闻客户端来做推广。因为新闻客户端APP营销，有着图4-35所示的几个优势。

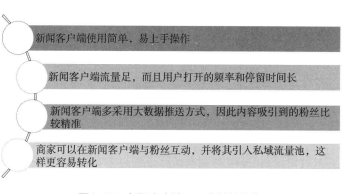

图4-35　新闻客户端APP营销的优势

在众多的新闻客户端中，建议新媒体运营者使用"今日头条"做营销。头条号上目前有图文引流、视频引流、直播引流、悟空问答引流和评论引流等五种引流方式。

综上所述，常见的新媒体平台种类繁多，各个平台也有其独特的亮点。新媒体运营者可结合产品特点及目标粉丝特征等信息，选择适合自己的新媒体平台。

4.3　选择适合自己的新媒体平台

既然新媒体平台数不胜数，那么新媒体运营者应该如何选择适合自己的平台呢？这里列举了当下较为热门的新媒体平台及各个平台的用户特征、优缺点、建议等（见表4-5），大家可以根据自身情况选择。

表4-5 热门的新媒体平台

平台名称	用户特征	优点	缺点	建议
腾讯社交平台（包括腾讯新闻、微信朋友圈、公众号、QQ空间、腾讯视频等）	用户多、日常活跃性高、黏性大	社交应用排名较靠前，特别是微信、QQ覆盖面广，适合多个行业投放活动	平台多、人群广、难精准	确认自己产品的用户群，明确产品调性，定向投放到目标人群
百度平台（包括百度首页、百度贴吧）	用户涉及方方面面	有搜索基础、关键词定向	广告主要以搜索转化为主，需要提前做准备，如写帖子、写问答等	建议专人、专职做准备工作，保障后续工作的顺利开展
微博（包括新浪微博、腾讯微博）	群体活跃、偏年轻化	用户基数大，通过投放"粉丝通"可以指定博文曝光与互动的用户群体，且投放形式多样化，如图文、视频等	成本偏高，流量不可控	计算成本，考虑投放"粉丝通"广告还是找微博达人合作
今日头条	群体广泛，主要集中在二、三线城市	可关键词定向，快速锁定目标用户，实现对"对的人投放对的广告"	广告类型多，不好选择	根据产品属性调研目标人群喜欢的广告方式
抖音	以一、二线城市的"95后""00后"为主	用户数量庞大，活动广告的曝光量也大，容易打造热门产品	投放成本偏高，对素材要求较高，对行业要求和限制也比较高	抖音的娱乐定位，决定了投放游戏、APP、电商等泛流量产品较为合适
快手	以三、四线城市的12~35岁人群为主	流量大，几乎覆盖了三、四线流量红利区域	广告审核较严格	建议投放美食、游戏、APP、电商等泛流量产品

续表

平台名称	用户特征	优点	缺点	建议
陌陌	以"80后""90后""00后"即年轻群体为主	日均动态、短视频数量多,内容原生、精准定向	行业限制较为明显,一些行业产品无人问津	建议进行APP、游戏、金融、电商、美容整形等产品的推广
哔哩哔哩	以24岁及以下年轻用户为主	是目前最大的二次元社区,聚集了大量年轻用户	用户购物能力较弱	建议进行与二次元相关的产品的推广
知乎	以年轻、高收入、高学历的群体为主	流量质量高,购买能力强	用户较为理性,对广告素材要求较高	建议进行房产家居、游戏、金融、教育培训、电商、网络服务、旅游等产品的推广

另外,新媒体运营人员还需要总结几个热门平台的内容形式以及平台特征,对这些平台进行初步了解。表4-6所示为当下较为热门的新媒体平台内容形式及平台特征。

表4-6 热门的新媒体平台内容形式及平台特征

平台名称	平台定义	内容形式	平台特征
抖音	集音乐、创意、短视频为一体的短视频社区平台	短视频	内容领域覆盖全面,支持多种特效、贴纸等工具,内容兼具娱乐性和互动性
快手	记录和分享生活的短视频社交平台	短视频	多以生活场景类内容链接用户,从而引发用户情感共鸣,带着浓烈的互动氛围
知乎	中文互联网高质量的问答社区	图文、短视频	集合多名原创作者及众多互联网网友提问、互动
小红书	高黏性、高互动的内容与社交平台	图文笔记、短视频	以素人创作者为主的笔记和视频分享社区,强调真实体验和经历分享,内容精致

新媒体运营者在熟悉各个平台后，再结合自身产品特征及平台特征来选择平台。例如，某运营者经营的产品的目标消费者以年轻女性为主，而这类目标消费者平时常出没的地方是抖音、小红书等平台，运营者就可以先关注这两个平台，然后根据自己所擅长的内容形式，敲定最后的平台。如果该运营者更擅长写精美的"种草"笔记，就首选小红书平台。

在选择平台时还有一点需要特别注意。部分运营者"单枪匹马"，一上来就想同时攻几个平台。但其实刚进入一个平台时，数据表现多数都不好，这时候要做的工作很多，如熟悉平台、产出优质内容、学习同行的做法，等等。一个人的精力有限，哪怕其中一项工作未做好，都有可能影响内容质量以及取得的效果。所以建议大家在做好一个平台后，再考虑进入下一个平台。

课堂实训：在抖音平台注册一个名为"健康管家"的账号

开通抖音账号非常简单，只需要输入手机号，在手机上获取短信验证码后将验证码输入注册界面相应的文本框中即可完成注册。

同时，抖音账号还支持今日头条号、QQ 账号、微信账号、微博账号来注册，但抖音官方较为倾向于用手机号注册，因此建议大家绑定手机号。此外我们以用手机号开通抖音账号为例，打开"抖音"APP，输入手机号，点按"获取短信验证码"按钮，如图 4-36 所示。页面自动跳转至输入验证码页面，根据系统发来的验证码信息提取验证码并输入框内，账号即可自动登录，如图 4-37 所示。

图4-36　输入手机号页面　　图4-37　输入验证码页面

在登录抖音账号时可以看到"未注册的手机号验证通过后将自动注册"的提示，由此可见，无论是新用户还是老用户，都可以用上述方法登录账号。新用户在登录账号后，需要完善账号信息，如设置头像，设置抖音账号昵称，设置抖音号、个人简介、性别和生日等。图 4-38 所示为一个新注册的抖音账号的个人主页。

点按抖音账号首页的"编辑资料"按钮，进入编辑资料页面，可修改账号名字、头像等内容，如图4-39所示。设置完后返回该抖音账号个人主页，可以看到名字已经修改为"健康管家"，如图4-40所示。至此，一个真正意义上的抖音账号才算注册完成，这样才更有利于展示自我。

图4-38　新账号个人主页

图4-39　编辑资料页面

图4-40　修改名字后的个人主页

课堂小结

本章从账号定位的重要性及账号定位的基本步骤出发，帮助各位新媒体运营人员认识账号定位的重要性。再通过列举当下较为热门的新媒体平台，让大家熟悉微信、淘宝、抖音、小红书等新媒体平台的特点等，以便大家结合实际情况选择新媒体平台做营销。

课后作业

1. 分析抖音平台和快手平台的区别与联系。
2. 任意分析两种新媒体表现形式的优缺点。

第 5 章
用户运营

用户是新媒体运营中的关键环节,因为用户是运营的基础,只有吸引到更多用户才能为转化做准备。所以新媒体运营必须关注用户运营,了解用户运营的重要性及用户画像分析的意义,并掌握用户寻找、留存与裂变的方法。

本章学习要点

- 了解用户运营的重要性及主要内容
- 了解用户画像分析的重要性
- 掌握用户寻找、留存与裂变的方法

5.1 用户运营的概述

用户运营是新媒体运营中必备的运营内容，新媒体运营者必须掌握这一技能，并将其应用在实际场景中，在降低营销成本的同时为企业带来更大的价值。

5.1.1 用户运营的重要性

用户运营是指通过与新老用户的互动，使用户更认可店内产品及品牌，并以此提升店铺销售额的一种营销策略。用户运营，简单来讲就是吸引用户、留住用户，提高用户黏性，保持用户的活跃度。

用户运营既是一种管理概念，也是一种管理技术，核心在于提升用户的满意度和忠诚度。对于新媒体运营而言，用户运营有着图5-1所示的几个重要作用。

图5-1 用户运营的重要作用

- 降低用户开发成本：通过增强老用户对产品、店铺的信任感，促使老用户自主分享店内产品，形成口碑效应，降低开发新用户的成本。
- 降低用户服务成本：老用户熟悉店内购物流程，可省去部分询问环节和讨价还价环节，降低用户服务成本。
- 提高用户购买量及金额：用户关系管理可提高用户对店铺的信任度，因而用户购买的产品数量和金额都会有所提高。
- 提高利润率：良好的用户关系，使得用户充分信任店铺，从而降低了用户对产品价格或服务价格的敏感度，使店铺可以获得更多利润。

> **知识拓展**
>
> **种子用户和核心用户**
>
> 种子用户,就是能让你的产品快速成长起来的第一批用户,种子用户具备成长为参天大树的潜力,可以凭借自己的影响力,吸引更多目标用户。
>
> 核心用户是产品赖以生存和发展的用户,即能够给你直接带来贡献、现金流,以及很多直接或间接的用户资源的用户。

5.1.2 用户运营的主要内容

用户运营根据用户类型来分,可分为新用户运营和老用户运营。这两类用户共存于店铺的整个运营体系中,二者相互转化,相互影响。用户运营的主要内容如图5-2所示,包括转化新用户、转化老用户、老用户带来新用户。

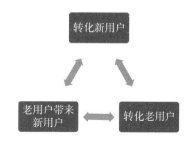

图5-2 用户运营的主要内容

1. 转化新用户

对产品有潜在需求的用户都有可能成为产品的新用户,这些用户数量多而广,可能存在于网络的各个地方。例如,搜索过产品关键词的淘宝用户、闲暇时间刷抖音视频的抖音用户、路过线下实体店的行人,等等。新媒体运营者可通过一些活动及内容,挖掘这些对产品有潜在需求的用户,并激起其购买欲望,使其转化为新用户。

例如,某美妆产品的新媒体运营者找小红书达人合作,拍摄了一条与防晒产品相关的笔记内容。在笔记中,达人提及夏季炎热,不久前去旅游被晒伤。还好朋友推荐了某某产品,自己试用后效果不错,于是便推荐给大家。观看这条视频的小红书用户如果正好有防晒需求，又有达人的信任背书，他们就可能会因此购买视频中提及的产品。如此一来，就将潜在用户转化为了新用户，同时产品也获得更多销量。

诸如这样的案例很多，部分新媒体运营者也会用活动的方式来吸引潜在用户转化。如常见的0元秒杀、免费试用等，在提高产品曝光量的同时，也用利益来刺激用户下单转化。

2. 转化老用户

伟门营销顾问公司（WCJ）创办人莱斯特·伟门曾说过：生产商90%的利润来自回头客，只有10%来自零星散客，少损失5%的老顾客便可增加25%的利润。由此可见，老用户对于营销有着不容小觑的分量。

新用户下单后，其实已经和店铺建立了某种联系。新媒体运营者如果乘胜追击，提高新用户的复购率，就可以使其转化为老用户。因为产品和服务是用户运营的基础，新媒体运营者要在第一时间让用户知道新产品、升级服务，避免信息沟通不及时，造成用户流失。

例如，很多店铺在消费者下单后，会通过平台消息或短信息邀请用户进群。在群里再通过赠送福利、解决问题等方式，提升用户满意度并激发用户下单购买更多产品。例如，某经营书籍类产品的新媒体运营者将购买过店内书籍的用户加入同一个企业微信群后，常在群内分享一些秒杀产品、热卖产品信息，第一时间让用户了解产品信息如图5-3所示。为刺激用户再次下单，部分运营者还会主动发放一些优惠券。

3. 老用户带来新用户

用户口碑是最好的广告，通过驱动老用户分享产品或品牌，能吸引到更多新用户。新媒体运营者可以与达人合作，邀请他们在小红书、微博、抖音等平台发布产品使用体验，从而为产品带来更多新用户。

例如，某达人在快手平台分享了自己试用的护肤产品视频，截至笔者截图时，获得2万多个赞以及800多条评论，并且不少用户在评论区留言要去买视频中提及的产品，如图5-4所示。

图5-3 某企业微信群　　图5-4 某达人分享产品的视频

为刺激更多老用户主动分享产品，新媒体运营者可以适当地为老用户提供一些利益诱惑，促使他们主动将产品的正面评价分享在社交平台，从而刺激更多新用户下单。

以上就是用户运营的大概内容，整体围绕新老用户展开，使其信任产品，并愿意产生购买、持续购买等行为。

5.1.3　搭建完整的用户体系

一套完整的用户运营体系可以让用户运营工作有计划、有步骤地进行，帮助运营人员更好地管理用户，以提高用户的黏性、活跃度与消费额。一套完整的用户体系通常包括基础体系、成长体系和激励体系。

1. 建立用户基础体系

建立用户基础体系就是构建用户信息库，它是用户运营的核心工作，也是运营工作的基础。基础体系的创建主要包括以下几个方面的内容。

（1）收集整理用户信息。

要想建立一套比较完整的用户信息体系，首先要知道需要收集用户的哪些信息，然后把用户信息进行分类整理。并且新媒体运营者需要随着用户需求的变化，以及产品的更新迭代来更新用户信息。

（2）使用三维坐标法，构建立体的用户关键词。

构建用户关键词非常重要，它是我们给用户进行分类的基础工作，也是对用户标签化的过程。在建立信息库时，需要从时间、空间和特征三个维度来构建用户关键词。

①时间维度：主要记录用户行为发生的时间，如早上、中午、晚上，然后从时间维度来分析用户的行为模型，如早上喜欢上网购物的用户可能是在家带孩子的人；而晚上9点到10点钟喜欢上网购物的人可能是有稳定工作的上班族。

②空间维度：主要记录用户行为发生的地点，如上网购物使用的是手机还是台式电脑，是固定Wi-Fi还是手机流量。使用固定Wi-Fi购物可以分析出，用户可能在办公室或者在家；使用手机流量购物可以分析出，用户可能经常在户外。

③特征维度：主要记录用户的基本信息，如用户的年龄、职业、性别、收入、爱好等。

从时间、空间和特征三个维度对用户进行分析，可以建立一个完整的用户信息体系，从而可以勾勒出每个用户较为完整的画像。

2. 建立用户成长体系

用户成长体系是指以产品为核心，以用户数据模型为基础，通过获取用户成长的关键路径和核心驱动力，构建用户成长的激励通道，以及链接用户行为的触达通道，从而形成一套完整的促进用户成长，实现企业增长的运营体系。

建立用户成长体系的目的是给用户划分等级，以便企业在管理用户时可以针对不同成长阶段的用户，定制不同的运营方案。

用户成长体系的创建包括建模型、搭通道和促成长三个方面。

（1）建模型。模型包括漏斗模型、用户生命周期模型（新手期、成长期、成熟期、衰退期、流失期）、RFM模型［最近一次消费（Recency）、消费频率（Frequency）、消费金额（Monetary）］和用户价值模型等。

（2）搭通道。通道包括激励通道和链接用户行为的通道。①常见的激励通道包括秒杀/限时抢购、代金券（红包）、积分/成长值/经验值、抽奖、特权等级和任务引导等。②链接用户行为的通道包括站内信、APP个性化推送、短信通道和微信通道等。

（3）促成长。促进用户成长的方法包括打通用户成长的关键路径和打造用户成长的动力引擎。用户成长的核心驱动力是产品和业务，其中，内容型产品的核心动力引擎包括高质量、高效率、丰富的内容形态（图文、音频、视频等）；电商产品的核心驱动力包括低价格、高品质、快物流、多品类。

> **提示** 不同产品的用户成长体系的重点是不一样的,电商产品的用户成长体系的重点是用户的付费能力和贡献值;社交产品的用户成长体系的重点是用户的忠诚度体系和用户的成长值。

3. 建立用户激励体系

用户激励是指给用户一些"实惠",让用户主动帮助我们的产品达成某些商业目的。这些商业目的通常包括贡献人脉、时间或者付费。

激励体系的建立是以用户成长体系为基础的,产品不同,用户模式不同,所制定的激励体系也是不同的。建立用户激励体系不仅是为了更好地了解用户以不断地优化产品,还是为了更好地对用户进行管理,以提高用户的活跃度与消费数量和金额。

用户激励体系建立的一般步骤:①确定当前的商业目的;②找到需要被激励的"目标行为";③确定行之有效的"激励赏金";④确定激励用户采取我们想要的行为的方法。

5.2 用户画像分析

俗话说,知己知彼,百战百胜。新媒体运营者想让用户多关注、多互动、多下单,就必须先了解用户的特点,并熟悉用户的兴趣、爱好,然后投其所好地生产内容。

5.2.1 什么是用户画像分析?

用户画像分析是指商家通过用户分析,对用户进行细致化管理。例如,某抖音用户频繁地在抖音平台购买婴幼儿服饰、生活用品等产品,商家就会为这个用户打上"有小孩""小孩刚出生"等标签。在做婴幼儿产品促销时,就可以将活动信息重点推送给这类用户。

这种用户画像分析,在新媒体营销中尤为常见。以小红书平台为例,平台会根据各个用户平时浏览、点赞的内容,为各个用户打上标签,然后为他们推送他们可能感兴趣的内容,以实现精准的营销。

用户画像分析的推荐流程如图 5-5 所示。

图5-5　用户画像分析流程

第1步：收集数据。

小红书系统在收集数据时，主要分析用户数据和产品数据。所谓分析用户数据，是指收集消费者账号的属性数据，如注册时提供的性别、年龄以及消费者平时的搜索信息、点赞信息、加藏信息、下单信息等。

除了收集用户的数据外，系统还会收集产品的数据。例如，发布产品时填写的标题、价格、材质、属性、规格等信息，以及该产品吸引到的人群有哪些特征等。

新媒体运营人员在进行用户画像分析时，也需要对用户数据和产品数据进行详细分析，如用户浏览偏好、消费习惯以及平时发布的内容及其评论、点赞等，从而对用户有个初步了解。

第2步：分类打标。

打标，即"打上标签"的意思。基于用户平时的浏览、购买的产品价格，来给用户分类并打标。首先，是价格分类打标。例如，一个平时喜欢浏览、购买的产品价格均在1000元以上的消费者，几乎没怎么看低价产品，则可能会被系统判断为消费能力中等偏上的类型，从而打上"消费力高"的标签。

其次是兴趣点打标。例如，某消费者经常浏览、购买孕妇产品、婴儿产品，那系统可能会把该消费者判定为准妈妈或准爸爸类型，从而打上"准妈妈"或"准爸爸"等标签。

另外，还会给产品打标，根据产品的价格、类目、属性、消费者属性等信息进行打标。例如，一件私人订制旗袍，因用料讲究、手工制作，属于中高端产品，那系统可能会为之打上"高端""私人订制"等标签。

新媒体运营人员在进行用户画像分析时，也可以为用户打上一些分类标签，如一些有高额回购经历的忠实用户、加购未付款的意向用户等。针对不同标签的人群再做精细化营销。

第3步：匹配测试。

一个用户或一个产品可能同时打上了几十个标签，如何才能让消费者的标签和产品的标签匹配起来呢？这需要不断进行测试。例如，一个男性身上有"衬衫""礼物"等标签，但没有消费力标签，那可能先给他推荐带"中高端"标签的衬衫和礼物，如果他对带有这些标签的产品感兴趣，甚至有收藏、加购、付款等行为，则可能给他贴上"中高消费力"的标签；但如果他对中高端产品不感兴趣，会继续给他推荐其他价位的产品。

正因为对用户数据进行收集、分类、打标，所以不同用户看到的产品不一样。但基本上用户能看到的信息都是自己较为感兴趣的内容，故而点赞、收藏、加购、下单等概率也会逐渐加大。

对于新媒体运营人员而言，也可以在营销之前先收集各个用户的基本信息，再对用户进行分类打标，从而为各个标签的用户提供不同的营销方案，尽量用最低的成本去实现最大辐射面且最为精准的营销。

5.2.2 用户画像分析的要点

用户运营的前提是找准目标用户，这样才能有针对性地推出运营方案和优质服务。在找目标用户前，需要先了解目标用户的特点，如性别、年龄、职业、消费特点、消费水平等。在了解目标用户集中在什么年龄层次、什么职业、经常出没于哪些平台以及有些什么兴趣爱好等特征，有利于运营者制定更符合目标用户的运营方案。

1. 用户年龄

不同年龄的用户在购物时有不同的特点，如18~22岁的用户，大多还是学生，消费能力一般。就产品价格和产品质量而言，他们对产品价格更敏感。针对这个年龄段的消费者，应重点提供产品的性价比。

部分电商平台提供了访客的年龄信息的查看服务，卖家可在店铺后台查看这一信息。针对部分未提供访客信息的平台，商家可通过百度指数查看搜索产品关键词对应的用户年龄。如在百度指数中输入关键词"按摩椅"，人群画像中显示的搜索该关键词的年龄分布如图5-6所示。

> 百度指数是根据百度搜索用户的搜索数据，采用数据挖掘方法，对关键词的人群属性进行聚类分析，给出用户所属的年龄分布及排名。

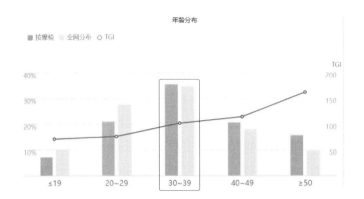

图5-6 百度指数"按摩椅"的年龄分布

由图 5-6 可知,年龄在 30~39 岁的用户对按摩椅感兴趣,并由此可分析出,按摩椅这一产品的目标用户年龄集中在 30~39 岁。这一阶段年龄的用户,在购买产品时,可能更在意产品品牌及品质,对于价格不那么敏感。故新媒体运营者在针对这个年龄层次的用户做营销时,应重点突出诸如"高品质""大品牌""更安全"等卖点。

2. 用户性别

不同性别的用户,在购物时也会有不同的表现。例如,很多产品就专门推出了樱花粉、浪漫紫等颜色,来满足女性的审美。同样,对于未提供访客信息的平台,商家可通过百度指数查看目标用户的性别分布。如在百度指数中输入关键词"按摩椅",在人群画像中显示搜索该关键词的男女性别比例,如图 5-7 所示。根据这一结果可知,超过 45% 的男性对按摩椅感兴趣。

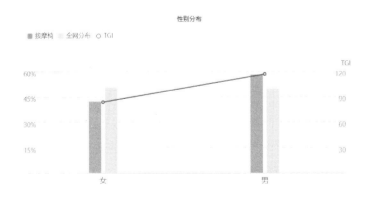

图5-7 百度指数"按摩椅"的性别分布

与女性相比，男性消费者决策时间更短，他们往往目的明确，能快速找到自己所需产品。同时，男性消费者更为注重产品的质量和实用性，不太关注产品价格。所以卖家在针对男性用户做营销时，应该重点突出产品的质量和品牌，让产品看起来更上档次。

3. 用户地域

不同地域的人有不同的性格特征、购物喜好。以食品为例，不同地域的消费者对味道有着不同的喜好。卖家需要了解目标用户集中在什么地域，并推出有针对性的运营计划。例如，在百度指数中搜索关键词"面条"，人群画像中显示搜索该关键词的地域分布情况如图5-8所示。

图5-8 百度指数"面条"地域分布情况

从图5-8中可以看出，对面条这一产品更有兴趣的用户集中在山东、河北、河南等地。可能由于相较于云南、四川、贵州等地，这些地域的用户更喜面食，所以对面条更有兴趣。那么，卖家在针对这些用户做运营时，可在标题或图片中突出这些信息，如"山东人都喜欢吃的面条""河南面条味道好"等，以此来提高用户好感度，促成更多订单。

4. 用户消费水平

用户的消费水平从侧面反映了用户的支付能力。根据用户的这一信息，商家可适当优化产品价格，来迎合大部分用户的消费水平。电商平台后台一般会提供如访客信息、已下单用户信息、支付金额信息等，卖家可将以上信息收集起来。如在淘宝、天猫平台开店卖家，可以在生意参谋中查看访客的消费层级信息，从而分析大部分用户的消费金额。

当然，产品价格优化并不是盲目地降低产品售价去迎合消费者，而是在策划营销活动时，将最终价格设置在大多数用户能接受的价格范围内。例如，浏览某款产品的用户的消费层级在75~100元。那么，卖家可通过老用户下单可领取10元优惠券、新用户首单减10元等活动，将最终成交价格设定在75~100元这个区间。

卖家在参考不同消费层级的访客占比时，还需要参考下单转化率。例如，虽然消费层级在0~20元的访客占比最大，但下单转化率却不是最高；消费层级在340~930元的访客占比虽然小，但转化率比较理想。由此可见，分析访客消费层级时，应该结合访客数、访客占比及下单转化率进行综合分析。

5.3 用户的寻找、留存与裂变

用户是店铺取得利润的前提，只有吸引并维护好更多用户，才能不断壮大用户数量，为店铺取得更多利润。用户运营是主要围绕用户展开的一项工作，其重点工作包括吸引新用户（即"拉新"）、留存用户、转化用户等。

"拉新"的本质，就是让一个陌生用户愿意了解我们的产品或品牌。针对这一本质，新媒体运营者应该从如何提高产品、品牌信息的曝光率以及如何让更多消费者对相关信息感兴趣这两个问题出发，并找到答案，这样即可实现"拉新"。

"拉新"的方法主要包括两种：一种是让陌生人成为新用户，另一种是让有购买行为的用户转化。

5.3.1 寻找用户的方法与技巧

让陌生人成为新用户的前提是将与产品、品牌相关的信息推送到更多陌生人眼前。例如，通过短视频形式将产品信息推送到更多短视频用户眼前。但仅仅是推送到陌生人眼前还不够，还需要内容抓手来刺激更多人下单转化。例如，常见的赠送优惠券、抢免单等。

常见的让陌生人成为新用户的方法主要包括直播拉新、短视频拉新以及公众号拉新等。这些拉新方法触及用户数量大，如果内容足够好，则很容易刺激用户下单。

1. 直播拉新

随着直播用户数量的与日俱增，直播已成为一种新的引流方式。新媒体运营者可以通过搭建互动场景，吸引更多陌生人了解产品或品牌。这些陌生人在看直播的过程中，会通过留言或弹幕的方式提出疑问和要求，此时卖家或主播要尽可能迅速地解答问题，使得整个购物流程更加便捷。

例如，某抖音直播间出现在抖音用户的"推荐"页面，用户通过点按进入直播间，可以看到有近 20000 名抖音用户在线观看直播，并不断有用户下单购买产品，如图 5-9 所示。

企业通过直播形式，向用户展示更多产品的同时，还能在线解答用户的问题，再加上运费险、秒杀价等福利加持，刺激用户下单。点按该直播间中的某个产品链接，进入产品详情页可以看到该产品已售 9000 多件，如图 5-10 所示。

图5-9　抖音直播界面　　　　图5-10　某产品详情页

2. 短视频拉新

近年来，随着短视频市场的不断壮大，短视频的用户也越来越多。不少新媒体运营者通过短视频展现产品功能、外观等，来吸引更多潜在消费者了解产品、购买产品。例如，某数码达人通过抖音短视频，将某款表的 12 种颜色进行直观展现。既刺激了对这款产品感兴趣的用户，也加大了产品的曝光量，如图 5-11 所示。

3. 公众号拉新

公众号软文一般图文并茂，再加上一个好标题，被用户打开并阅读的可能性很大。而且公众号文章方便被用户分享、转发到朋友圈或微信群，有助于吸引新用户。例如，某美妆旗舰店在发布微信公众号关于产品的推文时，在文末提到"记得同时点赞 & 在看，随机抽取 5 位幸运儿，各送出你解锁的好礼一份"，如图 5-12 所示。

新媒体运营者在策划直播、软文、短视频的内容时，最好弱化营销，让其更符合消费者感兴趣的内容。例如，一个专营美妆产品的店铺，在策划短视频内容时，视频脚本主题以"下个月就要见家长了，皮肤干燥不好上妆怎么办？"，在解答皮肤补水问题的同时，推荐了店内的几款产品。让消费者感觉这个视频有价值，而不是单纯地营销。

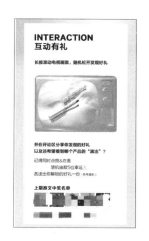

图5-11　某数码达人发布的视频　　图5-12　某美妆旗舰店公众号的推文

5.3.2 用户留存的常用方法

在成功寻找到用户后，商家还要根据用户特征制订一些营销计划，成功转化用户。也就是管理好用户，以便刺激用户转化为忠实用户，使其主动分享产品或品牌信息，为店铺带来更多收益。新媒体运营者可以对用户进行分级，分别制定营销策略，这样才能合理配置服务资源，让用户产生更大效益。

1. 建立用户信息档案库

用户关系管理的第一步，应该是收集用户信息并建立相应的档案库。如果因为对用户不够了解而盲目推荐，就容易给用户造成不好的购物体验，从而造成用户流失。例如，某女装产品个人淘宝店在开店之前，先收集了24~30岁女性的数据。根据这一人群的穿搭需求，一边用抖音短视频吸引抖音流量，一边用淘宝直播的方式送优惠券，吸引淘宝站内流量。

各个平台的卖家可在后台查看用户数据。以淘宝为例，进入卖家中心的"用户运营平台"，即可查看与用户相关的数据，如成交用户、未成交用户、询单用户的交易额、交易笔数、最近交易时间等。

新媒体运营者在获得用户信息后，可在相应平台创建用户信息档案。例如，淘宝平台的运营者可在"用户管理"下的"用户分群"中将店内所有用户进行分类整理。在建立用户信息档案库时，重点整理如图5-13所示的数据，如用户最近消费时间、消费频率、消费金额和平均消费金额。新媒体运营者也可以单独将用户信息整理在Excel表格里，便于今后分析、查阅。

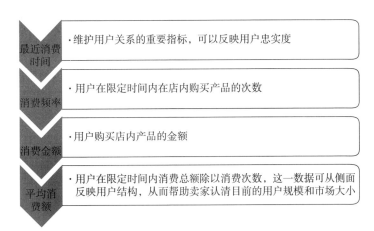

图5-13 用户信息档案库的重点数据

2. 用户分级

新媒体运营者可针对不同等级的用户，提供不同的服务。常见的用户分级如表5-1所示，包括关键用户、普通用户和小用户。

表5-1 用户分级

用户等级	定义	管理策略
关键用户	关键用户是整个店铺中创造利润最多的群体，也是店铺发展的重要保障	（1）提供更为专业的服务。最好由客服主管或专门的客服小组为这部分用户服务。这样做既可以避免新客服不熟悉业务而得罪关键用户，又可让关键用户感受到被尊重，从而有助于提升用户忠实度 （2）打好感情牌。要想真正留住用户，就要淡化商业关系，让用户感受到彼此之间的感情
普通用户	普通用户的数量和为店铺创造的利润属于中等水平	（1）提升用户级别。对于有潜力升级为关键用户的普通用户，通过引导、创造、增加用户需求，提高用户的购买力度，从而提升用户对店铺的利润贡献率 （2）控制成本。针对完全没有升级潜力的普通用户，采取基本的"维持"战略，不在这部分用户身上增加人力、财力、物力等投资
小用户	小用户在群体数量和利润贡献方面，都是最小的一个群体	（1）提升用户等级。筛选出有升级潜力的小用户，进行重点关心和照顾，挖掘其购买能力，将其提升为普通用户甚至关键用户 （2）降低服务成本。压缩、减少对小用户服务的时间，以此降低服务成本

3. 个性化服务

个性化，是非大众化的东西，一般是指具有个体特性的需求和服务等。很多喜欢追求个性化服务的消费者，会因为 VIP、个性化标签的影响，更愿意下单。因此，卖家可以抓住用户追求个性化的心态，构建一系列策略来规划用户架构，让用户享受个性化服务。

例如，某店铺每年有 50 个至尊 VIP 名额，至尊 VIP 可享受店内所有产品 5 折的福利。不少用户为此多次在店内消费，提升下单次数及下单金额。

新媒体运营者可以根据不同等级的用户，给出不同的运营计划。例如，在上新提醒和短信提醒方面，针对新老用户的短信内容都应有所差距。

4. 让用户有利可图

想让老用户多次下单，就必须先抓住老用户的消费心理并想办法迎合。例如，部分消费者在下单时对产品价格敏感，因此平时对产品的活动也较关注。为迎合这部分人的消费需求，新媒体运营者可策划一些特有的福利活动。常见的用户活动包括每日签到、晒单返现、秒杀活动、老用户专享等，如图 5-14 所示。

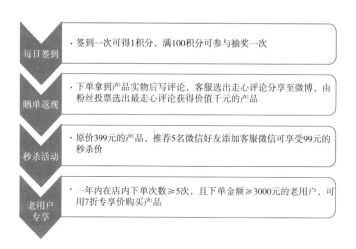

图5-14 常见的用户活动

围绕用户展开的活动还有很多，如分享转发抽奖、关注主播抽奖等。只要让用户有利可图，就起到了吸引新用户、维护老用户的作用。

5.3.3 激活用户的常用方法

用户"沉睡"的原因包括产品更新频率太低，无法满足用户追求新鲜感的心理特征；与用户的互动少，用户被其他店铺所吸引；产品被其他产品所替代，等等。新媒体运营者要根据用户"沉睡"的原因，制订相应的唤醒计划，如产品优化更新、节日活动促销、提供特色产品、服务等。

1. 产品优化更新

用户的需求会不断变化，如果产品一成不变，必然就会造成用户流失。例如，经营手机类目的店家如果坚持只售卖某几款手机，肯定会造成用户流失。因为手机、相机、计算机等数码产品，其功能处于不断更新中。跟不上变化，只会被淘汰。

2. 节日活动促销

通常店铺在节日期间会推出各种各样的促销活动。例如，经营纸巾的店铺在中秋节推出第二件半价的活动。该活动一方面可以吸引新用户的参与，另一方面可以激活老用户。老用户会觉得自己被店家重视，且在利益的诱惑下会再次购物。

3. 推出特色产品、服务

当店铺推出特色产品、服务时，最先通知的应该是老用户。让老用户享受优待，从而更加信任店铺。如某款指定水杯推出刻字服务，店家应第一时间把这项服务通过短信、旺旺的方式通知老用户。老用户在认可杯子质量的前提下，加上特色服务刻字的诱惑，会考虑再次回购，或将该消息分享给亲朋好友。

4. 大力度的优惠条件

在激活用户时，只用心是不够的，还需要加上一些利益诱惑，让用户看到店家的"诚心"。优惠方式多种多样，如价格折扣、满赠、满减等。其中，最直接也最吸引人的就是价格折扣。产品的价格，往往是除了产品质量、性能和款式以外，决定用户下单购买的关键因素。

5.3.4 用户的转介绍与裂变

新媒体运营者在使用一些营销手段后，若能将用户顺利引入自己的私域流量池，就算是有了初步成果。接下来如何将这些用户转化为二次或多次购物的用户，就成了企业重点需要考虑的问题。这里以个人微信号为例，讲解几个二次转化用户的技巧。

众所周知，为了不打扰用户，只有为数不多的企业会主动给用户发送营销信息，微信中的营销还是以微信群和朋友圈为主的。在展开营销之前，企业需要通过微信昵称、头像、相册封面等信息建立一个人格化的微信账号。

例如，某主营武夷茶的店铺，其客服微信资料如图5-15所示。下面逐一分析该账号资料的巧妙之处。

- 昵称：昵称代表了一个账号的身份，运营者应取一个简单易记又有辨识度的昵称，给客户留下好印象。该账号考虑到与店铺的关联度，昵称采取店名+人名，"×茗轩李×"。
- 头像：头像是一个账号的门面，好的头像能增加账号的辨识度，该账号采取真人模特照片作为头像。
- 相册封面：好友在查看朋友圈时，封面照作为顶部大图很显眼，该账号封面茶园实拍大图作为相册封面，增加了账号的辨识度。

图5-15 某主营武夷茶店铺的客服微信资料

- 朋友圈：朋友圈可加深用户对账号的印象。为避免用户产生厌倦情绪，该账号没有在朋友圈表现太多产品信息，主要以分享产品、生活、正能量等信息为主。
- 微信号：是账号的唯一凭证，只能设置一次。企业在设置微信账号时，应该注意是否便于搜索。该账号展现了自己的手机号"150××××××××"，故微信号也为店铺名+手机尾号"××××"。

> **提示**
>
> 另外，个性签名也有很高的营销价值。新媒体运营者可用一句话来吸引用户，或借用签名来表明自己的身份。例如，某婚纱摄影企业的微信个性签名为"有故事的婚纱照"，有效地激发了用户的好奇心。何为"有故事"？以及"有故事"体现在哪里？用户为了满足好奇心，就会深入了解该微信账号背后的企业。

企业在搭建好个性化的微信号后，可创建微信群组，把用户吸引到微信群里进行统一管理；也可以不建群组，直接在朋友圈展开营销。由于部分产品不适合在微信群组营销，所以这里以朋友圈营销为例，讲解刺激用户二次转化的方法。

发朋友圈极其简单，大多数人都能掌握，但很多企业未必知道发什么内容以及怎么发。企业在发内容之前应该思考3点。

- 内容能不能加强信任？在发布内容之前，要思考即将发的这个内容能不能加强企业与用户之间的信任。例如，明明是一个经营母婴产品的账号，用户都很关心产品的质量和安全性，而该账号却在朋友圈发布了完全不相关的内容，这样的内容对营销毫无作用。
- 内容能不能与产品产生关联？即将发的内容，能不能让用户联想到店内的产品。例如，一个经营母婴产品的账号，在朋友圈发布了如何解决宝妈独自带娃时不好冲奶粉的问题，引发宝妈思考的同时提到店内可以解决这个问题的一款产品。这样的内容，不仅能快速引发用户关注，还因为与产品关联度高而提升了用户转化的可能性。
- 内容能不能引发互动？如果朋友圈内容不满足前面两点，就一定要引发用户参与互动。在微信营销中，很多企业不敢主动打扰用户，因此选择在朋友圈与用户互动。因此，引发用户互动相当重要。

企业在思考以上内容后，应该有了要发布内容的基本方向，接下来就要考虑内容怎么发。发内容之前也要思考3点，分别是能不能强化记忆？能不能创造差异？能不能长久持续？关于发内容，有"规律性"和"策划性"两方面的要求，如图5-16所示。

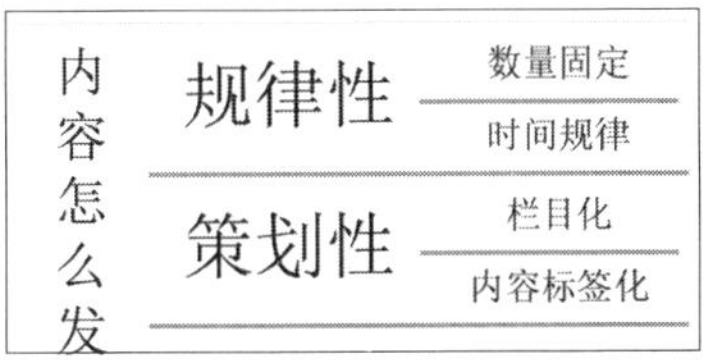

图5-16 发内容的要求

- 数量固定。企业在发内容之前，要思考所发的数量能不能固定下来。如每天发1~3条内容。在确定好数量后，还需要思考能不能按时按量地生产出那么多内容。
- 时间规律。有的企业什么时候想起发朋友圈就什么时候发，有时在1个小时内更新10多条朋友圈，很容易被用户拉黑。所以企业要考虑，发布内容的时间能不能固定。例如，某企业每天更新朋友圈的数量定在3条：早上1条，下午1条，晚上1条。
- 栏目化。企业在营销过程中常常有上新活动、促销活动，但由于活动没有规律，所以用户也不知道什么时候有活动。如果企业的内容能实现"栏目化",如"周二上新日""周四会员日""周五福利日"……久而久之,用户会养成参加活动的习惯。

- 内容标签化。带有标签的内容更具可读性,因此企业在发朋友圈内容时,尽量要给内容定一个标签。例如,"春哥下午茶"这个栏目,其创建目的就是和用户创造聊天场景。

例如,一个原创手作账号,在更新朋友圈内容时,为不同的内容设置了不同的标签,如"百搭的漂亮牛皮小包""春季特价来了",如图5-17所示。用户查看该朋友圈时,可快速分辨出这条内容的主题。

内容是为了创造销售记忆,创造销售机会。只有先在用户脑海中树立一个被信任的角色,再加上用户感兴趣的朋友圈内容,才能转化更多用户。因此,在朋友圈内容中还要加入一些用户感兴趣的内容,如免费使用、优惠券、知识植入等。

其中,知识植入就是通过知识和产品的结合,使朋友圈内容更具吸引力。如图5-18所示,某经营茶叶店铺的客服在朋友圈抛出"茶叶应该如何存放"的问题后,又给出了详细的解决方法,让用户收获了茶叶存放的知识。久而久之,当微信用户需要通过线上购买茶叶时,很有可能选择这个看似更具专业性的账号。

图5-17 带有标签的朋友圈内容

图5-18 带有知识植入的朋友圈内容

企业吸引来的微信用户大多有在店内购物的经历，因此企业还可以在朋友圈抛出有奖征集买家秀活动，吸引用户主动分享产品实物图。企业可以将较为美观的买家秀放在产品详情页中，激发其他用户的购买欲望。

5.3.5 用户运营的六大驱动力

新媒体运营者如何把平台用户"反哺"到沉淀或下单成交呢？以直播间为例，可以从用户的角度出发，思考用户为什么要关注主播、关注后能得到什么好处、关注有什么意义……这就引出了用户运营的六大驱动力，如图 5-19 所示。

图5-19　用户运营的六大驱动力

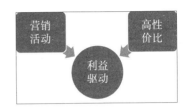

图5-20　利益驱动的内容

1. 利益驱动

利益驱动主要是指要突出用户关注或互动能获得哪些好处。常见的利益驱动包括营销活动和高性价比，如图 5-20 所示。

营销活动是指在直播中用关注有礼、免单名额、铁粉专享价等活动，吸引用户主动关注主播、参与互动等。例如，主播可以在介绍完一款产品后抽取一个幸运儿免费获得产品。用户要想中奖，首先要关注主播，其次要在评论区打出"××主播最美"等口号参与互动。

高性价比，则是用低于市场价的产品价格来吸引用户下单，关注主播。例如，很多农产品主播，往往会打着"自家水果，最低价格回馈粉丝"的名号，吸引用户下单。当然，主播突出高性价比的前提是确实有高性价比的优势，而不是为了吸引用户下单，乱报价格或者用劣质产品欺骗用户。

例如，某主播在直播间说道："宝宝们，×× 大粉水都听说过吧？专柜价 420 元，代购价在 380 元左右，今天在我直播间给关注过的宝宝们来个粉丝福利价格，仅售 300 元，主播还自费赠送一个定制款的精美化妆包。而且，关注的宝宝今天下单还能享受满 199 元减 50 元的活动，这简直是史无前例的优惠，仅限粉丝享受，拍下联系客服，发送关注截图，即可领取哦。"

2. 荣誉驱动

荣誉驱动主要是通过用户分级，突出高等级的用户可享受更划算的价格和服务，让高等级的用户感受到荣誉，从而更愿意维护主播。例如，淘宝直播平台开通了"粉丝亲密度"功能，主播可利用此功能对粉丝进行分级。

在设置粉丝等级后，还要对不同等级的粉丝给予不同的福利和折扣。例如，某主播在讲解完一个产品后提到，新粉可享受 9.5 折购买产品；挚爱粉可享受 8 折购买产品，每个账号还能联系客服领取价值 59.9 元的产品 1 份。以此拉开不同等级之间的粉丝差距，让等级高的粉丝体会到荣誉驱动。

为了刺激粉丝提高分值，主播可参考以下话术。

- "宝宝们，关注主播，每日亲密度签到打卡，升级成挚爱粉可享受挚爱粉专属礼品一份。"
- "宝宝们，赶紧关注主播，可享受我们家挚爱粉专属福利，消费任意产品只要 7 折哦。"

3. 地域驱动

地域驱动是指有相同地理背景的聊感兴趣的话题。地域驱动可从地方方言和地方特产两方面体现。例如，某秀场主播是广西柳州的，可在闲聊时抛出话题"大家是哪里人？"然后说自己是广西柳州人，当粉丝反映自己是同乡时，主播要表现出遇到老乡的喜悦之情，并及时口播相应粉丝的昵称，如"哇，真的太有缘了，没想到老乡那么多，快握手，××。"以此让这些来自同一地方的粉丝感到被关注，从而更愿意成为铁粉。

当然，主播也不一定要找老乡，可以综合一下大家打出的地域名，抛出更多话题。例如，某主播发现粉丝以云贵川的为主，可以提到："哇，弹幕里很多宝宝说是自己云贵川地区的，真的好想去那边玩。特别是云南，看视频和图片，真心觉得天好蓝。你们那边有什么特色小吃吗？"

这种以地域为话题展开的内容，经实践证明会受到部分用户的青睐。主播可在闲聊时使用起来。

4. 关系驱动

关系驱动是指人们会因为各种社交关系聚集在一起，如亲朋好友、工作同事等。没有关系的可以建立关系，像很多主播都会创建粉丝团，并经常提到团昵称，让粉丝有归属感，打从心底里愿意拥护主播。

5. 事件驱动

事件驱动是指由讨论一件事创建的群组。在直播中，则是指由一个事件引发的互动、关注等行为。例如，很多直播平台都有排位赛。以淘宝平台为例，每个月的 20 多号都有超级排位赛，系统会根据各个直播间的内容质量分、人均点赞数、访客数量、成交转化率等数据，对直播间进行综合排名。那么在这期间，主播就可以和粉丝说明自己想获得更好的排名，希望大家多多支持，不买产品不刷礼物也没关系，点点关注、浏览一下产品都可以为主播助力，促使粉丝更积极地互动。

部分主播还可以创建属于自己的节日，形成固定的福利日，吸引用户关注和参与。例如，有的直播间主要售卖高端产品，平时很少有折扣。但由于主播生日是 8 月 8 号，因此推出每个月的 8 号、18 号为福利日，全场产品都可享受 8 折优惠，关注主播的用户还可以享受折上折的福利。形成自己的福利日后，为该节日造势以吸引更多用户关注。

6. 兴趣驱动

兴趣驱动是指生产用户感兴趣的内容或挑选用户感兴趣的产品，以迎合用户的"胃口"。在直播中，兴趣驱动主要体现在直播内容和所选产品两个方面，如图 5-21 所示。

图5-21 兴趣驱动的内容

- 直播内容：剖析目标用户感兴趣的内容，并将这些内容体现在直播内容中。例如，某直播间的目标用户以年龄在 25~30 岁的女性为主，这类用户对护肤、美妆、穿搭、减肥等内容比较感兴趣，主播可将一些化妆技巧、穿搭技巧分享在直播间，引起这些用户的关注。
- 所选产品：所选产品的销量，直接由目标用户决定。例如，某游戏直播间的用户以喜欢网游的男性为主，这些用户喜欢电子产品、潮鞋。如果主播在直播间售卖女装、化妆品，就很难引起用户的注意，其销量自然上不去。

因此，主播需要根据用户的兴趣爱好去添加合适的产品，这样才能获得更多关注和转化。

综上所述，主播要想获得更多用户，就要在直播中应用好利益驱动、荣誉驱动、地域驱动、关系驱动、事件驱动、兴趣驱动。当然，很少有主播能在一场直播中将以上六个驱动力都应用好，但主播可以尽可能多地应用好部分驱动力以吸引用户。其中，利益驱动和兴趣驱动是核心驱动力，是必不可少的驱动力。

课堂实训：用户画像分析案例详解

既然用户画像分析有着重要的作用，那么在进行用户画像分析时有哪些要点呢？如同了解一个人群一样，需要从人群的性别、年龄等方面入手。多个直播平台后台都会提供一些用户数据，如用户年龄、性别等。以淘宝直播为例，达人可进入淘宝达人后台查看具体的用户信息，具体的操作步骤如下。

图5-22 选择"用户分析"

第1步：打开并登录淘宝达人后台，在"统计"菜单中选择"用户分析"，如图5-22所示。

第2步：默认进入用户分析页面，商家可查看粉丝关键数据，如累计粉丝数、新增粉丝数、净增粉丝数等，如图5-23所示。

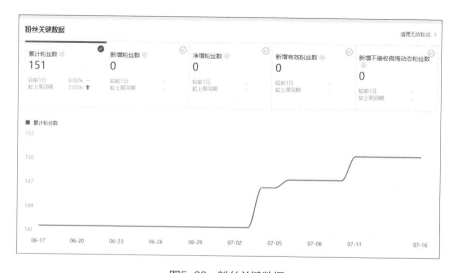

图5-23 粉丝关键数据

第 3 步：下拉用户分析页面，可查看用户基础特征信息，如性别占比和年龄分布，如图 5-24 所示。

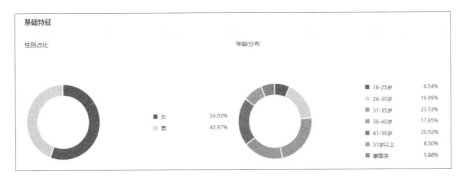

图5-24　用户基础特征信息

通过用户性别和年龄分析，可以得知用户中是男性占比较高还是女性占比较高以及多数用户所在的年龄段。然后分析这些人的喜好，并把喜好加入标题、封面图和直播内容中去，使直播间更受欢迎。如图 5-24 所示，通过分析用户基础特征信息，可以知道大多数用户为女性，因此店家在做运营时应重点考虑女性用户的需求和消费特点。

第 4 步：下拉用户分析页面，可查看用户地域分布信息，如所在的省市信息，如图 5-25 所示。

地域（市）			地域（省）		
排名	城市	占比	排名	省份	占比
1	广州市	23.85%	1	广东省	47.68%
2	深圳市	16.15%	2	湖北省	3.97%
3	佛山市	5.38%	3	江西省	3.97%
4	鹰潭市	2.31%	4	江苏省	3.97%
5	韶关市	2.31%	5	湖南省	3.31%
6	蚌埠市	2.31%	6	广西壮族自治区	2.65%
7	天津市	2.31%	7	陕西省	2.65%
8	长沙市	1.54%	8	浙江省	2.65%
9	郑州市	1.54%	9	河南省	2.65%
10	荆州市	1.54%	10	山东省	2.65%

图5-25　用户地域分布信息

通过分析用户地域分布信息，主播可以强化直播间内容或产品的地域风格。

如图 5-25 所示，主播的用户集中在广州、深圳一带，主播在直播时可加入关于该地域的话题以吸引用户参与活动。

第 5 步：下拉用户分析页面，可查看用户人生经历信息，如职业分布和学历占比，如图 5-26 所示。

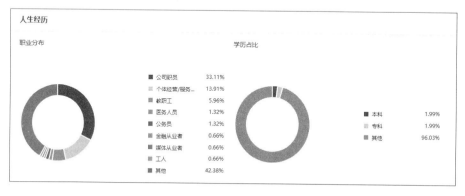

图5-26　用户人生经历信息

了解用户的职业和学历，有利于主播分析用户的喜好。例如，某直播间的用户主要是全职妈妈，学历多数为大专或本科。根据这些信息可以分析出，用户观看直播的时间集中在 13：00—15：00。因为这个时间段妈妈们刚哄好宝宝入睡，有一段空闲时间可以看直播。所以，主播在选直播时间时，就应首选这个时间段。

第 6 步：下拉用户分析页面，可查看用户消费偏好信息，如消费层级和兴趣爱好（偏好度），如图 5-27 所示。

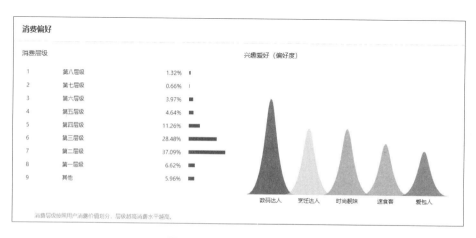

图5-27　用户消费偏好信息

主播通过该数据可以判断出用户的正常消费能力，有利于对产品进行定价。例如，某直播间的用户消费层级集中在 0~15 元，那么主播今后在为同类产品定价时，就可以参考该价格区间，让价格受更多用户的青睐。

而用户的兴趣爱好，可直接影响用户对直播内容的喜好程度。例如，某直播间用户喜欢美食、萌宠，那么主播今后可在直播间加入更多同类内容，吸引用户参与互动。

第 7 步：下拉用户分析页面，可查看粉丝偏好排行，如粉丝浏览品牌偏好，如图 5-28 所示。了解粉丝浏览品牌的偏好，有利于主播今后在选品时对品牌做出选择。例如，某直播间的粉丝倾向于某品牌的产品，那么今后找企业合作时，主播可以首选该品牌的产品，这样会更有利于产品的售卖。

综上所述，主播可以根据以上信息重点提炼出，自己直播间的用户主要是一群什么样的人，生活在什么地点、什么时间方便看直播、喜欢什么样的价格和品牌等。例如，某颜值主播的直播间用户主要是一线城市的 18~25 岁的女性，她们喜欢看微博，喜欢购物，对价格敏感，喜欢物美价廉的产品。主播根据这些信息，可以在直播中生产更多能迎合她们"口味"的内容，以受到她们的喜欢。

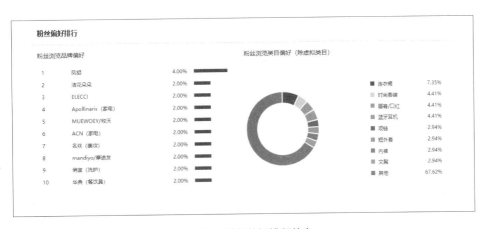

图5-28　粉丝偏好排行信息

课堂小结

本章首先通过介绍用户运营的重要性及主要内容，帮助大家认识用户运营在新媒体运营中扮演的角色。然后通过介绍用户画像分析的意义及要点，帮助大家了解用户画像分析是用户运营的基础前提。最后通过介绍寻找用户、用户留存、激活用户等环节的方法与技巧，帮助大家掌握用户运营的实操内容。

课后作业

1. 分析一位抖音粉丝在 10 万以上的博主账号的用户画像。
2. 如何提高用户转介绍率与裂变率？

第6章 产品运营

产品运营是以产品为基础,以用户为主体,来维系产品长久稳定的发展的。产品运营在新媒体运营中也至关重要,从选品思路、产品定位,到挖掘产品卖点、策划内容等,都是直接影响营销效果的关键。作为新媒体运营者,必须了解产品运营的概念,熟悉产品定位的步骤,掌握挖掘产品卖点、痛点、爽点、痒点的方法。

本章学习要点

- 了解产品运营的概念
- 掌握产品信息优化的内容
- 掌握产品运营策略

6.1 产品运营的概述

新媒体运营的本质在于销售产品，不管以哪种形式产出内容，其最终目的都是吸引目标用户来购买产品。因此，产品始终是企业经营过程中的关键因素之一，产品运营也就成了新媒体运营中必不可少的重要环节。那么，什么是产品运营呢？产品运营工作又该如何展开呢？本节将一一为大家解答。

6.1.1 什么是产品运营？

产品运营是指通过分析市场来选择适合的产品，并吸引用户使用产品的行为和内容，如常见的分析产品类目市场的需求、供应趋势分析以及产品方向定位、规划定位等。一个企业的发展离不开产品和服务，只有用户认可企业提供的产品和服务，企业才能呈现良好的发展趋势。因此，产品运营对于企业发展来说至关重要。

对于现在的企业而言，虽然可经营的产品看似数不胜数，但要找到适合用新媒体推广的产品类型，并以之盈利的产品却并不容易。要解决这个问题，就需要新媒体运营人员具备一定的产品运营能力，在进行市场分析、产品规划、定价以及功能定位、包装定位之后，找到适合花时间和精力去营销的产品。

6.1.2 产品市场分析

产品的类目多而繁杂，运营者在进行市场分析时，务必要对类目市场的数据进行分析，从而找准市场切入点。那么，如何判断一个产品的前景呢？可参考图6-1所示的四个方面的内容。

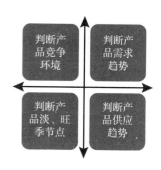

图6-1 分析产品的四个方面

1. 判断产品需求趋势

市场需求是指用户对某个产品购买的数量，购买数量越大，代表需求越大；购买数量越小，代表需求越小。俗话说："有需求才有市场"，在选择产品前首先要判断的就是该产品的需求情况。如果市场中对该产品的需求量很小，那么该产品营销起来势必会比较困难。

新媒体运营可以通过分析该产品的交易金额趋势，来分析该产品的需求趋势。例如，对比2019—2021年羽绒服产品的交易数据，判断未来3年该产品的交易趋势是增长的还是递减的。如果该产品每年的交易数量都在下降，那么说明该产品可能在走下坡路。针对这种情况，如果无法研发出亮点明显的新品，就建议减少各渠道的推广费用，将重心放在其他产品上。

2. 判断产品供应趋势

单纯判断产品的需求趋势还不足以说明问题，因为存在这样的情况：某产品需求增长很快，但是它的供应商家数量增长得也很快。这就意味着该产品竞争可能十分激烈，这样的产品对企业的运营能力有非常高的要求。

产品的需求趋势和供应趋势则是供求关系的分析，需要将两个数据指标同时分析对比，二者缺一不可。

3. 判断产品淡、旺季节点

除了判断产品需求和供应趋势以外，还要判断产品的淡、旺季节点。特别是服饰鞋包、水果生鲜等类目产品，淡、旺季尤为明显，如果在淡季进入市场，在淡季进行推广，势必得不到想要的效果，必定会浪费推广费用和精力。故新媒体运营者应分析产品的热卖时间和退市时间，提前做准备，确保在旺季来临前进入市场。

4. 判断产品竞争环境

除了分析以上信息外，还要通过产品的交易情况来判断该产品的竞争环境。例如，有的产品，部分企业已经占据了该市场80%的销售量，有垄断趋势，若对这类产品进行营销，就很难取得理想效果。

新媒体运营者通过分析一个产品的需求趋势、供应趋势、淡、旺季节点以及竞争环境后，就能大致判断该产品是否能马上展开营销。如果能展开营销，就要给出大致的营销策略。很多新媒体运营者在推广产品前未做数据分析，仅根据个人经验敲定营销方案，最后发现这个产品不仅需求不大，竞争还很激烈，白白损失了一大笔推广费用也没有取得好的营销效果。因此，在选择经营产品之前，一定要先对产品进行分析，前景不好的产品应该直接放弃，以节省试错成本。

> **知识拓展**
>
> 有关产品需求趋势、供应趋势等方面的数据，新媒体运营者可在新榜、清博大数据、神策数据等平台查看。

6.1.3 产品运营的方向定位

接下来新媒体运营者要通过产品方向定位,确定一个适合自己、适合市场的产品。具体的产品方向定位有如图6-2所示的3点。

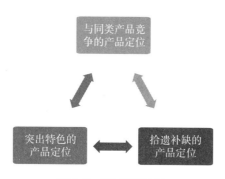

图6-2 产品方向定位

1. 与同类产品竞争的产品定位

与现有竞争者的产品相比,确定本企业的市场位置,并争取占领市场、扩大销售额,力图在市场营销竞争中获胜。新媒体运营者需要根据自己的生产技术、质量水平、市场潜力、市场容量以及自己的经营实力、调价的可能性等因素去与同类产品竞争。

例如,某企业以售卖日用品中的纸质用品为主,但在纸质用品这个市场中已经有诸如维达、洁柔等品牌产品占据了大部分市场份额。针对这种情况,该企业可以考虑选择质量次于品牌商家的产品,并在价格方面做出让步,让自己的纸质用品得到更多低端消费人群的认可,从而占据纸质用品的低价市场。

2. 拾遗补缺的产品定位

企业可以对市场现有的产品定位进行分析,去发现其中的空档,并采取拾遗补缺的方式为自己的产品进行定位,让自己的产品具有优势,从而降低同行的竞争威胁。要采用拾遗补缺的产品定位策略,首先要有庞大的消费者人群,其次商家要有一定的开发、经营能力。

例如,聚美优品当初之所以有自己的市场,就是因为其创始人陈欧把握住了"拾遗补缺"的产品定位原则。早期的淘宝和京东虽然很火,但淘宝当时缺乏专业性的内容;而京东则以电器为主,整个电商市场上缺少以化妆品为主的平台,故陈欧决定将化妆品作为自己的产品定位。

3. 突出特色的产品定位

企业可以根据市场需求的情况与自身特点，选择有特色的产品。新媒体运营者对消费者的需求和偏好越了解，对市场潜力预测也就越准确，也越容易选择出有特色的产品。

2019年4月水饮行业网络零售TOP 10品牌分别是农夫山泉、怡宝、巴黎水、依云等品牌。其中，农夫山泉占据榜首，市场份额达34.3%。农夫山泉为什么能取得如此佳绩？这与其品质定位密不可分。农夫山泉的多个广告中都强调了自己的水源具有无污染、纯天然等优势，使得消费者相信其产品的品质很好，可以放心购买。

6.2 产品信息优化

新媒体运营者在进行简单的市场分析及方向定位后，就能大致确定运营推广的重点产品了。为了自己的产品能在同类中脱颖而出，还需要优化产品的一些信息，如定价、功能、包装等。

图6-3 营销必备的4种产品

6.2.1 营销必备的4种产品

任何一种营销，都不是只卖一个产品。因为各个产品之间其实是相互关联、相互影响的。纵观成功的营销，基本都有如图6-3所示的营销必备的4种产品。

1. 引流产品

引流产品是指用于吸引流量的产品。引流产品具有流量大、销量高、转化率高、利润率低等特点。例如，某洗护品牌的淘宝旗舰店首页就有多款引流产品，如图6-4所示。目前这款产品的月销量已经过数万件，且在抖音、快手等平台被知名博主推荐，源源不断地带来流量。图6-5所示为某达人在抖音平台推荐该款产品的视频截图。

引流产品的毛利率趋于中间水平，因此它不是企业利润的主要来源。引流产品也不是一个企业的必需产品，但如果企业有引流产品，那么整体引流成本就会低于他人。

图6-4 首页中展现的引流产品　　图6-5 某达人在抖音平台推荐产品的视频截图

2. 利润产品

利润产品是指用于锁定特定消费者的产品,是一个企业必不可少的产品。利润产品有着质量好、退货少、备货压力小、利润空间大等特点。一个企业的大多数利润是由约20%的产品带来的,这20%的产品就是利润产品。

利润产品适用于目标客户群体里面某一特定的小众人群,这部分人群追求个性,故利润产品应尽可能地突出产品的卖点及特点,以满足这部分人的需求。

3. 高价产品

高价产品,也可以理解为形象产品,如一些款式独特、风格独特、设计感强、价格偏高的可体现品牌价值的产品。高价产品的主要作用是展示品牌形象,能让已购买的人满足炫耀需求,让没有购买的人认为其他产品性价比更高。

例如,某些高端的电子产品,在体现了优质的产品品质的同时,还展示了优秀的品牌形象。即使价格昂贵,也让不少用户驻足和期待。

4. 赠送产品

赠送产品主要是指和产品相关或者人群相关的赠品,在拓展流量的同时提升用户满意度,增加回头客。赠送产品主要包括以下几类。

- 实物:赠送与产品相关的实物产品,如购买手机壳赠送手机膜。
- 服务:相较于实物产品,贴心的服务更容易打动用户,如购买电子产品,提供高于同行的包修、包换服务。

- 虚拟物品：虚拟物品也是一个吸引用户的低成本赠品，如购买电视机赠送视频会员。
- 资料、资源：好的资料、资源可以帮助用户节省时间、精力、让用户受益，如购买书籍，赠送免费 PPT 模板、Excel 表格；购买 Excel 方面的书籍，即可获得多集视频教程和多个常用模板。

新媒体运营者在进行产品规划定位时，应明确自己有哪几类产品以及这些产品定位是否合理等。

6.2.2 产品定价策略

定价是影响产品转化率最重要的因素之一。新媒体运营者在制定产品价格时，既要考虑产品的成本，又要考虑目标消费者对价格的接受能力。下面介绍几种常见的产品定价策略，如图 6-6 所示。

图6-6 常见的产品定价策略

1. 整数定价法

整数定价法是指为迎合用户"求方便"的心理，将产品价格定为以"0"结尾的整数。整数定价的产品容易给消费者留下方便、简洁的印象，适用于名气大、品质高的产品。如"10 元""100 元""1000 元"等。

2. 非整数定价

与整数定价法相比，非整数定价法更为常见。非整数定价法是指取接近整数的数字作为产品价格的最后一位数字，如"99 元""49 元"等。非整数定价法更能为消费者带来价格低、划算等感受，很好地迎合了消费者爱贪便宜、实惠等心理。

例如，一件售价为 10 元的产品，新媒体运营者可将价格定为 9.9 元，带给用户这样一种感觉："花费不到两位数的价格，就能得到产品"，从而刺激用户下单。

3. 吉利数字定价法

吉利数字定价法是指利用用户对某些数字的发音联想和偏好来制定价格，以满足消费者的某种心理需求。在我国，6、8、9 通常都代表着吉祥，比较受欢迎，也经常出现在产品定价中，如"8.8 元""16.8 元""66 元"等。

4. 习惯定价法

习惯定价法是指根据用户的消费习惯而采取的一种心理定价方法。特别是一些生活用品，由于销售时间长，在消费者的潜意识里已经形成一种习惯性的价格。例如，对于生抽、老抽等调味品，虽然厂家不同、包装不同，但价格差异不大。

5. 分割定价法

分割定价法是指通过分割价格的方式，让用户认为产品价格很优惠。例如，在直播营销过程中，将一件售价为几百元的产品的价格分割，表达为"一天一杯奶茶钱，就可以将 ×× 带回家"，就是把原来的几百块的价格，分割到每一天里，又用当下年轻人喜欢喝的奶茶为例，给人更便宜、实惠的感觉。

新媒体运营者在进行产品定价时，可参考以上定价策略，制定出既利于用户成交，又有利润的产品价格。例如，劳斯莱斯采用高价定位法，主打手工制作多个部件，以及出厂前的无故障测试，使得该产品吸引了大批成功人士的关注。购买该产品的人，大多数为家境殷实的企业家。

6.2.3 产品功能优化

功能优化是指通过产品功能、功效的表现，为消费者提供比竞争对手更优质的产品，由此给消费者留下深刻印象。

例如，早在云南白药牙膏问世之前，市面上已经有不少具有清洁、防蛀等功能的牙膏品牌。但云南白药认为，清洁是牙膏必备的基础功能，而防蛀主要是针对儿童的功能，更多成年人需要解决的问题应该是牙龈出血、口腔溃疡、口臭等。所以，云南白药推出了中草药牙膏，在牙龈、口腔等软组织中发挥其独特功效，获得了广大消费者的认可和喜爱。

6.2.4 产品包装优化

产品包装优化主要是指从产品的消费群体入手去设计产品包装。就像儿童奶粉的目标消费者大多是宝妈，因此这类产品的包装多采用活泼可爱的图案，以刺激宝妈们的购买欲望。例如，某款儿童成长奶粉的包装图片就是一个萌萌的奶牛，如图6-7所示。

图6-7　某儿童奶粉的产品包装

部分产品还会根据消费的便利性去设计包装。例如，可口可乐的瓶子凸凹起伏，曲线优美，握在手里不仅不容易滑落，还有很好的手感，颇受年轻人喜欢。

6.2.5　产品定位实战解析——WiMo葡刻逐渐登上了年轻人的酒桌

随着消费人群的变化，新式酒饮迎来了前所未有的机遇，"90后""00后"等成为消费主力军。他们饮酒的动机为自身愉悦，而非应酬、面子，他们更愿意为好喝、口味买单。未来中国的酒水市场会走向年轻、休闲化，品类也会更加多元化。

据头豹研究院数据显示，年轻人在日常小酌中超40%的人群会选择饮用洋、红、啤酒等除白酒之外的酒类，同时在饮酒时多谈论休闲话题及进行娱乐活动。中国消费者喝酒出于情感目的的人数已逼近社交目的的喝酒人数，这也是低度酒所传达的强调享乐、悦己而非悦人、轻松愉快的新型酒文化。

成立于2021年的新锐品牌WiMo葡刻在2021年9月完成了千万级天使轮融资，试图以葡萄酒品类切入低度酒赛道，产品上线首月销量超10万罐，且看品牌如何实现弯道超车。

低度酒通常是指酒精含量低于20度的酒，其口感回甘，味道清爽。但由于酒精度数较低，因此不能久存。常见的类型有啤酒、果酒以及预调鸡尾酒。中国低度酒市场在2015—2017年经历过震荡期，行业深度洗牌，众多企业退出市场。2018年低度酒市场重新起步，年轻的中产阶级的崛起使得低度酒市场再次进入快速发展阶段。2020年，低度酒市场规模已达200亿，预计到2025年将达到742.6亿，2021—2025年年复合增长率可达30%。这也吸引了众多品牌进入低度酒市场。

1. 品类差异

从市场格局来看，百润股份旗下品牌锐澳（RIO）以其超80%的市场占有率成为中国低度酒第一梯队品牌，该品牌的预调鸡尾酒深得酒量小、初入社会的年轻女性的喜爱。目前国内低度酒第一梯队和第二梯队情况如表6-1所示。

表6-1 目前国内低度酒第一梯队和第二梯队情况

梯队分类	品牌名称	代表产品	目标用户	融资轮次
第一梯队	锐澳（RIO）	预调鸡尾酒	酒量小、初入社会的年轻女性	暂无最新消息
第二梯队	梅见	青梅酒	"80后""90后"上班族	C轮
	贝瑞甜心	小方瓶系列果酒	女大学生、年轻职场女性	A轮
	马力吨吨	果汁苏打酒	18~25岁饮酒次数较少的年轻人	天使轮
	冰青	青梅酒	喜欢社交的年轻人及女性群体	B轮

第二梯队的品牌较为火热的有梅见、贝瑞甜心、马力吨吨以及冰青，这些品牌在2020年分别获得了不同轮次的融资，未来潜力可观。其中梅见和冰青以青梅酒切入市场，贝瑞甜心主推甜心小方瓶系列果酒，马力吨吨的代表产品是果汁苏打酒。

除专做低度酒的品牌外，不少其他行业及传统酒类巨头也纷纷加入低度酒赛道。如泸州老窖与新式茶饮品牌茶百道推出的联名款产品"醉步上道"，每一杯都含有3克泸州老窖百调白酒。此外，茅台也推出了低度鸡尾酒品牌悠蜜。

2021年6月，WiMo葡刻推出了罐装气泡葡萄酒系列，酒精度在3~15度，单价在15元左右，葡刻以区别于其他品牌的葡萄酒品类切入低度酒市场，试图在年轻人的新型酒文化市场分得一杯羹。

相关数据显示，在中国30岁以下人群酒类消费分布中，除啤酒外，葡萄酒以13%的市场占比略高于预调酒等其他低度酒。此外，很多低度酒产品都只是将酒精和香精"勾兑"在一起。让人眼花缭乱的各色味道，也大多来自香精。而葡萄酒在口味上有天然的优势——葡萄发酵之后会自然产生各类花香、果香，因此WiMo葡刻不需要添加任何香精，也可以提供给消费者层次丰富的口味。

2. 模式差异

在2018—2020年"双11"中，"醉鹅娘"一直是天猫葡萄酒品类第一名，是WiMo葡刻需要重点关注的竞争对手。但是，从两个品牌的商业模式上来看，会呈现出不小的差异。醉鹅娘是基于国内红酒消费群体中大多数人并不懂品酒这个市场背景出发的。

很多葡萄酒文案都晦涩难懂，如土壤、气候、湿度等，听起来就枯燥无味，醉鹅娘从图文、视频到直播带货，从微博到B站、抖音、知乎，全面布局内容生态，再通过一套私域电商打法，用公众号做目录和沉淀私域，链接醉鹅娘全线产品，开发出企鹅团葡萄酒按月订购服务——成为会员，并且打造了自己的醉卡，也就是会员电商模式。

而WiMo葡刻则是想把葡萄酒做得简单、易饮。采用差异化包装，快消品的打法，重点攻占线下渠道，试图颠覆传统葡萄酒，做新一代葡萄酒品牌。相比于醉鹅娘，葡刻认为消费者并不愿意在吃喝的时候也要被教育，品牌主张用专业的葡萄酒知识带给消费者轻松的葡萄酒体验。

3. WiMo葡刻差异化品牌识别

WiMo葡刻围绕"简单""有趣"两大核心元素打造了新型葡萄酒饮。品牌英文名WiMo取自英文单词"Wine Moment"的缩写，意为"葡萄酒时刻"，而中文名则与英文名对应，选择了"葡萄酒时刻"的首尾两个字。

中英文品牌名组合在一起构成"WiMo葡刻"，非常具有辨识度。通过"葡"消费者可以联想到"葡萄"进而联想到"葡萄酒"。品牌名不仅兼顾了品类的通用性和品牌的独特性，同时传达出了葡刻的价值主张——希望用专业的葡萄酒知识带给消费者轻松的葡萄酒体验，让消费者的每一个葡萄酒时刻都是难忘的。将名字与"时刻"建立关联，有利于突破饮酒体验的场景限制，因为每一个"葡萄酒时刻"都是与特定的饮用场景相关联的，如朋友聚会、美食搭配、浪漫约会等，如图6-8所示。

在品牌LOGO的设计上，葡刻则以品牌英文名"WiMo"为主体，采用

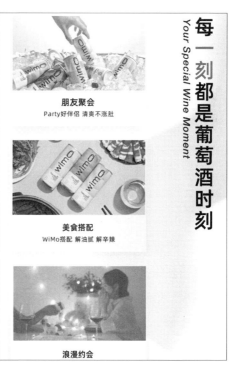

图6-8 葡刻联系的场景

黑底白字让品牌名变得更加醒目，同时重点将字母"O"设计成了波浪状，四层叠加推进犹如波浪般随风悠扬，好像在告诉消费者美好的葡萄酒时刻是让人回味无穷的。除此之外，符号"WiMo"也被作为品牌的统一识别标志被用于产品的体系化包装上。

既然品类和模式都区别于其他低度酒品牌，那么葡刻在与消费者的沟通当中必然需要构建品牌自身的差异化识别体系，让消费者一眼就能认知到品牌的定位和主张。

6.3 产品运营策略

在选好产品后，还需要运用一些技巧进行产品运营。如在了解售卖产品的逻辑后，还需要找准产品营销的卖点、痛点、爽点及痒点等。本节将以直播营销为例，讲解主播如何合理地将产品融入直播间场景，从而带动更多销售。

6.3.1 从产品属性中找卖点

产品属性是指产品本身所固有的性质。产品属性又包括显性属性和隐性属性，以一条裙子为例，其产品属性如图 6-9 所示。

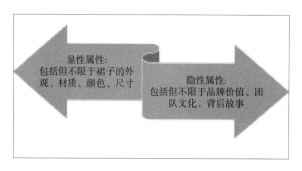

图6-9 裙子的产品属性

用户可以直观地看到产品的显性属性，而且产品的显性属性容易重复，因此无法突出独特卖点。例如，主播售卖的一款蜂蜜，用户在淘宝或京东平台马上就能找到多个相似款，其中不乏价格比直播间还便宜的产品。

在这种情况下，就需要主播重点讲述产品的隐性属性了。例如，主播在讲解完蜂蜜的显性属性后，可继续讲："市面上的蜂蜜不计其数，不乏价格低廉的同类产品，但是质量差距也很大。熟悉我们家产品的朋友都知道，我们是地道农民，只售卖地道农产品。从我们的视频中可以看到我们家人在深山寻蜜、辛苦采蜜的过程，我们为的就是把最纯真的蜂蜜送到大家手中。这款蜂蜜就是我们这么多年一直卖得最好的一款，已有几万人下单，不少朋友都在评论区给予我们肯定的评论及支持，谢谢各位的支持。今天是昨天现采的蜂蜜，蜂蜜一包装好，我就先拿来直播间秒杀了，看我是不是很宠粉呀？！"

6.3.2 以用户思维找卖点

用户思维是指以用户为中心，从用户的角度思考，针对用户的需求，提供服务及产品。对于用户而言，其需求主要包括显性需求和隐性需求，如图6-10所示。

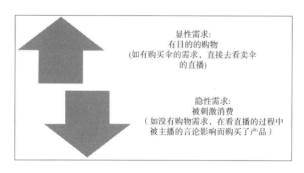

图6-10 显性需求和隐性需求

针对有显性需求的用户，言简意赅地说明产品特点即可。但直播间更多用户属于只有隐性需求的，需要主播刺激消费。主播可以根据不同性别的用户，找到不同的刺激点。男女购物的特点差异明显，总结起来，男人的审美是一条线，女人的审美则是一个点。

男性购物往往比较迅速、果断，当他需要一把雨伞时，很可能直接进入正在售卖雨伞的直播间，如果主播正在介绍的雨伞符合男性的审美，那么男性很可能会马上下单。主营男性产品的主播，在讲解产品时重点说明产品的功能即可。

相较于男性购物的迅速、果断，女性较为复杂。但在带货直播中，女性的购买力比男性强。所以也有这样一种说法：谁抓住了女性的需求，谁就抓住了赚钱的机会。主播在营销时，必须重视女性用户并挖掘女性的消费心理，举例如下。

- 追求时尚：常言道："爱美之心，人皆有之。"尽管不同年龄段的女性有着不同的审美，但都对美好、时尚的东西没有抵抗力；她们喜欢购买能让自己看上去更时尚、更美好的产品；主播在讲解产品时，可以重点突出产品的潮流性和时尚性。

- 追求美观：女性用户在购物时，非常注重产品的外观、包装等，因此，主播在讲解产品时，应重点展示产品的外观、包装，重点说明产品及包装精美，自用和送人都可以。
- 从众心理：女性用户在购物时一般具有强烈的情感特征，容易受到名人、朋友的影响，喜欢购买和他人一样的东西；故主播在讲解产品时，可以说明是××推荐、销量过万或回头客众多等，让女性用户觉得自己和大众一致。

6.3.3 放大产品的卖点、痛点、爽点、痒点

营销领域有四个关键词可谓是经久不衰，分别是卖点、痛点、爽点、痒点。这四个关键词是一切营销的诱因，也是一切产品的根本策动点。如果一个产品的核心价值没有关联这四要素中的任意一个，那么它将很难变现。

1. 放大产品卖点

卖点，可以理解为厂家为产品所赋予的优点，如某个护肤品的定位包括保湿、美白等。实际上很多主播也确实是按照厂家的说明书来讲解产品的，如"我们家的产品好，保湿效果好、美白效果好"。但是用户在听到这些讲解时所关心的问题可能有以下几个：

- 这个产品安全吗？
- 我用这个产品会不会过敏？
- 这个产品是不是正规厂家生产的？

如果主播在讲解产品时，仅仅讲述产品本身的卖点，而不去讲用户所关心的安全问题、效果问题，则很难吸引到用户的关注。因此，主播还需要抓住产品的其他要素，如痛点、爽点、痒点等。

2. 放大产品痛点

痛点，可以理解为用户在日常生活中所碰到的问题，如果不解决痛点，那么痛点就会对用户的精神和身体造成伤害。主播应找到产品目标用户的痛点，并解决痛点，以此吸引用户转化。

例如，某主打去屑功能的洗发水，可以解决用户头屑多的问题。主播在介绍该洗发水时，可以按下面的思路来突出痛点。

- "对了,给你们聊聊我一男性朋友。他和他女朋友是大学同学,从校服到婚纱,终于修成正果了。我那个朋友属于焦虑型的,婚前去岳母家拜访,生怕有闪失,特意提前请我们吃饭,讨要见家长的经验。聊着聊着他说自己头屑特严重,根本不敢穿深色衣服,怕到时候头皮屑掉在肩膀上影响不好。我们就说让他试试海飞丝。没想到,海飞丝还真管用,他头屑慢慢变少了。前不久我们去了他们的婚礼,真好。"

- "还有一个朋友,也是头屑严重,刚毕业找工作的时候都不敢穿西装,生怕头屑落在衣服上,给面试官留下不好的印象。但是好巧不巧,他又想做房产销售,必须穿西装。后来他就想了个办法,先穿浅色外套,到了公司楼下再换成西装外套。但即使这样,还是能隐约看到头屑。有一次还遇到个不太尊重人的面试官,问他是否不太注意个人卫生。遇到这样的情况真是够尴尬的。"

通过上述两段描述,抛出用户被头屑影响形象的烦恼,能解决用户的头屑问题,也就给了用户购买去屑洗发水的原始动力。所以,主播要善于发现目标用户的痛点,并解决痛点,才可能促成交易。

主播在确定产品货源后,可在淘宝、京东等平台找同类产品,并查看产品详情页中"问大家"版块的问题。图6-11所示为两款电动牙刷 "问大家"版块的部分问题及回答。

图6-11 两款电动牙刷 "问大家"版块的部分问题及回答

从图 6-11 中可以看出，用户对于电动牙刷的价格、效果、功能等方面的问题比较感兴趣，因此主播在介绍同类产品时，应重点突出以上问题，以得到用户的认可。

3. 放大产品爽点

痛点是营销产品的抓手之一，而另一个抓手则是爽点。爽点是即时满足，如用户在炎炎夏日里喝到一瓶冰镇饮料时所产生的感觉。投射到直播营销中，如果产品或服务能满足用户的需求，就满足了用户的爽点。例如，某主播在直播间讲解一款项链时，提道：

"……（讲解项链材质、品牌等信息）后天就是七夕情人节了，你的礼物准备好了吗？这款精美的小鹿项链美不美呀？再看这精美的包装，不管送恋人还是送朋友，都很上档次。这会儿在直播间下单，下午4点前顺丰包邮发出，部分城市明天可送达。"

通过强调产品的外包装及物流速度，说明喜欢这款项链的用户可以尽快收到货，解决节日送礼问题。

4. 放大产品痒点

如果说痛点是解决用户的问题，那么痒点就是满足用户的欲望。就如外卖平台的出现，就抓住了用户的痒点。按理说，即使没有外卖平台，大家也可以自己去餐饮店打包食物；但有了外卖平台，用户可以直接通过线上选购、支付，享受足不出户即可获得食物的服务，这里面就包含了满足用户的痒点。

在直播营销中，痒点是极其容易被忽略的点。因为有的产品没有痒点，而有痒点的却又容易被主播所忽略。例如，某主播在讲解一款儿童T恤时这样介绍：

"（讲解T恤的外观、尺寸等信息），这款T恤还有一个巧妙之处。大家看这里，（展示T恤领标）家人们在下单时可联系客服，在领标处写上小朋友的姓名以及家长的联系方式。如果小朋友在人多的商场或车站和家长走散了，小朋友可找路人拨打领标上的电话联系家长。"

对于大多数家长而言，给孩子购买T恤时更为关心T恤的外观、材质等，至于能不能写家长电话可能是次要的。但这个点可以作为一个加分项，使得产品更容易得到家长的认同。

卖点、痛点、爽点、痒点都是很好的产品切入点，部分产品会同时包含多个切入点。主播在营销过程中要尽可能地将四要素都融入进去，使产品更具吸引力。

6.3.4 根据产品的生命周期调整运营重点

任何产品都有生命周期，包括开发期、成长期、成熟期和衰退期。而产品所处的阶段不同，产品运营的重点也有所不同。新媒体运营者在运营产品过程中应了解产品当下所处的阶段及运营重点，表6-2所示为大部分产品的生命周期及运营重点。

表6-2 产品的生命周期及运营重点

周期	特点	营销策略
开发期	新品上市前会有一个市场调研的阶段，从预期调研到正式上市，这个过程就是产品的开发期。在开发期间，利润几乎为零，需要投入大量的成本，甚至会出现负收益的情况	应以控制开发成本为主
成长期	新品问世，在活动的支持下，短期内可能会取得巨大的成长，带来高额收益	加大新品的曝光量，加以新品的折扣和优惠进行推广
成熟期	产品的营销力逐渐减弱，盈利空间已经见顶。随着时间的推移，产品逐渐走下坡路	成熟期的产品适用于辅助性产品。成熟期的产品不宜花费过多的精力和财力，逐步过渡为普通产品
衰退期	产品已经过时，很少能带来利润，甚至会亏本。这也是产品的淘汰期，意味着产品需要在近期内下架	在开发新品的同时要做好新旧交替工作，确保淘汰品下架前，有新品可上

综上所述，产品在不同的阶段有不同的表现，运营重点也应有所改变。运营者在运营过程中应把推广的时间和费用都用在成长期，而对于成熟期和衰退期的产品，应逐渐减少推广，避免造成成本浪费。

课堂实训1：小罐茶——中国茶行业的先行者

中国茶的发现和利用已有四五千年的历史，饮茶已经是国人生活的一部分。面临众多茶叶品牌，小罐茶通过分析茶叶市场以及茶叶的用户画像，找到了茶叶市场的空档，并寻找茶叶用户的痛点、提炼卖点、优化产品包装，让其走出重围，成为茶行业的先行者。

1. 茶叶市场的三大问题

随着饮茶文化的不断普及，饮茶人数不断增加，国内茶叶市场正在稳步增长。特别是2012年以来，国内茶叶消费总量和人均消费总量呈持续上升趋势，截至2020年，中国茶市场规模已经超2600亿元。

但目前茶叶行业内存在三大难题，阻碍了茶行业的发展。

第一，有品类无品牌。人们买茶第一时间想的是买什么茶，去哪儿买，而不是买什么品牌。

第二，缺乏统一品质标准。中国茶叶体系复杂，没有标准，茶叶市场鱼龙混杂，普通消费者难以区分优劣。

第三，工业化程度低。茶叶都是以农产品的价格售卖的，茶农赚不到钱。

2. 茶行业的用户画像

健康养生观念逐渐深入人心，饮茶不再是中老年人的专属，越来越多的年轻人加入了饮茶大军。女性人群消费提升趋势明显，规模占比近50%；一、二线城市高消费人群成为品饮主力；饮茶消费越发年轻化，"95后"消费增速明显提升。

从购茶渠道来看，68.5%的消费者会选择去茶叶专卖店购茶，因为在那里能获得更多的信息，而且有更直观的体验，能减少消费者的购买疑虑。消费者购买茶叶的第二大渠道是电商平台，62.2%的消费者会选择去电商平台购茶。

3. 空档定位

通过对原叶茶市场进行分析，小罐茶发现高端市场并没有强势品牌，中低端市场竞争激烈，于是它将自身定位为高端原叶茶品牌，并通过产品端、营销端、渠道端多维度发力，抢先占据高端市场。小罐茶消费者痛点分析及解决方案如表6-3所示。

表6-3　小罐茶消费者痛点分析及解决方案

用户痛点	解决方案
茶叶品质参差不齐，不会选	大师技艺造好茶，品质有保障
冲泡步骤多，消费体验差	"一罐一泡"，让泡茶变得简单
送不出品位，体现不出价值	八大名茶统一价，适合送人

小罐茶的目标人群是有"茶习惯"的新中产人群。对于这类人群来说，有三个最突出的痛点。

第一，茶叶没有标准，自己没有较高的品鉴能力，买的时候分不出好坏；第二，即使价格很高的茶，喝的时候也很麻烦，消费体验不好；第三，作为礼品，送的时候不能体现出价值。

针对这些痛点，小罐茶通过工业化制作，真正意义上实现了八大名茶的标准化；并且用"大师"技艺快速建立了好茶的认知标准；同时小罐茶包装创新，充氮保鲜，一罐一泡，铝箔封口，一撕就开，实现了更好的冲泡体验；八大名茶同价，送得更体面。

只要抓住市场空位，定位足够精准，解决目标人群痛点，消费者自然会为此买单。

 八大名茶分别为西湖龙井、黄山毛峰、苏州碧螺春、安溪铁观音、庐山云雾、白毫银针、武夷岩茶、普洱茶。

4. 现代化生产

小罐茶创始人杜国楹说，如果说传统茶叶是在买一块玉石，那么小罐茶就是在卖一块钻石，它的色泽、切工、重量都是有标准的。

标准化说起来容易，做起来难，中国有六大茶系（绿茶、红茶、乌龙茶、白茶、黄茶及黑茶），不同种类和等级的茶没有既定标准。经过三年考察走访原产地，**小罐茶决定选取六大茶系里的多种茶**（如普洱生茶、普洱熟茶、西湖龙井、福鼎白茶等），每种茶只做一款高品级的产品。

传统茶行业十分依赖个人经验，因此小罐茶选择与各茶品类中具有代表性的制茶大师合作，他们既是产品标准的制定者，也是品质的把控者。然而，全凭经验制茶并非长久之计，仅凭个人经验，茶叶制作就失去了具象化的标准。

针对这一行业难题，小罐茶与专业的研发人员合作，利用大数据、人工智能技术和现代化生产设备，将非遗制茶技艺传承人的经验转化成可复制、规模化的生产手段和方法，使茶叶生产流程标准化、可衡量化，以减少环境或人工带来的不稳定因素的影响。

5. 小罐大不同

小罐茶包装看似简单，实则不简单。小罐茶花了三年半时间，投入了 500 万元进行研发。小罐茶邀请了日本著名工业设计师神原秀夫，不同于传统茶叶的老气包装，小罐包装，小巧、精致、有品位，并且铝罐可以回收再利用，十分环保，颜值和实用性兼备。图 6-12 所示为小罐茶淘宝旗舰店某款产品的包装。

图6-12　小罐茶包装

"一罐一泡"，一罐就是一泡，不懂茶也能轻松冲泡；取茶时用手抓不卫生，用茶铲太麻烦，小罐茶采用铝箔封口，一撕就开，十分方便，泡茶体验感好。

小罐茶独创铝罐瞬时充氮工艺，减少了空气、阳光、水分、外力和手触对茶叶的影响，让茶叶更长久保鲜，给消费者更好的口感体验。

6. 产品矩阵

小罐茶目前的产品矩阵主要分为五大类：经典的金罐系列，中端的银罐系列，性价比高的多泡系列，年轻化的彩多泡系列和彩罐系列，如图 6-13 所示。

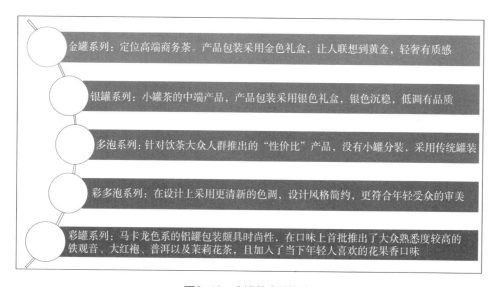

图6-13　小罐茶产品矩阵

可以看出，从中高档商务礼切入市场的小罐茶，正在用差异化产品覆盖不同的人群。也由此可见，小罐茶通过分析茶叶市场、茶叶用户画像，定位空档产品，再通过精进工艺及设计包装等，成功出圈。在 2020 年 9 月 18 日，小罐茶获评艾媒金榜发布的《2020 中国茶叶品牌线上发展排行榜单 TOP 30》第 1 名。

课堂实训 2：火热的方便速食品牌玩法

方便速食品牌数不胜数，但就是有品牌能在众多的方便速食品牌中脱颖而出并迅速火热。如云山半、拉面说、画面等品牌，就是通过对方便速食市场的分析、对用户的分析等步骤，迎合当下喜欢方便速食人群的爱好，重点营销健康化、多元化、颜值化的产品，皆取得不错的效果。

方便速食市场有多大？《2021 方便速食行业报告》显示，方便速食行业近年来稳健发展，预估国内市场规模超 2500 亿元。

那么到底是谁在购买方便速食产品呢？方便速食消费人群有以下三个特征。

数据显示，女性在方便速食产品的消费中占比超 6 成，女性消费人群占主导；"95"后消费人群规模众多，整个消费群体呈现年轻化；同时，消费者的购买力提高。之前低消费力人群是速食市场的核心消费者，但近一年来，高消费力人群的销售额增速超 100%。从地域来看，一、二线城市是方便速食产品的主要市场，一、二线城市的销售额占比超 50%。

随着经济的发展，人们的消费观念也开始转变，需求的改变带动了方便速食市场的改变。方便速食市场呈现图 6-14 所示的发展趋势。

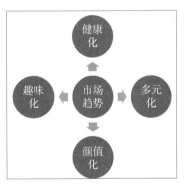

图 6-14　方便速食市场发展趋势

1. 健康化

食品健康是大势所趋，饮食健康化已成为新一代消费者的必然选择。注入了健康基因的方便速食市场逐步分化出非油炸面、荞麦面、冻干面等细分类目。健康低脂的方便速食食品集中在方便面、粉丝、米线品类，可见消费者对方便面的需求不再只是方便，同时也要健康。

传统的方便面面饼采用油炸工艺，油脂含量高，不够健康，因此出现了更健康的非油炸方便面。

说起非油炸方便面，很多人都会想到五谷道场这个品牌。五谷道场在 2005 年的电视广告词是"我不吃油炸食品,非油炸,更健康",令"80后"甚至"90后"消费者都记忆犹新。但已经过去了十几年,五谷道场在非油炸方便面市场中依然火爆,这是为什么?

定位理论认为,打造品牌就是要在这场消费者心智战争中取得主导地位,让消费者一想到要消费某个品类时就会立即想到这个品牌。五谷道场首先提出并且传播了非油炸面饼的概念,率先占据了消费者心智,成功将自己定位在非油炸方便面上,因此它的长红也就不难理解了。

和非油炸方便面并驾齐驱的,还有最近方便速食市场的热门选手——荞麦方便面。云山半2021年推出的一款零脂荞麦方便面已成为方便面爆款,在天猫上销售20多万件。从营养成分来看,云山半零脂荞麦方便面脂肪含量为零(见图6-15),这无疑是健身人士、减肥人士的最爱,无论是代餐还是宵夜都很合适。

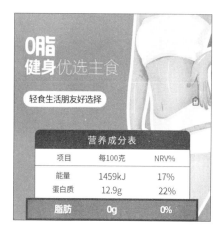

图6-15 云山半零脂荞麦方便面营养成分表

图6-16 拉面说某款盒装外观

云山半察觉了方便面品类健康、低脂的大趋势,并洞察出健身、减肥人群的需求,于是开拓了新赛道。在日益同质化竞争的市场上,最重要的是,发现消费者的差异化需求,找到细分市场下的新赛道,并形成自己的品牌定位。

2. 多元化

"90后""00后"作为新加入的速食市场消费军,他们崇尚个性,追求新鲜体验,更愿意尝试新的事物。拉面说是一款需要动手的速食拉面,需要进行简单的烹煮才能食用。烹煮的这个过程很有仪式感,同时能让年轻人体验到下厨的乐趣,参与感满满。

拉面说的产品，采用半生鲜面做面饼，汤底经过 12 个小时精心熬制，日式定制料包，使用冻干技术保存叉烧，多重打磨带来了纯正拉面味道。在产品包装上，拉面说也进行了创新，不同于传统袋式、桶装方便面，拉面说采用盒式包装，包装设计简洁、有品质，如图 6-16 所示。

拉面说作为速食拉面，比线下拉面馆便宜，比传统方便面美味、健康，拉面说占据了传统方便面与线下拉面馆的"夹缝"，占据了速食拉面的市场空白，抢占了方便面与拉面馆的用户心智。

空刻意面启动时，当时整个速食面食赛道拥挤，竞争比较激烈，通过市场细分，它们发现西式速食市场在 2018 年年底到 2019 年年初的时候存在很大的空白。于是空刻意面首先将意面速食化，之后不断调整产品配方、包装、传播渠道，将轻奢、有品质的品牌定位植入了消费者心智中。

3. 颜值化

"90 后"与"00 后"成为方便速食市场的消费主力，他们对高颜值、设计感强的产品具有消费偏好。"画面"这个新锐品牌绝对是赛道中的一匹黑马，天猫上线仅仅 15 天，月成交量近 20 万单。"画面"方便面凭什么征服了挑剔的年轻人呢？

"画面"在包装视觉上进行了创新，和同类产品在视觉体验上区分开来，这是"画面"的第一个品牌差异化逻辑。图 6-17 所示为"画面"某些产品的主图设计。

图6-17 "画面"某些产品的主图设计

"画面"的品牌名字非常有意思，即"面在画中，画在面上"。让"画"成为"画面"的"视觉锤"，体现在包装上。"画面"的"画"的表达有三个不同的层次，这三个层次相结合，深化了产品的视觉表达。

- 第一个层次是吸睛。抛弃通常将食物呈现在包装上的做法，用更艺术化、更抽象的形式展现产品的世界观。
- 第二个层次体现在品牌对新锐设计师的尊重和扶持上，"画面"会将设计师的名字印在包装上。
- 第三个层次是更精神化的层次，"画面"希望做年轻国潮品牌，从产品到包装设计都突出民族自豪感。

视觉语言是一种交流形式，它能作为非正式的书面语言，有效传达品牌内核和情感。面对消费者时，能吸引眼球，更有利于促进消费决策。

4. 趣味化

更会玩的品牌才更容易打入新时代年轻人的圈层，和他们互动交流，产生共鸣，从而获得更多的关注。拉面说是一个营销年轻化的品牌，擅于设计一些能迎合年轻人口味的玩法。

拉面说与999感冒灵的联名合作，不仅给用户留下了暖心、体贴的品牌印象，更顺应年轻人养生潮流，因此获得了消费者的好感。此外，从年轻人熬夜现象出发，呼吁年轻人关注身体健康，拉面说与"五条人乐队"开启了一次"意料之外，情理之中"的破圈合作。拉面说还携手英国国家美术馆IP打造了一系列"艺术拉面"，从视觉上让消费者感受"美味"的艺术画廊。

靠着这些联名合作，拉面说不断扩大知名度，还牢牢抓住了用户的好奇心，满足了用户喜欢新鲜感的心理，进而占领了年轻消费者的心智。

新年开工，拉面说推出了"打工不易，厚待自己"的暖心主题，"打工人"一词具备高度情感共鸣，职场人经常以此适度自嘲，缓解焦虑和压力。

拉面说就像一个情感抓手，在陪伴消费者嬉笑怒骂、自我调侃的同时，还能输出情感，最后落回到产品层面。

在去中心化媒介时代，消费者在信息消费上更加碎片化，对信息的免疫力也在不断加强，品牌与消费者之间的沟通难度日渐上升。如何成功和消费者建立有效对话，产生情感共鸣，是品牌必须深入思考的问题。

课堂小结

本章首先从产品运营的概念及产品运营的选品思路出发，介绍了产品运营的重要性。然后介绍了产品方向、产品规划以及产品策略定位，并结合WiMo葡刻的案例，详细说明了产品定位的方法与技巧。最后详细讲解了产品运营中的关键方法，如找卖点、找痛点、找爽点等，以提高产品转化率。

课后作业

1. 分析瑞幸咖啡任意两款产品的方向定位及策略定位。
2. 任意找两款产品,然后分析产品的卖点、痛点、爽点及痒点。
3. 写一篇保温杯的直播脚本(800字左右)。

第 7 章 内容运营

随着网络的发展,各种新媒体运营形式应运而生,如以社交为主的微信、微博,以视频讲解产品,吸引用户转化的直播与短视频等。无论企业采用哪种形式进行运营,都应注重其内容,因为只有高质量的内容才是吸引与转化消费者的"核心"。

本章学习要点

- 了解内容运营的模式与表现形式
- 掌握内容运营三要素
- 掌握内容运营的方法与步骤

7.1 内容运营的概述

无论采取哪种营销方式，内容都至关重要。好的内容更能激发用户的兴趣及购买欲；而差的内容，即使费心费力产出，最终效果也很难达到预期。那么，什么是内容运营呢？内容运营又有哪些模式和表现形式呢？接下来我们将一一解答。

7.1.1 什么是内容运营？

内容运营，是指通过创造、编辑、组织、呈现网站内容，从而提高互联网产品的内容价值，创造出对消费者黏性、活跃度起促进作用的内容。目前常见的内容运营呈现形式包括小红书、微博、微信、电商清单等。

内容运营改变了传统电商运营靠促销活动来吸引用户的现状，使更多用户在查看图文、视频内容的过程中完成了消费。内容运营的目的是让消费者产生一种价值观上的认同感，进而认同企业、品牌或产品。通过内容来吸引用户，既是内容运营的手段，也是内容运营的目的。

7.1.2 内容运营的两种模式

就目前而言，内容运营有两种模式，分别是传统模式和创新模式。两种模式既对立又互补，如创新模式的特点可以弥补传统模式的缺点。传统模式和创新模式的简介、特点等信息如表7-1所示。

表7-1 传统模式和创新模式简介、特点

模式名称	简介	特点
传统模式	传统模式主要依靠运营人员的策划编辑能力，生产优质文章，如网易新闻网页的财经文章	优点：内容的整体品质高，及时性强 缺点：覆盖量有限，内容难以做到差异化
创新模式	创新模式把产品融入产品流程中，借助产品为用户提供场景化和个性化的内容。如不同用户在今日头条看到的不同的软文	（1）场景化设计，让用户更具代入感 （2）提供个性化内容，更能引发用户的浏览兴趣

对于企业而言，更在意用户浏览内容时的感受及对产品的宣传，故创新模式更为常见。例如，对于一个正在控制体重的用户而言，抖音推送的直播内容和视频内容都与减肥相关，如图7-1和图7-2所示。而这个减重健身直播与减脂视频，都

属于创新模式，不仅能满足目标人群的需求，还在内容中穿插了产品信息，提高了用户下单的概率。

图7-1　抖音某直播间页面　　　图7-2　抖音某视频页面

7.1.3　内容运营的表现形式

内容运营的表现形式有很多，如软文、直播、视频、音频、白皮书、幻灯片等。这里重点介绍以图文为主的软文营销，以视频讲解为主的视频营销以及实时互动的直播营销等。新媒体运营者应该熟悉这些内容运营形式的要点，并且要能结合产品，找到更为适用的运营形式。

1. 软文形式

软文主要是相对于硬性广告而言的，是指由专业人员负责撰写的图文广告。例如，通过一篇看似不相关的文章或笔记，将要推广的产品或品牌悄悄地引出来，让受众不知不觉间了解产品，对产品产生兴趣。常见的电商软文营销渠道，如微信公众号、知乎问答以及小红书社区等。

例如，某公众号的一篇软文，以"打喷嚏""鼻炎"等较为吸人眼球的关键词吸引读者查看完整的文章，如图7-3所示。当阅读文章后读者会发现，爱打喷嚏很可能是因为有鼻炎。而解决这一问题的办法是用文中推荐的某款鼻腔清洗喷雾，文中还附上了产品的购买链接，如图7-4所示。

图7-3 某公众号的一篇软文　　图7-4 软文中穿插着产品信息

当有同样问题的读者看到这篇软文时,会不自觉地对可以解决痛点的产品感兴趣,从而愿意购买文中提到的产品,这就是典型的通过软文实现营销的案例。

软文运营渠道广而多,如电商平台、问答平台、论坛平台等,如表7-2所示。新媒体运营人员应了解常见的渠道,并结合产品特点及目标人群常出没的平台,编辑、发布优质内容。提高软文阅读量、互动量的同时,提高产品的转化量。

表7-2 常见的软文渠道

大渠道	渠道名称
电商平台	各个电商平台都有相应的软文渠道,如淘宝的淘宝头条、逛逛、订阅
自媒体平台	自媒体虽然属于各大互联网公司,但很多平台都有流量高、互动性高等特点,如新浪微博、今日头条、微信公众号等
问答平台	问答平台有着用户数量多、人气集中等优点,也是信息传播效应较好的平台。如知乎作为分享知识的问答社区,已经成为不少企业内容营销的"战场"
论坛平台	网络论坛是高度聚集人气的地方,如果一个论坛帖子写得好,就会带来非常大的传播效应,制造商机。如常见的百度贴吧、天涯社区等

2. 直播形式

直播是个基于视频的互动社交新模式,也是一个时效性强、互动性强的媒介,是一个更加直观的营销方式。据艾媒咨询数据显示,2016—2021年,中国在线直播行业用户规模稳健发展,具体数据如图7-5所示。

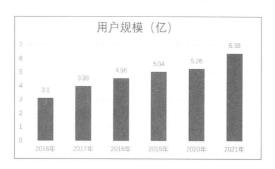

图7-5　2016—2021年中国在线直播行业用户规模

目前直播类型主要包括秀场类直播、游戏类直播、泛娱乐类直播等，其中包括多个热门直播平台，如YY直播、斗鱼直播、淘宝直播等。淘宝直播、拼多多直播等富有电商性质的直播，可通过主播讲解、销售直播中提及的产品。电商直播与最初的电视购物有着密切的联系，电视购物通过"主持人叫卖+模特展示"完成产品销售；电商直播通过"主播推广+自我展示"完成产品销售。近年来，直播已发展成主流购物方式，众多消费者通过直播间来购买产品。不少主播及企业，通过直播形式，在销售大量产品的同时，也扩大了自身名气，增加了收益。

以快手为例，直播页面会穿插在首页及左上角，属于显眼位置，如图7-6所示。目前快手直播涵盖多个频道，如颜值、才艺、游戏、卖货等，如图7-7所示。

图7-6　快手直播入口　　　图7-7　快手直播频道一览

对于企业而言，用直播做营销，在直播间除了展示直播画面、互动区外，还可以直接上架产品。图 7-8 所示为某鞋品牌的快手直播间。当消费者对主播提及的产品感兴趣时，可直接点按链接跳转至产品详情页，如图 7-9 所示。

图7-8　快手直播页面截图　　　　图7-9　从直播间进入产品详情页

由此可见，直播也是一种很好的内容运营形式。不少企业通过直播这种形式，让产品与消费者"见面"，并促使消费者下单转化。企业可以通过自己直播或找达人合作的形式，让更多潜在消费者留意到自家产品。

3. 视频形式

随着直播、短视频的火热，越来越多的用户注册了短视频账号，并通过浏览短视频下单购买产品。例如，某抖音用户的视频中挂有产品链接（见图 7-10），观看该视频的用户如果对产品感兴趣，就可以点按链接进入产品详情页，下单购买产品，如图 7-11 所示。

正因为视频与产品的完美结合，让不少消费者在观看视频娱乐的过程中，被内容激发需求，从而下单购买产品。也正因为如此，不少产品凭借短视频成功打造成爆款，甚至出现了供不应求的局面。

不仅仅是各类短视频平台可以直接售卖产品，不少电商平台也融入了短视频功能，如淘宝平台的主图视频、详情页视频以及逛逛视频等，均将自家产品通过视频送到了消费者眼前。

由于直播和短视频二者相辅相成，故很多平台既有直播，也有短视频。如热门的抖音、快手等平台，用户既可以查看直播，也可以查看短视频。

图7-10 抖音视频截图

图7-11 从视频链接进入产品详情页

7.2 内容运营三要素

无论企业采用哪种内容运营方式,都应该重视粉丝的点赞率及转化率等数据,而这些数据需要引人入胜的标题及优质内容、图片做支撑。特别是高质量的内容,它是吸引与转化消费者的"核心"。因此,新媒体运营者应掌握各种内容运营方式的核心要素,生产更多优质内容。

7.2.1 标题

无论是通过哪种形式做内容运营,都涉及标题,只是展现形式略有差别,如软文标题、直播话题、短视频文案等。内容在被打开之前,呈现在用户面前的首先是标题。因此,一个醒目的标题能大大提高内容的阅读量或观看量。那么,标题应该如何写呢?以软文标题为例,撰写时应注意图7-12所示的几点。

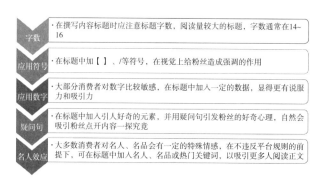

字数	·在撰写内容标题时应注意标题字数,阅读量较大的标题,字数通常在14~16
应用符号	·在标题中加【】、/等符号,在视觉上给粉丝造成强调的作用
应用数字	·大部分消费者对数字比较敏感,在标题中加入一定的数据,显得更有说服力和吸引力
疑问句	·在标题中加入引人好奇的元素,并用疑问句引发粉丝的好奇心理,自然会吸引粉丝点开内容一探究竟
名人效应	·大多数消费者对名人、名品会有一定的特殊情感,在不违反平台规则的前提下,可在标题中加入名人、名品或热门关键词,以吸引更多人阅读正文

图7-12 软文标题要点

图 7-13 所示的某公众号的几个标题就加入了数字、符号、疑问句等。

对于部分没有标题的营销方式,如直播、视频等,如何通过标题来吸引消费者呢?答案是通过视频文案或主题。如图 7-14 所示的某快手视频文案,通过疑问句勾起用户的回忆,该视频获得 1.9 万个赞。再如,图 7-15 所示的某护肤品直播间文案为"新品首发买一送一",应用了数字和符号等元素。

图7-13　某公众号标题(部分)

图7-14　某快手视频文案

图7-15　某护肤品直播间文案

由此可见,无论是采用哪种内容运营形式,标题都至关重要,它将直接影响内容的阅读量或观看量。故新媒体运营者在写标题时,应清晰准确地将重要信息传递给用户。

7.2.2　内容

无论采取哪种运营形式,其最终目的都是吸引消费者的注意力,并激发消费者的购买欲望。好的内容能刺激更多消费者点击、转化;而差的内容不仅耗费了制作人员的时间与精力,还达不到预期的效果。特别是一段短视频的生成,需要经过策划主题、撰写脚本、实地拍摄以及后期剪辑等繁琐的环节,如果因为内容问题导致营销效果不好,就会造成很大的人力、财力浪费。

因此，新媒体运营人员必须掌握营销的内容，将内容与消费者联系在一起，制作出打动人心的好内容，从而吸引消费者的注意，激发消费者的购买欲望。

那么，如何策划内容呢？

1. 迎合消费者的好奇心理

好奇心是人们对未知事物的探究心理。在商业应用中，适度激发消费者的好奇心，可以快速抓住消费者的注意力，刺激消费者进一步了解产品来满足好奇心。

例如，某护肤产品的标题为"皮肤科医生的皮肤都很好？6个护肤真相告诉你"的小红书视频，标题中用了发问的形式，如图7-16所示。作者这样做，就是试图唤起消费者的好奇心，吸引用户点进去一探究竟。该视频内容向消费者讲述护肤品预算、护肤品选择等内容的同时，巧妙地把产品推荐给了消费者。

2. 抓住消费者痛点

在内容中提出目标消费者的痛点，并给出解决痛点的建议，这样的内容会深得消费者喜欢，消费者自然愿意购买产品。

例如，某个抖音短视频列举了头皮屑带来的烦恼，直戳头皮屑较多人群的痛点，紧接着视频中介绍了一款有去屑功能的洗发露，如图7-17所示。

图7-16 某小红书视频截图

图7-17 某个抓用户痛点的视频截图

这条点赞量过万的视频，就是一篇典型的抓消费者痛点，并解决痛点的视频。

通过解决消费者痛点来推广自家产品，既向消费者传递了有用的知识，又增加了产品销量。

3. 结合热点话题

热点话题是指受大众关注的各类信息，热点话题通常能收到大量的关注，因此，内容如果能结合热点话题，则很容易得到传播。例如，排在抖音某日热榜中第18名的，是关于某手机的热点信息，如图7-18所示。某科技类抖音账号便结合该热点发布了一条短视频，短时间内获赞上千，如图7-19所示。

图7-18　抖音某日热榜截图（部分）　　　图7-19　某科技类抖音账号发布的视频

 提示　热点话题具有很强的时效性，利用热点话题创作内容时一定要注意这一点，尽量抢在第一时间进行内容创作，以保证内容的营销效果。

4. 制造冲突

美国心理生物学家斯佩里博士通过割裂脑实验，证实了说明大脑不对称性的"左右脑分工理论"。该理论证明了正常人的大脑有两个半球，冲突存在于每一个个体的大脑中，存在于每一次消费的选择中，如右脑追求价值，左脑追求价格。一些有冲突的内容，正好能引起消费者的热论，可以使内容传播范围更广。

例如，很多人都在好身材与食物之间有着明显冲突，既想拥有好身材，又需要补充能量。某达人就以短视频形式，介绍了一款低脂、低糖的欧包，如图7-20所示。该视频用低热量来告诉消费者该欧包能帮助消费者保持身材，其中的"高

图7-20　某解决冲突的文案

膳食纤维"则可以为人体补充能量，这款欧包能很好地解决冲突。从图 7-20 中可以看出，这条视频获赞已过 20 万，视频中提及的产品评价也超过了 999 条，取得了较好的销售成绩。

5. 情感营销

情感营销是指在文案中注入情感或情怀，引起消费者共鸣，继而产生点赞、收藏内容以及下单购买产品或服务等行为。特别是一些正能量的内容，如积极的、健康的、催人奋进的、给人力量的、充满希望的人和事，往往能感动手机前的用户，促使他们与视频产生更多互动行为。

例如，某视频博主常在抖音平台分享一些在深山里与朴素村民相处的视频。很多用户被视频中村民淳朴的笑容以及博主对村民的关爱所打动，视频点赞量及评论量都比较高，图 7-21 所示为该博主的某段视频截图。

因为加入了对村民的关心、关爱等情感因素，该视频博主的视频点赞数、评论数等数据都比较好，图 7-22 所示为某条视频的评论区。

图7-21 博主的某段视频截图

图7-22 某条视频的评论区

在内容中注入情感，让消费者在充分理解短视频内容的同时引起消费者的心灵共鸣，继而让消费者产生点赞、评论、分享、购买等行为。

6. 搭建使用场景

如果能通过内容搭建产品的使用情景，就可以让消费者产生对产品的联想和需求。如图7-23所示的某穿搭视频内容即是如此。该视频采用出游新疆的镜头说明了一些穿搭的缘由,并展示了上身效果等,消费者能马上联想到自己在外旅游会有什么样的快乐时光,从而产生一种强烈的代入感,最后忍不住下单购买。

无论是哪种内容运营形式,都可以灵活应用以上几点,创造出更多高互动性、高销量的内容。在策划内容时,应避免复杂的修辞和文字游戏,因为这些因素不利于消费者阅读理解。同时,还应避免使用负面或贬低他人产品的信息,否则不仅会给消费者传递负面信息,且有可能被平台判定为违规内容,从而导致被处罚。

图7-23 搭建使用场景的视频内容

特别是直播和短视频形式的内容运营,粉丝的数量尤为关键,粉丝越多,卖出的产品也就越多。因此,如何吸引粉丝关注就显得尤为关键。通常只有在内容受欢迎时,被关注的可能性才更大。那么,什么样的内容才能受欢迎呢?一般来说,具备专业性、趣味性、互动性等特点的内容较受欢迎,如表7-3所示。

表7-3 直播受欢迎的内容

内容名称	受欢迎的原因	举例
专业性内容	无论是什么类型的新媒体运营人员,都一定要以专业能力为基础,连续输出具备专业性的内容,这样才能得到消费者的认可	知名淘宝主播李××之所以能在众多主播中脱颖而出,就是因为他在美妆方面有着过硬的能力。他在直播过程中能迅速说明哪些产品适合哪些肤质,哪些皮肤问题又有哪些解决方法,非常具有专业性
趣味性内容	能在直播过程中用生动、风趣的内容逗乐粉丝	某主播凭借幽默风趣的重庆方言,在抖音平台已收获数百万粉丝。他常在直播间逗得粉丝开心之余,吸引粉丝下单购买他推荐的产品
互动性内容	通过直播与消费者互动,高质量的互动可以增强主播与消费者的黏性,互动的形式包括做游戏、连麦、点播等	例如,在直播中加入游戏,不仅能直接与粉丝互动,还能活跃直播间气氛。又如,主播还可以通过连麦,在增加产品销量的同时满足消费者看热闹的心理

7.2.3 图片

无论是采用哪种内容运营形式，都会涉及图片，如软文的插图、直播间封面图以及短视频封面图等。我们打开淘宝直播精选页面，就可以看到直播间的封面图、直播间标题、直播间里的产品等信息，如图 7-24 所示，其中，封面图所占位置最大，也是最能决定粉丝点击进入直播间的元素。

同理，对于软文、音频等，图片也同样决定了消费者的点击率和转化率。因此，新媒体运营人员必须策划出高点击率的图片，让内容更具吸引力。那么，应该如何策划图片呢？这里以直播间封面图为例，详细讲解策划图片的方法。

首先，一张有吸引力的图片应该满足如图 7-25 所示的几点。

图7-24 淘宝直播精选页面

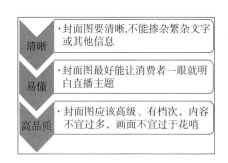

图7-25 有吸引力的图片应具备的特点

如果是以带货为主的直播间，则可以在分析自己产品的受众用户后，拍摄满足平台要求的封面图。主播要明确产品的受众群体，并深入受众使用产品的场景中挖掘受众的需求和喜好，从而设计出对其胃口的封面图。

例如，一个对服饰感兴趣的消费者在浏览直播页面时，可能更为关心主播的形态、外貌以及穿衣品位等。新媒体运营人员可以在封面图中，重点展示这些消费者感兴趣的点，以抓住消费者的眼球，使其有点击欲望。例如，时髦穿搭类的直播间封面主要展示主播的服饰上身效果，如图 7-26 所示。

图7-26 时髦穿搭类的直播间封面

其他形式的内容运营，在策划图片时，只要在满足平台要求的前提下重点展现产品卖点，以吸引粉丝点击即可。

7.3 内容运营的方法与步骤

内容是决定营销效果的关键因素之一，内容的策划应经过特定的步骤。首先进行用户画像，再确定内容；接下来生产、组织和包装内容，再将内容落地；最后关注内容所产生的数据，以监控内容的营销效果。

7.3.1 做好用户画像，确定内容定位

所谓"知己知彼百战不殆"，只有更全面地了解目标用户的喜好，设定出迎合其胃口的账号特征，并确定内容方向，才能吸引更多精准用户关注。

在创建账号初期，用户画像数据不够清晰的情况下，可参考同类热门账号的粉丝画像。例如，美妆类账号的运营者可以通过飞瓜数据查看同类型热门账号的粉丝画像，如粉丝性别、年龄等，如图7-27所示。

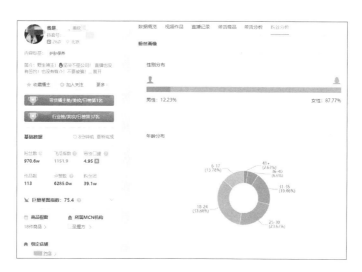

图7-27 某美妆达人的部分粉丝信息

新媒体运营者在充分了解目标粉丝群体的信息后，才能在账号中设置更多迎合其喜好的元素。同时，在策划视频内容、选择带货产品时，也需要充分考虑目标用户的喜好，这样账号才能获得更多粉丝。

在分析用户后，接下来还需要确定内容，让用户知道该账号能提供什么。这

里我们从 6 个维度拆分一个健身类账号，讲解一下内容定位的具体内容，如表 7-4 所示。

表7-4　账号内容定位（健身类账号）

维度	思考要素
讲故事	人物过往、成功案例、逆袭故事、励志人生
说产品	课程体系
谈特色	师资特色、班级特色、健身环境
晒过程	训练经过、他人支持、遇到困难、效果展示、食疗配合
教知识	课程内容、学习方法、心态辅导、前辈经验
搞活动	送奖品、抽奖、价格减免

以讲故事为例，可以围绕自己作为一个教练如何健身来展开。如"我之前是一个身高 160 厘米，体重 75 千克的胖子，想通过每天慢跑 10 千米来减重。整个慢跑过程艰辛且难以坚持，差点就放弃了。但是咬咬牙还是坚持了下来，经过 3 个月的时间，成功减了 10 千克"。

再如，从说产品方面入手，对健身课程体系进行合理设计。比如，从难度上设计出中、高、低三个课程；从人群上设计出适合胖子、老人、小孩、男人、女人等不同人群的课程。这样一来，就可以知道账号大致的内容方向了。

都说模仿是新手上路最好的老师，在创建账号前期，不知道自己要做什么内容时，则可以参考一下同行头部账号的内容，也许能有一些内容上的启发。竞品分析的维度主要包括选题方向、表现形式、视频剪辑、视频标题和留言区互动等内容。通过参考竞品的这些内容，思考自己应该如何做。这里以语言教学领域为例，对某账号进行分析，分析结果如表 7-5 所示。

表7-5　对某账号分析的分析结果

分析内容	分析结果
选题方向	该账号的选题方向为英语学习，主要内容包括音标、语法、实用口语句式、口语对话等

续表

分析内容	分析结果
表现形式	表现形式是真人出镜,然后是剧情演绎或脱口秀形式。账号中的视频一半是先提出问题,再回答问题。有时是男主提问,女主回答;有时是女主提问,男主回答;有时是女主自问自答
视频剪辑	教学类视频都是上下版头:上版头放重点内容或标题;中间部分是视频画面;下版头以字幕为主。视频会配上一些轻快的歌曲
视频标题	视频标题基本会带话题发布,且话题都和账号相关,如"英语""语言学习"等
留言区互动	每条视频都会设置几个"神"评论,而且这些评论都和视频内容相关,是运营者预埋的

7.3.2 生产、组织和包装内容

为保证内容确实可行,运营者还需要对内容进行组织和包装。以策划一场直播为例,需要先策划包括直播人物、时间、产品等内容的直播脚本。

"直播脚本"看似是一个专业性极强的关键词,其实很好理解,只需要了解直播脚本包括什么内容即可。一个完整的直播脚本通常包括直播整体方案和产品脚本两部分。

1. 直播整体方案

直播整体方案主要包括直播的主题、目标、时间、促销活动、主播、助播、客服等内容。根据多个企业的直播经验,笔者总结出了表7-6所示的直播整体方案供大家参考。企业结合自己的实际情况对表内内容进行填充,即可生成一个完整的直播整体方案。

表7-6 直播整体方案

直播日期	8月9日19:30—22:00	KOL:***	直播平台:抖音
直播产品	*****		
主播方参与	主播:***　场控:***		
品牌方参与	总协调:***　督导:***　场控:***　运营:***　客服:***		
推品逻辑	价格高低穿插;中间设置爆品秒杀,带动直播间气氛		

续表

产品顺序	（1）** （2）** （3）** （4）** ……
营销策略	（1）开场满送：在线人数满300/600/900抽**面膜3片装*2盒（市值98元），3~10分钟后联系客服领取 （2）神秘黑盒（发放99元/199元两种福袋，各限量100个，随机放置超额产品/福袋链接定点上架20：30/21：10） （3）限时秒杀（限量1份**玫瑰洁面、1份**肌底液/后台秒杀链接定点上架21：40）

2. 产品脚本

产品脚本主要包括宝贝编号、货品名称、零售价、直播间到手价、链接、备注，等等。产品脚本的主要作用是，让主播有理有据地介绍产品，避免出现面对产品不知道如何表达的尴尬局面。一个优秀的产品脚本，至少应该具备以下三要素。

- 体现专业性：对于主播而言，其专业性主要体现在直播专业性和产品专业性两个方面。直播专业性，要求主播熟悉直播流程、规则，能解决直播中出现的各种问题，如硬件设备导致音频、影频卡顿等问题；而产品专业性，则是指主播在介绍某产品时，必须了解产品的基本信息，避免由于不够专业而误导粉丝；例如，主播在介绍一条连衣裙时，需要从衣服的尺码、面料、颜色、版型、搭配等细节进行讲解。

- 体现产品卖点：要想通过直播售卖更多产品，就一定要通过单品脚本把产品卖点提炼并展现出来；提炼卖点后，主播既可以用传统方法展示产品卖点，如经久耐用、性价比高、适宜人群广等；也可以从自己与产品的关系出发，建立信任背书，得到粉丝的认可。

- 注重与粉丝的互动：从互动角度出发，主播可以站在消费者的角度，设想自己可能会提出什么问题，提前在脚本中设置好答案，以便在直播中回复粉丝；例如，一名农产品主播在策划杧果这一农产品的脚本时，考虑到粉丝可能会对杧果的熟度、保存方法、食用方法等内容感兴趣，故提前收集这类问题的答案，然后逐一整理在脚本中便于使用。

为了方便在直播中应用产品脚本,运营者可将产品的信息、价格等内容做成表格形式。企业可以根据自己的产品类目,根据以上流程策划直播脚本。尤其是产品脚本,应尽可能地罗列出营销话术和常见问题,避免在直播过程中被粉丝把话题带偏。

7.3.3 内容落地

策划好内容后,接下来还需要将内容落地。这里以母婴行业的一场直播为例,讲解从直播前的准备阶段到执行阶段的操作细节,帮助新媒体运营人员快速掌握内容落地的相关知识。

1. 直播方案的准备阶段

所有的准备工作都是一场成功的直播的基础。母婴行业一场直播的准备阶段包括图7-28所示的从确定直播主题到确定直播时间、地点,再到销售任务测算等工作。

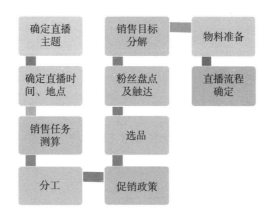

图7-28　母婴行业的一场直播准备阶段的工作

为了便于大家理解各项准备工作的具体内容,下面我们对各项工作进行详细讲解。

- 确定直播主题:确定这场直播活动的名称,好的直播名称能吸引更多关注,也更有利于传播,如"××直播专场""引爆'618',5万豪礼享不停"。
- 确定直播时间、地点:在确定好直播时间、地点等后,将这些信息展现在宣传海报中,例如,"4月30日20:00,××直播间,千万好礼等你来取"。
- 销售任务测算:如根据××店铺粉丝数量及粉丝购买力,预估可能达到的销售目标,并结合实际情况明确本场直播的目标销售额(如50万元),同时拆解任务目标，下达给所有店员执行。

- 分工：明确活动负责人、主播、其他工作人员，如执行负责人：王总；主播：小张；助播：小李；客服：小王、小涛……
- 促销政策：制定销售促销政策，如买赠活动、套餐优惠、抽奖活动、引流产品等。
- 选品：确定本场的引流产品、利润产品、爆款产品，并配合优惠活动、互动环节，对产品介绍进行排序。
- 粉丝盘点及触达：确认所有私域粉丝数量，并对其进行活动预热，包含促销时间、促销产品、活动力度及规则等信息的告知。
- 销售目标分解：召开动员大会，根据销售目标拆解任务，如每个店员需要分配的任务包括消息触达用户数量；筛选有购买意向的用户，将其拉入新群组；引导用户预付定金，提前锁定订单；引导用户做一些裂变宣传活动。
- 物料准备：分为线上物料和线下物料，线上物料是指活动海报、促销海报、品牌及主播宣传海报等；线下物料是指直播间背景、台签、灯光、麦克风、演示道具及样品等。
- 直播流程确定：确定直播整体流程并提前进行活动策划，根据前期的准备工作，确定正常的流程、互动玩法等（如红包、抽奖、裂变方式、推广红包数量等），并将所有流程提前演练1~2遍。

2. 直播方案的执行阶段

做好直播方案的准备工作后，接下来就到了执行阶段了。执行阶段包括图7-29所示的一些内容。

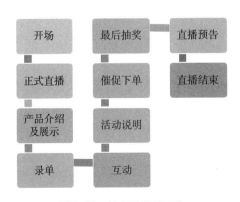

图7-29 执行阶段的工作

执行阶段的各项工作详解如下。

- 开场：由直播主播做开场说明，如直播介绍、热场工作，预计10~15分钟。
- 正式直播：主播开始正式直播，介绍本场直播活动、主题，讲解本场直播发起缘由，并说明促销活动及优惠力度等信息。
- 产品介绍及展示：介绍产品主要卖点，根据实际情况将产品分阶段上架。
- 录单：开播10分钟后，将已成交的订单录入系统并播报。
- 互动：进行抽奖、发红包、提醒关注、提醒转发等互动。
- 活动说明：多次说明优惠力度、活动力度，提醒粉丝下单等。
- 催促下单：宣告活动截止时间，促进粉丝下单，工作人员配合烘托抢购气氛（如倒计时）。
- 最后抽奖：直播结束前的最后一次抽奖，并提及本场直播的总抽奖次数以及送出礼品的价值。
- 直播预告：做下一次直播的预告、亮点介绍，并推动流量沉淀。
- 直播结束：宣告本场直播结束，谢谢大家的支持。

7.3.4 关注数据，以监测内容

如何监测内容的效果好与差呢？以直播为例，查看并分析直播数据就是最好的复盘。通过对数据进行重点分析，以得知该直播间的内容的运营情况。新媒体运营人员应重点关注影响转化的数据，如产品点击率、加购数和点赞数。

首先，直播产品的点击率是提升直播间转化数据的一个重要因素。如果主播把一个产品上架至购物车产品列表，但在整场直播过程中，该产品都没有粉丝点击，那么直播间的观众就会认为这个产品没有吸引力，这就是产品点击次数背后所代表的意义。

一般情况下，点击率最好能在20%以上。例如某直播间共有100名观众，20%的点击率就要求有20（100×20%）人进店或点击产品进入产品详情页。主播在直播过程中一定要注意引导粉丝经常到购物车去查看直播的产品，最好能够促使粉丝点击产品链接，进入产品详情页进行查看。

其次，产品的加购数也是影响直播权重的重要因素，一个产品被加购的次数越多越好。值得注意的是，只有在主播的人为引导下进行的"加购"行为，才能有效提升直播间的权重。所以，主播需要不断引导粉丝进行加购，还需要让粉丝

多点击产品,引导粉丝浏览产品详情页。

最后,点赞也是直播间权重的重要影响因素,点赞属于直播间的整体互动行为,对于活跃直播气氛有着至关重要的作用。主播在直播时,可以引导粉丝一边看直播一边点赞。比如,有的主播会告诉粉丝,点赞达到一定数量就进行抽奖或者发福利等,利用这种方式鼓励更多的粉丝进行点赞操作。这样做的好处是能够使粉丝成为直播的参与者,提升粉丝对直播间的黏性。

以上诸多复盘数据都可以在直播后台查看。在查看直播数据时,运营人员需要对重点数据进行逐一分析,以全面了解当天直播的相关情况,发现直播中存在的一些问题,并及时解决这些问题。

比如,某场直播的观看人数很高,但引导成交笔数和引导成交金额却很低,那有可能是因为产品不行,也有可能是因为主播的销售引导能力较差。

又如,某场直播的封面图点击率较低,进入直播间的人数也很低,说明该场直播的引流效果较差。这时运营人员可以用不同的封面图进行测试,当某张封面图的点击率达到一个较好的水平且比较稳定时,运营人员就可以一直使用这张直播封面图,以保证直播流量入口的吸引力。

除了直播结束后的数据复盘,在直播过程中,运营人员也可以通过查看当场直播的各项实时数据,及时对当场直播进行相关的战略调整。

课堂实训:野兽派——"花界爱马仕"的传奇之旅

野兽派成立于2011年,在微博平台孵化,最开始用讲故事的方法售卖花艺。虽然到今天,品牌已经延伸到泛家居品类,但微博的认证名仍然是"野兽派花店"。花艺作为核心产品线以及用故事构建起的品牌护城河,这一点至今没有发生改变。

野兽派作为一个主营鲜花的企业,比起销售花儿,它更像是在借助图文、视频内容售卖一个个感人的故事,一帧帧温情的画面,唤起大家的情感共鸣。同时,野兽派被誉为"花界爱马仕",走的是一条高端的奢侈品牌路线,和国外主流奢侈品牌更多地从时装品类切入市场不同,野兽派选择了更接近消费者生活方式的品类切入市场,在新浪微博积累了100多万粉丝。下面我们来看看,野兽派是如何通过塑造艺术性、塑造神秘感以及用故事构建信任,逐步走进大众视野的。

1. 塑造艺术性

凯文·罗伯茨在其著作《至爱品牌》中指出：人类受情感而非理智的支配，情感和理智之间的基本区别在于情感导致行动，而理智导致推论；消费者似乎总是做出感性的购买决定，只是因为喜欢它、愿意选择它、对它有好感。

奢侈品牌天然是消费者爱的品牌，而从一开始，品牌需要为自己注入情感的基因，就像《至爱品牌》中所提到的一些基本原理。历史上的野兽派，是20世纪最早出现的新艺术象征主义的画派，是绘画史上一次新的巨大变革，它的最大功绩是把色彩从传统绘画的体系中彻底解放了出来。

1905年，一群以亨利·马蒂斯为首的年轻画家在巴黎秋季沙龙展出自己的形象简单、色彩鲜艳大胆的作品，震惊了画坛。艺术评论家路易·沃塞尔在看完展览后幽默地称这些青年"像一群野兽"，野兽派因此而得名。

野兽派品牌的创建就像野兽画派从根本上实现色彩的解放一样，老板娘最开始仅凭借对生活与情感的理解，随心所欲扎起别具一格的花束，既没有韩式温婉，也不靠近欧美风格，她调侃自己为野兽派。

回头看野兽派初创时期或许有一丝的不经意，但在2020年母亲节期间，野兽派推出了马蒂斯名作包裹芬芳花束献给所有妈妈，至此野兽派正式企及了以马蒂斯为首的野兽画派的艺术高度，流派归宗，为品牌注入了艺术的DNA。

而如果消费者对于野兽画派并不知晓，那么野兽派的品牌命名或许会让人联想到野兽的凶猛、冷酷、脾气暴躁，就像《美女与野兽》中所展现的那样。但当温柔的贝儿公主出现，她用自己的真心和暖暖爱意，陪伴着他、感化着他，野兽逐渐褪去野兽的皮囊，变成王子。

2017年，真人电影《美女与野兽》上映。在此之前，野兽派已获得了迪士尼《美女与野兽》真人电影的授权，开发了花艺衍生品。野兽派和迪士尼商定做一个近似版本，让旋转玫瑰可以握在消费者手中，象征着电影里最完美的真爱玫瑰。

画和电影本身就属于精神和情感寄托的艺术品，野兽派经由自己的艺术理念，将与品牌相关的艺术作品融入品牌本身，为品牌注入了具有艺术高度的DNA，而这何尝不是一个奢侈品牌需要具备的艺术高度？

2. 塑造神秘感

营造神秘感是《至爱品牌》强调的一个非常重要的原则，神秘感通过鲜明的能引起共鸣的故事被灌输到人的大脑中，最理想的状况是，这些故事变成了神奇的传说，向人们讲述企业的神奇历程，讲述它们的产品以及它们传奇的消费者。讲故事能通过开拓新意义、新联想和新感觉的方式，使故事更加光彩、动听。

而事实上，让用户参与其中也异常重要。新产品开发的信息要及时汇报给顾客，并有创意地为顾客服务，让顾客参与所有的事情。对于野兽派，它将以上两点很好地结合在一起，构建起品牌的神秘感。

早期的野兽派没有鲜花价格目录和标准产品，每一朵来自野兽派的花都藏有一个小而温馨的故事。顾客想要买花，需要通过微博私信，讲述自己的情感故事，根据这些故事，野兽派来选择不同的花去设计，表达出送花者的心意。

野兽派以"顾客说"这种非常亲密又公开可见的方式，分享关于爱情、友情、和亲情的故事。故事里的花束，在情感上征服用户。为爱而生的产品，在产品同质化时代脱颖而出。

顾客的情感故事，野兽派会以匿名的方式发到官方微博上，配上相应的花束图片。这样的微博总能引起粉丝的共鸣，粉丝会进行转发传播。野兽派的名声，就在这一个又一个故事中打响了，并偶尔能获得演员或歌手转发。

在这家花店里，花本身已经不再只是一种产品，而是被赋予故事的，是用户自有情感的一种表达。收花人收到的不仅仅是一束花，还是一个故事、一种情感，而他们自己则是这个故事、这份情感的主角。这种体验是传统花店无法提供的，传统花店没有给顾客这样的机会，野兽派给了，这是野兽派成功的关键。

对于野兽派来说，每新增一个顾客的故事，品牌就多了一层神秘的内核，积累下来的顾客故事塑造了这个"花界爱马仕"的神秘传奇。

3. 以故事构建信任

塑造忠诚的第一步是构建信任，知名畅销书作者罗伯特·麦基认为："故事天然受到人类心智的关注，它们能把信息包裹在故事中，一旦观众在那一瞬间将自己的感觉与主角联系了起来，怀疑就会消失。"

野兽派的每一个系列的产品都有一个故事原点，不管是来自顾客的情感故事，还是与知名的故事 IP 的联名新作，故事都成为品牌构建信任的原点。说到故事，除了不走寻常路——起家于微博营销，更有流传于坊间的经典故事，为品牌平添了一抹神秘感。2011 年末，顾客 Y 先生订花，希望能表现出莫奈的名作《睡莲》

的意境。老板娘几经周折,最终从日本直岛的地中美术馆获得灵感,野兽派花店的镇店作品之一"莫奈花园"从此诞生。野兽派新浪微博有关Y先生的故事如图7-30所示。

图7-30 有关Y先生的故事

野兽派另一款镇店作品"金色眼泪"更是嵌入了时代背景的叙事产品。2020年新冠肺炎疫情的突如其来,令野兽派也陷入了创业9年来最艰难的境地,店铺没有顾客,仓库关闭,无法发货……2020年对于所有人来说,最需要的莫过于"治愈"了。野兽派决定做一款香水,融入琥珀的温暖和蒲公英代表的希望,最后用安息香作为这款香的灵魂。

因为"在暹罗时代,安息香被称为'金色眼泪'。当树木释放安息香的眼泪,它们的伤口总会自然地痊愈,总有治愈的希望"。"金色眼泪"在2020年最后一周发布,是具有时代治愈意义的。

此外,在长达10多年的品牌塑造过程中,野兽派坚持与有强大的故事性的IP联名发布新品,让IP的故事为产品注入灵魂。

在诸多联名中,与《小王子》的跨界合作应该是野兽派最成功的选择之一了。和《小王子》的联名从2015年开始持续到现在,光是从元素上看,玫瑰花是《小王子》中的主角,也是野兽派花店的主角,这点非常契合。

若是从内容上看,《小王子》中的很多台词也和野兽派想要传递的态度不谋而合。小王子中有许多关于"花"的经典语录,像是"如果你爱上了某个星球的一朵花。那么，只要在夜晚仰望星空，就会觉得漫天的繁星就像一朵朵盛开的花。""人不应该听花儿说什么，只要欣赏她们，闻闻花就够了。"小王子也曾经问狐狸"仪式是什么？"有了情感载体，野兽派的产品也会成为读者对故事的一种寄托和延展。

4. 开心时刻的峰值体验

有时候我们会发现，人在开心的时候是没有防备机制的。所以在消费者开心的时刻和节点，品牌如果能够制造出意料之外的惊喜，消费者就会非常不理性地爱上品牌。

根据峰终定律，品牌不太容易把握住消费者每一个开心的时刻，但是通常节日是普遍的开心时刻，容易制造峰值体验，节日里收到礼物、营造仪式感、制造惊喜就是消费者的开心时刻。因此节日占领成为野兽派塑造品牌忠诚度、提高复购率的关键策略，而野兽派所经营的品类也有和节日的天然契合性与匹配度。

例如，七夕节期间野兽派会通过联名推出爱情主题的系列礼盒。2017 年，野兽派为英国品牌 BURBERRY BEAUTY 定制了奢华款枪炮玫瑰礼盒，灵感来自经典的 BURBERRY BOX。来自厄瓜多尔的优质玫瑰，搭配 BURBERRY BEAUTY 的高级唇膏，给他/她送去浪漫和惊喜。

2018 年，野兽派 × 娇兰独家合作的唇膏香水花盒发布，首次将花盒做成了化妆包的款式，把女生最想要的唇膏、香水和永生花都装在了这个花盒里。

母亲节对于野兽派来说也是一个重点占领的节日。2019 年和 2020 年母亲节，野兽派推出的特供"Garden Collection 花草系列"，还原了妈妈后花园种的花香。

2021 年母亲节，品牌邀请到众多明星出演一部很短的微电影——《每个妈妈都喜欢花》，如图 7-31 所示。同步发布的还有"某某同款"限定花盒、2021 母亲节限定大花束、法式永生花盒、"某某妈妈"同款丝巾，惊喜满满，仪式感满满。

大众永远想不到下一个重要节日，野兽派会制造什么样的惊喜。像圣诞节这样的西方的重要节日，自然要融合西方元素来讲述中国品牌的故事。2020 年和 2021 年圣诞节，野兽派联名魔幻 IP《哈利·波特》，为消费者送上了圣诞限定魔幻大礼。

图7-31 《每个妈妈都喜欢花》视频截图

2020年的哈利·波特系列圣诞树,灵感来源于霍格沃兹的大会堂圣诞树,树木被霜覆盖,上面装饰着各种闪闪发光的金色星星,整棵树挂满了限量周边。2021年,野兽派家居邀请野兽派代言人井柏然演绎了2021哈利·波特魔法圣诞季,新的一年充满奇幻和爱。

5. 野兽派十周年品牌营销策略

整合营销传播理论是由美国西北大学市场营销学教授唐·舒尔茨提出的。整合营销是以消费者为核心重组企业行为和市场行为,综合协调地使用各种形式的传播方式,从而以统一的目标和统一的传播形象,传递一致的产品信息,实现与消费者的双向沟通,从而迅速树立产品品牌在消费者心目中的地位。

2011年11月29日,野兽派老板娘发了一条微博,从此有了野兽派花店。2021年11月29日,野兽派迎来了10岁生日。为此,野兽派展开了一场品牌十周年整合营销战役,从广告端、产品端、营销端展开,以"故事"为内核,外化为中国风的东方古典美学,为消费者打造了立体沉浸式品牌体验。

(1)广告端。

野兽派以一支精心打造的MV,在品牌十周年之际,与支持自己一路走来的顾客和潜在顾客进行了一场灵魂交流。

在影片的娓娓道来中,那些经历深刻爱情的人,找到了自己的身影,想起了自己的故事；而那些在爱情面前跃跃欲试的新人，则通过故事认识了野兽派花店。整支MV看完，令人心生感叹：野兽派花店，依旧是从前那个会讲故事的少年。

以故事创造品牌，野兽派的品牌叙事逻辑环环相扣：爱情催生情绪，情绪使人文艺，文艺属于诗和歌曲。基于这一逻辑，在过去的十年间，野兽派给顾客讲了很多故事，又在十年庆的时候奉上了爱情主题曲。情感的溢价，使野兽派品牌自带"浪漫滤镜"。

（2）产品端。

在即将迎来十周年之际，野兽派上新其倾心打造的全新中国香：桂花乌龙，以全系列产品将东方韵味妙趣呈现，礼赞十年历程，为消费者带来独具一格的中国风沉浸式体验。

"秋花之香者，莫能如桂。树乃月中之树，香亦天上之香也。"李渔在《闲情偶寄》中如此盛赞桂花树及桂花的香气。从古到今，我们一直对桂花偏爱有加，桂花的文字记载历史更是可以追溯到公元前3世纪。桂花，一如我们记忆里古典清远的中国印象，浓郁悠长。

为此，野兽派匠心独运，忠于桂花本味，将秋天的诗意与美好回馈给中国消费者，用香氛将桂花"穿"在全系列产品中，打造了随身的浪漫国风桂香，铸就了十年之约的诗意发布。

继桂花乌龙之后，野兽派携手素有"江南艺苑"之称的朵云轩，倾心带来了其重磅中国新香——"东方美人"系列。与此同时，官宣了其品牌香氛大使俞飞鸿，演绎出了这份独具匠心的东方灵动与细腻。

同为上海诞生的品牌，野兽派对于中国美的传承和坚守与朵云轩如出一辙。当野兽派试图勾勒出其中国新香"东方美人"之时，朵云轩的《芝兰》图正符合东方美人气质，心静如初，绽放依旧。两个品牌一拍即合，中国新香应运而生。

继"东方美人"之后，野兽派与"江南艺苑"朵云轩联袂呈现了其中国新香"盖世英雄"，二者各成一派的同时相得益彰。"盖世英雄"系列亦携手野兽派品牌香氛大使赵文卓，一道以知名武术家的英气探索"盖世英雄"的快意与潇洒。

秉承以中国香氛美学为品牌理念，是野兽派一直以来的坚守。野兽派还原了"盖世英雄"的意象与精神，写意出记忆中君子的翩翩之意，携手热爱中国文化及武侠小说的调香大师Alexandra Monet创作，她眼中的盖世英雄，有刚强的外表，如诗般的内心。

（3）营销端。

十年整合营销战役在营销端，野兽派重点借助名人的声量为品牌造势，最大范围扩散品牌影响力。

十周年 MV《野兽的花》邀请众多明星演唱主题曲，邀请音乐才女亲自操刀了大提琴部分。MV 由众多实力派演员倾情演绎，重现了当年一幕幕真实的订花故事。在 MV 中，品牌代言人化身实习花艺师，和花店老板娘一起收集订花故事并制作花束。此次十年上新，得到了野兽派一众代言人和香氛大使的多种生动演绎。

时光交替，岁月冷暖，不变的是这十年的相守相依，以及十年对美与浪漫的不断追求。这是野兽派的坚守承诺，相信野兽派会一直讲故事，无限创作美与艺术，与你我奔赴下一个十年之约，终成至爱品牌。

课堂小结

本章主要介绍了内容运营的模式及形式，以及内容运营的要素及步骤等，旨在帮助大家认识内容运营的关键知识。在文章最后，更是用野兽派的实训案例说明了内容运营的重要性。

课后作业

1. 对抖音平台某一条点赞量过万的视频进行文案、标题、内容等分析。
2. 为一款防晒产品撰写 800 字左右的营销软文。

第8章

活动运营

活动通常能为用户提供更好的购物理由,同时也能为企业的销售增添动力。因此,活动运营是每个新媒体运营人员的必修课。新媒体运营人员应该了解活动的作用,如提高品牌曝光率、店铺转化率,处理库存产品等;认识文案对活动的作用,如宣传作用和推广作用;并熟悉活动策划流程,能独立策划线上活动。

本章学习要点

- 了解活动运营的作用及类型
- 掌握活动的准备工作
- 掌握活动策划的内容

8.1 活动运营的概述

活动运营是指通过组织各种营销活动，在短期内快速提升相关指标的一种运营手段。对于新媒体运营而言，活动就是在较短的时间内，通过打折、买赠、满减等手段，来提升产品销量的方法。

8.1.1 活动运营的作用

对于新媒体运营而言，活动是必不可少的手段。无论是在线上营销还是线下营销，活动都随处可见。例如，线上常见的淘宝"双 11"活动、京东"618"活动；线下常见的新店开业、周年庆等活动。通过这些活动，可以快速引来流量，提升销量。特别是对于线上营销而言，活动更是起着如图 8-1 所示的重要作用。

图8-1 活动的作用

1. 吸引更多用户参与

一个好的活动可以调动用户的积极性，吸引新老用户参与到活动中来。只有吸引更多用户，产品信息或品牌信息才能得到宣传。例如，海昌隐形眼镜在 2019 年 8 月 20 日推出了一个"凭瞳寻主"跨界联名主题活动。企业在活动中介绍了 4 只御猫（取名分别为平安、霜眉、鳌拜、鲁班），并对应 4 只御猫推出了"夏云灰绿""淡茜粉棕""玳瑁黄棕""碧螺绿棕"4 个色系的美瞳。由于美瞳颜色和御猫形象的高度契合，因此活动一经推出，用户就积极参与。该活动整体曝光量高达 5.5 亿次，互动量超过了 500 万次。

一些规模较小的电商企业，可能无法策划、实行诸如上述案例中的大活动。

但可以策划店内活动,吸引消费者参与。例如,策划周年庆、新品满减等活动,吸引消费者关注和参与。

2. 提高品牌曝光率

并非所有活动都是为了提高销量,部分活动的目的在于提高品牌曝光率。当用户熟悉、认可品牌后,会慢慢地建立信任背书,从而更愿意购买品牌下的产品。例如,很多人想购买坚果类零食时,都会想到三只松鼠和良品铺子,其原因离不开三只松鼠和良品铺子的营销活动。

3. 提高店铺转化率

大部分成功的活动,都能为产品或店铺带来不少流量。如果活动中产品又比较有吸引力,那么店铺转化率也会很不错。例如,某宠物用品淘宝店主营猫粮、狗粮、宠物零食等产品。店铺前期基础工作开展得较好,流量相对稳定,但转化率不高。店主试图采用收藏、加购领代金券的方式,刺激消费者下单,但效果并不理想。经过分析,店主决定采取"满就减"活动。图8-2所示为该店铺活动前和活动后的数据对比。

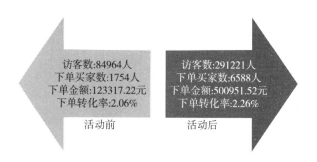

图8-2　活动前和活动后的数据对比

可以看出,该店铺通过"满就减"活动,有效地提升了访客数、下单金额以及下单转化率。相比之前的活动,"满就减"活动对消费者的刺激更大。例如,对于一袋售价为99元的猫粮,收藏、加购可获得3元代金券。获得代金券对消费者来说很容易,奖励也微不足道,消费者可能不屑于去操作。如果举办满199元减20元的活动,优惠力度就比较有吸引力了。同时,消费者需要购满199元的产品才能享受到优惠,这就同时提升了转化率与客单价,可谓一举两得。

4. 提高新品销售额

一般情况下,处于上新阶段的产品,由于没有基础销量和评价,很难展开销售局面。因为很多消费者对产品有一种抗拒心理,不愿意冒风险去尝试新品。如果企业能在产品上新时策划活动,降低消费者初次消费成本,激励消费者下单就可以促使消费者购买新品,从而打开销售局面。当新品记录了一定的基础销量和评价后,才更有利于后期的销售。

促销活动本质上是让利给用户,但这样的让利并非时时都有。为了让消费者意识到这一点,新媒体运营者可以营造出一种"机不可失,时不再来"的购物氛围,促使用户快速接受并购买产品。

5. 处理库存产品

很多企业都可能面临库存积压的问题。积压的产品如果不及时处理,则可能影响店铺的资金流转。针对这种情况,可利用促销活动来处理库存积压产品。部分企业甚至跨平台参加活动,处理库存产品。

例如,某售卖鞋类产品的企业,在淘宝平台经营了两家店铺。店内一款鞋的成本在 40 元左右,售卖价格为 78 元。季末时,该鞋子的库存还有几千双。正是由于库存产品多无法及时变现,激起了企业策划促销活动的想法。权衡得失后,该企业决定入驻拼多多平台,并参加平台内的"断码清仓活动",以 39.9 元的价格售卖该产品。对于拼多多用户而言,只需要花淘宝平台一半的价格就能买到同款鞋子,这个活动非常有吸引力。由于具备高性价比,该款鞋子在 3 天内被一抢而空。

新媒体运营者必须认识到活动运营的重要性,并能结合实际情况策划、执行活动,为店铺取得好销量。

8.1.2 活动的基本类型

新媒体中的活动类型数不胜数,新媒体运营者必须了解常见的活动类型,并根据产品和营销目的策划相应的活动。常见的新媒体活动类型包括拉新活动、激活活动、促销活动、品牌活动及趣味活动,如图 8-3 所示。

图8-3 活动类型

1. 拉新活动

拉新活动的主要目的在于提升新用户注册量、用户激活率、关注率，在品牌初创期、平台初期的运营中最为常见。当然，对于一些发展成熟的品牌和平台，也会采用一些拉新活动来刺激老用户主动向他人分享品牌/平台信息。例如，支付宝平台就有邀请好友领走红包的活动，如图8-4所示。

拉新活动一般需要有强有力的奖励做支撑，只有奖励足够吸引新用户并能促使老用户主动分享时，才会有新用户被吸引过来并成交。若奖励没有吸引力，则无法引起新用户的关注，这样的活动就是无效的。

图8-4　邀请好友首次注册支付宝领红包的活动页面

2. 激活活动

激活活动，可以理解为激活老用户的活动。当积累到一定量的老用户，并通过平时的积累和互动，让企业与用户之间建立起了基本的信任感时，企业可以通过设计一个激活活动，给用户再次下单转化提供理由，激活老用户。

激活活动常见于品牌/平台运营中期，如淘宝平台就有"邀请好友赚现金"活动，如图8-5所示。从活动页面可以看出，这种激活活动不像拉新活动那样要求必须是新用户。平台通过发放现金红包的活动，刺激用户邀请新老用户每天登录平台，即使不下单，也可以得到相应奖励。

激活活动在用户运营、社群中也很常见。部分企业粉丝群，会通过设置定期的秒杀、抢购活动刺激用户集中下单。

3. 促销活动

促销活动属于降价促销，也是以唤醒沉睡用户、提升用户活性，从而减少用户流失率为主的活动。促销活动在新媒体运营中应用得最为广泛，常见于直播、短视频以及软文营销中。

促销活动的类型有很多，如组合促销活动、指定促销活动等。

组合促销是将库存积压产品和热销产品进行巧妙的搭配，用热销产品来带动库存积压产品的销售，如搭配促销、捆绑式促销、连贯式促销等。

指定促销是对指定产品或对象赠送礼物的促销方式。常见的指定促销包括指定产品促销，如买鞋子送袜子；指定对象促销，如先购买者（前 100 名下单者）享折扣；指定角色人群（如粉丝）享折扣，以及新 / 老用户享折扣等。某直播间的产品就有买 2 斤送 2 斤的促销活动，如图 8-6 所示。

图8-5　淘宝平台邀好友赚现金的活动页面　　　图8-6　促销活动页面

随着直播的兴起，很多产品还设定了"直播间专享价"，以吸引直播间内的消费者下单购买，提升直播间内消费者的转化率。

4．品牌活动

品牌活动与其他活动不同，比起拉新用户、激活活动，品牌活动更倾向于通过活动使企业形象和产品品牌深入用户脑海，从而树立良好的企业和产品形象，提高品牌知名度。

以钻石为例，"钻石恒久远，一颗永流传"的广告词一经提出，便植入众多用户脑海。时至今日，又有一个钻石品牌在互联网模式下，推出了"只有男生可以定制，终生只定制一次"的规则，来彰显自己的品牌价值。这就是 DR 钻戒（Darry Ring）。

DR 将婚戒上升为专一的爱情观念，在用户心中埋下真爱永恒的种子。DR 钻戒常推出品牌活动，其目的就是将品牌信息植入更多用户心中。例如，2022 年 4 月，DR 钻戒联合某品牌手机，推出了微博活动（见图 8-7），通过发布微博活动，刺激微博用户转发、评论微博。

5. 趣味活动

趣味活动是指通过策划趣味玩法活动的方式，植入产品信息或让参与者获取产品优惠。最常见的趣味活动非支付宝每年的集福活动莫属。支付宝通过让用户扫码集"福"、向好友索要"福"等方式，提高了产品使用率。同时，这种活动也增强了用户之间的联系。

图 8-8 所示为某火锅企业在朋友圈发布的"大家来找茬儿"游戏，好友参与互动，即有机会获得奖品一份。而且该企业策划的游戏图片是自家产品，好友在参与游戏的过程中，也会对图片中的产品有所记忆。

图8-7　DR微博活动页面

图8-8　"大家来找茬儿"游戏页面

企业在策划朋友圈互动游戏时，还可以策划 H5 小游戏。H5 小游戏能增加活动的趣味性，吸引更多好友参与和转发。

8.1.3　线上活动的优势

线上活动囊括了互联网上的大多数活动类型，如线上营销、线上广告、线上发布会、线上峰会、线上沙龙等。近年来，随着互联网的发展，越来越多的企业将活动发布在线上，如小米手机在 2020 年 2 月 13 日通过线上直播发布了小米 10 手机。图 8-9 所示为小米手机官方发布的与直播发布会相关的抽奖活动微博。当日网上观看该场直播的人数超 300 万，小米 10 首售只用了 1 分钟，销售额就超过了 2 亿元。

图8-9 小米微博

为何小米手机选择组织线上发布会呢？这与线上活动的优势有关。线上活动主要有以下优势。

- 传播范围更广：线上活动可以通过PC、手机进行发散传播，短时间内可触达多种渠道，如微博、微信、小红书等，自然也能辐射更多用户，使得活动传播范围更广。
- 活动成本更低：线上活动可省去传统线下活动所需要的场地费、交通费、布置费等，成本更低。
- 互动效果更好：用户可以直接在直播间、视频留言区等地方表达自己的观点、建议或参与讨论等，一些认可度较高的信息还会被顶上去，更容易拉近企业与用户的距离。

综上所述，线上活动有着传播范围广、成本低、互动效果好等优势，是企业活动运营的首选。

8.2 活动的准备

任何一个活动都不是当天拍板然后实施即可，而是需要运营人员提前策划活动方案，经讨论通过后才能按部就班地实施。策划活动方案时，需要设定活动目的，确定活动主题，并熟悉平台活动规则，这样才能更有效地保证活动顺利进行。

纵观影响力较大且销量较高的活动，都是通过精心策划、实践而来的。所以，新媒体运营者在策划活动时，应根据店铺实际情况，通过一定的流程，再策划适合自己的活动。

8.2.1 明确活动的目的

新媒体运营者在策划一个活动时，需优先思考企业策划这次活动的目的，再根据该目的制定相应的主题。一般而言，企业策划活动的目的主要体现在图 8-10 所示的三个方面。

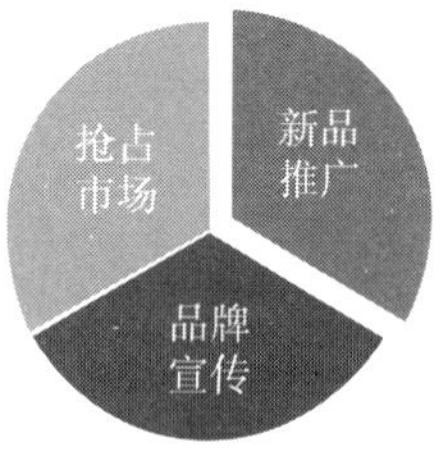

图8-10 活动目的

1. 新品推广

企业在开发新品后，为将新品推广给更多目标用户，会策划一些活动，如常见的新品折扣、众筹等。以众筹为例，就是通过互联网方式发布筹款项目（新品）并募集资金。产品众筹主要以"产品预售 + 团购"的模式，加大新品曝光度，提升新品销量。新媒体运营者可以将需要众筹的项目发布在众筹平台（如淘宝众筹、京东众筹等），通过图文形式吸引消费者的关注及赞助。等项目资金筹集够后，按消费者的出资情况，分发产品福利。

图8-11 某产品众筹活动页面

例如，某电子产品企业在"造点新货"（淘宝众筹）发布了一个项目，筹款详情如图 8-11 所示。该项目的目标金额为 5 万元；截至 2022 年 6 月已经众筹到 13.7 万元。消费者根据众筹详情页面可知该新品具备哪些功能、优势，且支持该项目 39 元可获得该产品。

新媒体运营者在策划新品推广活动时，为吸引更多用户的资金支持，应在活动详情页用精美的文字、图片及视频来描述清楚产品具有哪些优点。如图 8-11 所示的小风扇众筹页面中就提到了"8 小时长续航""高颜值""真清凉"等，吸引用户主动给予资金支持。当然，新品在功能、外观上一定要新颖，要能吸引消费者的关注并取得消费者的支持才行。

2. 品牌宣传

在工业时期，传统企业用"电视+商超+渠道铺货"的形式去打造品牌，体现了品牌的美誉度、知名度等几个维度。在如今的互联网时期，企业可以将品牌理解为印象，当潜在用户浏览一个品牌内的产品时，这个品牌给他留下一个什么样的印象，是印象深刻还是毫无印象，会直接关系到潜在用户是否会购买该品牌的产品。

那如何给潜在用户留下深刻印象呢？除了广告推广外，更需要具体的活动和内容去充实、支持品牌的外在形象。因此，对于企业而言，有些活动是为了品牌宣传。例如，某知名零食企业在微博策划的抽奖活动，其根本目的就是品牌宣传。活动的具体文案如图8-12所示。

图8-12 某品牌的微博活动页面

从营销的角度上来说，故事是很容易让人记住的，对塑造一个企业的品牌形象起着积极的推动作用。因此，在策划品牌宣传类活动时，可以适当地加入品牌故事、品牌发展史等内容。

3. 抢占市场

除了行业壁垒非常高的产品，其他产品的市场竞争都非常激烈。企业要想从众多同行中脱颖而出，就不得不策划一些活动来扩大现有产品的市场占有率。因此，企业常常会推出一些促销活动（如新品促销、节日促销、清仓促销等）以促进消费者购买，或者争夺竞争对手的市场份额。

新媒体运营者在推出促销活动时，必须清楚促销力度、促销背景、促销时间以及促销目的。例如，某天猫服装店铺推出了反季促销活动（见图8-13），目的就是反季节处理前一年的夏装（库存产品）。

对于消费者而言，通过产品标题也可以了解企业

图8-13 反季促销活动页面

进行促销的理由（反季节处理库存产品）、促销的力度（原参考价 109.9 元的服饰现在售价为 26.9~69.9 元）。

综上所述，不同的活动目的延伸出不同类型的活动，新媒体运营者在策划活动前，需要分析出一场活动的目的，再根据这个目的去确定活动主题，选择活动类型等。

8.2.2 确定活动主题

每个活动都需要先设定一个主题，再根据该主题策划具体的细节。活动主题要简洁且具有吸引力，让用户一看即可明白，并愿意参与到活动中来。例如，某美妆产品的抖音直播活动主题为：店铺 3 周年庆，全场产品 8.8 折。就是告诉用户，店铺发展至今已有 3 年历史，用户参与进来即可享受 8.8 折优惠。

需要注意的是，策划一个店铺活动的目的不仅限于吸引用户，还要能促进店铺的发展，如提升品牌知名度、提高转化率、提高客单价、提高总销量等。例如，某店铺参加淘宝"双 11"活动的主要目的是推广某款新品，在设置主题时就需要突出"新品""福利"等关键词。

新媒体运营者在策划活动时，还应关注一个重点：寻找目标用户群体，也就是寻找活动对象。根据活动产品找目标用户群体时需要考虑多方面因素，如用户的性别、年龄、职业、兴趣等。对目标用户的画像越清楚，对目标用户的把握也就越精准，才越能有效地获取新用户。

8.2.3 熟悉平台活动规则

无论是参与平台大促活动还是在平台策划活动，都必须熟悉平台的规则，这样才能及时报名参与到活动中去。例如，各个电商平台为打造更高的人气，往往会推出一些有平台标签的大促活动，如淘宝、天猫平台的"双 11"、聚划算、淘金币、天天特卖；拼多多平台的限时秒杀、多多果园、百亿补贴等。

1. 淘宝、天猫

淘宝、天猫平台从创立之初就有很多促销活动，淘宝平台会投入大量的广告来进行宣传。平台提供的促销活动，部分有时间限制，例如"双 11"在每年的 10~11 月举办。淘宝、天猫平台从 1 月到 12 月，都有不同主题的促销活动。如图 8-14 所示为淘宝、天猫平台 2022 年 7~8 月的部分活动截图。新媒体运营者可以在细读活动玩法、招商条件后，报名活动。

除了这些有时间限制的活动，淘宝、天猫平台还推出了多个没有时间限制的活动，如聚划算、淘金币等。

图8-14　淘宝、天猫平台2022年7~8月的部分活动

2. 京东

京东平台的产品分类涵盖生活的方方面面，特别是家用电器、手机、数码等类目，积累了很多忠实用户。京东平台基本每个月都会推出不同主题的活动，比如，2022年4月京东推出了数个活动，其部分活动的名称和时间如图8-15所示。

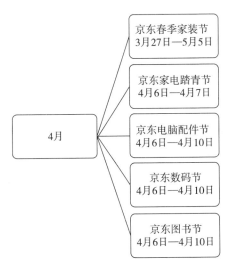

图8-15　2022年4月京东平台的部分活动

京东平台，最出名的活动为每年6月18日的"京东618"。据京东官方宣布，2021年6月1日0时—6月18日24时，用户累计下单金额超3438亿元，创下新

的纪录。有意向参加京东官方活动的卖家,可在京东营销活动中心报名。除此之外,京东平台的卖家还可以策划店铺营销活动,如单品促销、拼购、满减等。

3. 拼多多

拼多多通过人性的消费心理定位,源源不断地吸引着新用户。拼多多平台的产品,以价格低廉的爆款产品为主。拼多多平台的活动也比较多,在拼多多首页即可看到如"限时秒杀""断码清仓""现金大转盘""免费领商品"等活动,如图8-16所示。其中,"限时秒杀""断码清仓"等活动在淘宝、京东平台也比较常见。

图8-16 拼多多首页部分活动

值得一提的是拼多多的裂变拉新类活动,如"免费领商品"。拉新裂变类活动通过利益驱动,让用户自发地大量传播活动,造成活动人员数量呈现指数增长的态势。特别是在社交平台(如微信)中传播的活动,裂变效果非常可观。

图 8-17 所示为拼多多推出的某款椅子砍价免费拿的活动页面。该活动规则为在 24 小时内,发起者邀请新老用户通过自己分享的链接,进入拼多多 APP 的活动页面进行砍价。每个用户可砍的金额不同,砍到底价"0 元"时,发起者可免费获得该商品。

免单活动中的发起者为了免费得到商品,会自发地转发分享活动页面。而被分享的人看到可以免费拿商品时,可能又会发起新的助力或砍价活动。这样活动分享范围会不断扩大,产品知名度和平台用户数也随之不断地扩大。

图8-17 某款椅子砍价免费拿活动页面

对拼多多平台的活动感兴趣的新媒体运营者,可以在拼多多企业版后台报名参加。

新媒体运营者无论参与哪种活动,都可以在平台后台查阅活动规则,确定参加后要严格遵守活动规则。

4. 抖音

抖音作为热门的直播、短视频平台,长期设有官方活动,吸引新老用户参与。图 8-18 所示为抖音官方联合某奶粉企业推出的活动页面。具体的活动规则由官方确定,包括参与方式、中奖机会等。

抖音官方平台推出的活动有着礼品诱惑力大、用户参与度高等优点,但一般的企业很难联合平台策划出如此规模的活动。针对这种情况,企业可以自行策划一些较小的活动,如点赞抽奖、转发抽奖等。值得注意的是,在自行策划抖音活动时,企业需要查看并遵守"抖音规则中心"的各项规则(见图 8-19),避免因为违反"政策法规""引人不适""营销行为"等规则而导致活动被限流。

 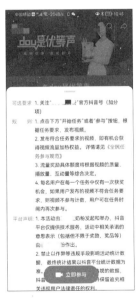 

图8-18 抖音活动页面　　　　　　图8-19 抖音规则中心

例如,经营减肥产品的商家,可拍摄一个胖女孩减肥过程的视频,引起有过减肥经历的消费者的情感共鸣。再通过视频末尾的文字引导"在评论区说出你的减肥经历,抽 10 名小可爱送 ×× 产品",简单说明活动规则和奖品。

5. 微信活动

常见的微信活动有微信公众号活动和微信群、朋友圈活动，这类活动可由新媒体运营者自制活动规则，如活动奖品、参与方式、活动开奖细节等。

以常见的公众号投票（如萌宠比赛、摄影比赛、员工评比等）为例，很多用户在报名参与活动后，在利益（奖品）的驱使下，会不断地将活动转发分享给好友。例如，某经营数码产品的商家曾在公众号中发起一场摄影大赛，参赛照片不限设备，获得投票数量排在前三位作品的用户可以获得一台数码相机。整个活动规则简单明了，用户一看就能理解如何参与、具体奖品是什么等。

当然，微信活动规则虽然可以由新媒体运营者自己确定，但仍应秉持公开、公平原则，这样才能吸引更多用户参与并给用户留下积极印象，从而达到新品推广、品牌宣传等目的。

8.3 活动的策划

新媒体运营者在策划活动时，需要先参考同行热门活动来确定活动创意，再撰写简单明了的活动文案，最后确定活动流程，并将活动落地执行。

8.3.1 活动的创意

任意一个活动，都是参与的人越多越好，而好的创意就是增加参与人数的保障。所以活动策划的第一步就是找准活动创意。确定活动的创意步骤，如图8-20所示。

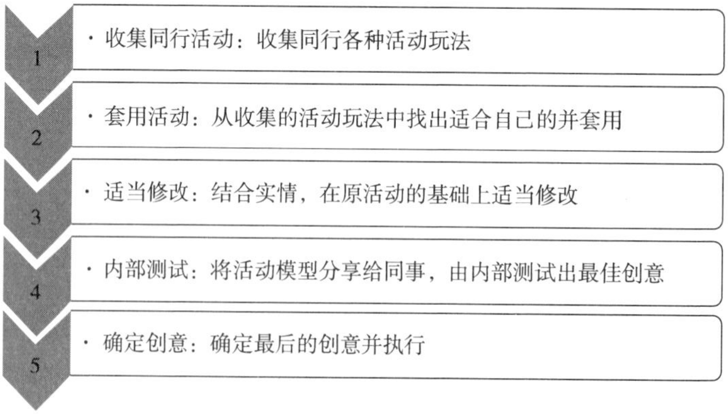

1. 收集同行活动：收集同行各种活动玩法
2. 套用活动：从收集的活动玩法中找出适合自己的并套用
3. 适当修改：结合实情，在原活动的基础上适当修改
4. 内部测试：将活动模型分享给同事，由内部测试出最佳创意
5. 确定创意：确定最后的创意并执行

图8-20　确定活动的创意步骤

8.3.2 撰写活动文案

无论是哪种类型的活动，都需要海报和文案来体现活动细节。特别是对于一些经典活动而言，文案都起着画龙点睛的作用，能为活动造势和助力。活动一般包括预热期、正式期和结束期。在活动预热期，企业需要在多个平台发布活动信息和海报，吸引新客户，唤醒老客户。在预热期，文案能起到宣传作用，为活动造势。

17 TV（联想旗下的某智能电视品牌）在上淘宝众筹活动前推出一个预热文案，如图 8-21 所示。因为电视和单一属性的手机不同，一起看电视的人越多，才越有氛围，因此 17 TV 的众筹倒计时文案共设置了 7 个场景，分别从爱情、亲情、友情等情感角度出发，倡导人们抓住在一起的机会增进感情。

正是文案的情感文字描述和活动倒计时等信息，吸引了消费者的关注。17 TV 的淘宝众筹活动获得 200000.00 元才算成功。截至结束日期，该众筹活动共获得 2039534.00 元资金，超额完成了众筹金额。从这个案例中我们也可以看出，文案对活动来说，起着很好的造势宣传作用。

当然，不是每个活动策划者都能写出精妙绝伦的文案。但一般的文案也能传递活动信息，如活动时间、活动规则以及活动奖品等。某珠宝品牌在小红书推出的女神节活动，其文案页面如图 8-22 所示。该文案详细说明了活动的主题、时间和规则，消费者看到这些文字信息即可明白如何参与到活动中。

图8-21　17 TV在上淘宝众筹活动前的预热文案

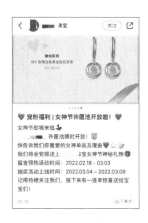

图8-22　某珠宝品牌的小红书活动文案页面

一些发布在社交平台活动的文案，不仅可以传递活动时间、规则等信息，还留有微信号、联系电话等信息，便于消费者进一步了解并参与活动。

同时，文案还能推广活动。特别是在社交平台发起的一些活动，推广范围越广，参与的消费者越多，活动效果也可能越好。瑞幸咖啡推过一次微博活动，其页面如图8-23所示。通过该活动文案我们可以得知，微博用户参与活动的前提是带上"生椰拿铁1周年"的话题，关注、转发本微博。当消费者按规则操作后，有更多的微博消费者可以看到该活动信息。如果这些消费者也想参与到活动中来，就必须带标签转发、评论该条微博……如此一来，活动就得到了推广。

图8-23　瑞幸咖啡微博某活动页面

而且，一些富有创意性的文案可以引发消费者的想象，从而鼓励消费者积极地参与活动。还有一些公益性活动文案，通过"大爱""有爱"等富有正能量的文案，让受众对活动有更多好感，从而自主转发、分享活动，对活动起到推广作用。

8.3.3　活动流程与关键时间点

确定好活动创意及活动文案后，接下来还需要熟悉活动流程及其中的关键时间点。因为每个活动或多或少都存在差异，需要设置专属于单个活动的流程。

1. 活动的大致流程

一个成功的活动从策划到落地实行，需要经历多个环节。通常，活动的基本流程如图8-24所示。

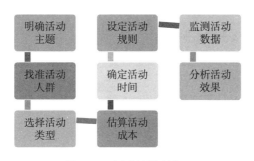

图8-24　活动的基本流程

（1）明确活动主题。

任何一个活动都应该有其相应的主题来说服用户，否则消费者很难产生交易行为。例如，一个产品如果没有任何活动主题和原因，就将价格降低至1折，那么消费者在看到该活动信息时，很可能怀疑产品质量，或者会怀疑这个产品只值1折的价格。确定了主题后，整个活动就要围绕主题开展。例如，店内近期新出几款新色系的连衣裙，如果要针对它们做推广，策划的活动主题就应该围绕"新品""新色系"来展开。

（2）找准活动人群。

不同主题的活动应面向不同人群。例如，清仓活动主要面向追求价格的消费者，新品活动主要面向追求样式的消费者。企业在策划活动前就要找准受众人群，以便针对这些人策划活动玩法以及推送渠道，向对的人推广对的产品，效果才会更好。

（3）选择活动类型。

活动类型多而广，有官方活动也有店铺活动，企业需要根据活动主题选择活动类型。如果企业需要处理一批过季库存产品，就可以参加官方的"天天特卖"活动，也可以自行策划一个店铺的清仓活动。显然，官方活动影响力更大，可以更快处理完库存产品，但需要支付活动费用；自行策划店铺活动不需要支付活动费用，但可能因为影响力不够，无法处理完库存产品。企业需要根据仔细核算、对比，再确定活动类型。

（4）估算活动成本。

企业参加或举办活动，都会产生一定的成本。例如，参加官方活动有时需要支付活动费用；有些参加活动的产品其实是亏本出售。因此企业在策划活动时，必须详细估算活动成本，并保证在可控范围内实行。避免由于不知道成本，胡乱参加活动、随意定价，导致亏损收场。

（5）确定活动时间。

选择适合的时间做活动，可以吸引更多消费者参与和关注，也给消费者下单转化创造了合适的理由。运营者在策划活动时，要考虑活动时间，并说明选择这个时间的理由，让消费者积极地参与进来。

（6）设定活动规则。

在策划电商活动时，应遵循相应的规则，如与主题相呼应、真实可行和易参与等。有的活动可能同时具有多个主题，如新品上新、库存清理、爆款热销……这种情况下，活动主题必须有主次之分，并且要在活动规则中用图文表述清楚该活动与哪个主题最相关。

（7）监测活动数据。

活动中的成交额不是检验活动效果的唯一标准，企业还需要监测活动中的基础数据、流量来源、互动数据以及转化数据等，如图8-25所示。

图8-25 活动中应重点监测的数据

（8）分析活动效果。

任何一项工作都应该有始有终，新媒体运营者在活动结束后应根据活动数据来判断此次活动的效果。对于发挥得好的地方予以保留，对于不好的地方应及时优化、改进，将经验应用于下一次活动中，让活动开设得越来越成功。

2. 活动关键时间点

为保证活动顺利落地，新媒体运营者需要制定时间规划表，以做好活动的时间安排。以淘宝"双11"活动为例，应重点关注活动的蓄水期、预热器、爆发期以及余热期。

（1）蓄水期。

每年的10月1日—10月31日为"双11"活动的蓄水期，这个时期的消费者购物意识开始被唤醒，会自主搜寻意向产品并加购、收藏。对于企业而言，蓄水期必须让店铺活跃起来，重点工作为扩大引流和唤醒老客户，圈定更大的人群；多报名活动；加大付费推广力度等。细分下来，企业在蓄水期的工作如下。

- 布局活动产品、广泛拉新、刺激成交并提醒加购、收藏。
- 做好各方面的准备工作，如备货、选品、活动定价、推广预算、营销方案等。
- 加大全店推广力度、优化人群、冲刺排名、大量拉新，以及测款、测图等。

到了"双11"活动期间，每一个流量都弥足珍贵，企业只有在活动开始前做好以上准备工作，才能收获更多流量。

（2）预热期。

每年的11月1日—11月10日为"双11"的预热期，这个阶段的消费者对"双11"充满了期待，会有更多的收藏、加购、付尾款等行为。对于企业而言，这个阶段的基本任务是通过大促活动，让消费者有更多收藏加购、付尾款的行为。

消费者在预热期，心态容易产生变化，大多在等待"双11"大促，转化就比较难。所以企业在这个阶段要注重收藏、加购的概率。为加大产品的收藏、加购率，店铺可送优惠券、购物津贴等礼品，以唤醒老客户。

错过了报名或海选未通过的企业，不受活动规则限制，可以提前降价，提高产品转化率。能否说服消费者提前转化，不仅取决于产品够不够诱人，还取决于店铺能否打消消费者担心"双11"当天产品会降价的顾虑。部分企业会采取保价营销的手段来刺激消费者下单，如"发现'双11'当天降价，可双倍补偿差价"。同时，还需要客服以"早买早享用""不用等快递爆仓"等话语刺激消费者下单。

（3）爆发期。

在"双11"当天，活动就进入了爆发期，这个阶段的消费者都在疯狂抢购产品。对于企业而言，主要工作是不断刺激转化、提升客单价，并随时观察流量变化，调整预算和投入。爆发期的目标很明确：提高转化。为达到这一目的，首先要准备好热卖海报；其次要设置好店铺优惠活动，通过领取大额优惠券的方式，尽可能多地引导消费者购买更多产品。

例如，某个店铺平时的客单价为 200 元，如果"双 11"活动当天设置满 299 元减 100 元的机制，大部分消费者会为了满减而凑够 299 元，但在凑单的过程中很可能超出 299 元，甚至达到 399 元、499 元。所以，企业在爆发期当日的优惠力度要充分、诱惑度要够大，而且优惠的方式和产品种类要丰富。总之，就是多方面引导消费者多买。

（4）余热期。

每年的 11 月 12 日—11 月 14 日为"双 11"活动的余热期，很多消费者在这个阶段会进入捡漏模式。对于企业而言，进入余热期后可以策划多个返场活动，实现错峰推广，再次提高销售额。

> 非活动企业可以继续"双 11"活动的惠购优惠（同价即可）；而活动企业，因为有价格保护期，所以"双 11"活动结束后产品价格需要上调一些。

热销返场的时间通常以 1~3 天为宜。因为这个时候主要是为了弥补消费者在"双 11"活动期间没能买够的遗憾。当消费者的包裹陆续到手后，大多数人会认为自己买多了，便很少有人会继续购物。

8.3.4 活动中的注意事项

活动进行中可能会遇到各种各样的状况。如果不能及时有效地处理这些状况，则可能影响活动的整体效果。企业可能遇到的状况和解决方法如图 8-26 所示。

图8-26 企业可能遇到的状况和解决方法

1. 客流量大导致服务差

活动期间，进店流量大。消费者可能会遇到很多问题，需要咨询客服。如果客服没有接受过专业训练，就容易出现回复慢、回复错等情况。所以，企业在活动落地之前，应该对客服进行专业的产品培训、活动培训，并要求客服人员灵活使用自动回复等技巧来提升回复速度，给消费者留下好印象。

2. 销量多导致发货不及时

买家下单后都希望能尽快收到货物。但在活动期间，因为销量迅猛增长，可能会导致原有的库房人员即使长时间加班，也不能及时发货。针对这一情况，企业应提前通知库房做好发货准备，必要时可以在活动期间招聘几名兼职人员协助发货。

3. 退换货问题超时

很多活动的现状是销量高，退换货的订单数量也高。而且有的买家在提交退换货申请后，若得不到回应，就会投诉企业。所以，企业应在活动期间设立专门的退换货岗位（如果原来就有该岗位，则可以增加工作人员）来处理买家的退换货问题。这样，既能给买家留下良好的印象，也能避免因被投诉而带来的不利影响。

课堂实训1：微信朋友圈活动实战

蒋晖老师曾帮一位在微信上售卖蜂蜜的同学策划了一个活动。短短十几天内，那位同学已经招到十几位代理，还发布了一款新品蜂蜜。这位同学叫叶子，来自四川。首先，蒋晖老师让叶子认清自己的产品定位、找准目标用户；其次，蒋晖老师帮助叶子撰写了有助于提高用户信任度的文案。有了一定的用户基础后，为了充分利用好用户，蒋晖老师还教叶子借助社群运营和活动运营，让老客户开发新客户，宣传产品信息。

1. 产品卖给谁？

叶子遇到的第一个问题就是价格问题，当时1斤土蜂蜜（野药蜜）的售价为128元。市面上纯正的土蜂蜜的价格在50~80元，因此很多消费者认为128元这个价格偏高。叶子也考虑需不需要降到88元。

经分析，蜂蜜的主要功效为美容养颜、养生以及调理肠胃。

想要美容养颜的群体，一般是舍得花钱去追求精致皮肤管理的女性。但是通过喝蜂蜜来改善皮肤，见效可能需要三年五载。而且大部分人在护肤方面，喜欢见效快的方法，如去美容院，买护肤品。即使消费者喜欢喝蜂蜜护肤，但由于见效周期长，可能也更倾向于选择便宜的蜂蜜。

想通过喝蜂蜜来养生的群体，比较追求品质、健康生活，对价格不敏感。只要他们觉得这个蜂蜜是真的土蜂蜜，长期喝对身体有益，可能就不在乎蜂蜜的价格是58元还是128元。

至于调理肠胃功能。叶子说她这款土蜂蜜也叫野药蜜，是大凉山的土蜂采集几十种中药酿造的，带有苦味，对肠胃的调理效果比较理想。

既然如此，那为什么不强调这款蜂蜜的药用价值呢？现在很多人有肠胃问题，在花钱吃药和花钱喝野生蜂蜜之间，相信后者更容易被选择。所以，叶子的蜂蜜不仅没有降价，反而涨到了138元。

当企业拿到一个产品后，首先应弄清楚这个产品卖给谁。只有明确了这一点，才能有针对性地做营销。

2. 你的广告如何让人相信？

叶子的蜂蜜货源来自大凉山彝族人家。她知道自己手里的蜂蜜是好蜂蜜，就是不知道如何让客户相信。她原来的文案为"采自大凉山的珍贵中华蜂野药蜜，零添加、无污染、自然成熟蜂蜜！一切尊重自然，有产量则有销量，无产量则等下一年！给自己、家人一次品尝的机会"。

文案效果可想而知。很多企业在文案上都会犯同样的错误，认为把产品优点表达清楚就可以了。但企业没有考虑到的是，你说自己的蜂蜜好，别人也会说自己的蜂蜜好，消费者其实早已麻木了，不会轻易相信。

因此，蒋晖老师建议叶子把她和蜂蜜的故事写下来，如图8-27所示。通过大凉山彝族人民的故事去打造差异化文案。当叶子把她在

图8-27 叶子寻找蜂蜜的部分故事

大凉山寻找蜂蜜的故事写在微信公众号、QQ 空间后,文章被很多人自主转发,其中还有人主动联系她,想做叶子的代理。

这样有图有感情的文章,自然更容易打动消费者。常常有老师谈道:"要学会卖人,而不是卖货"。现在信息如此泛滥,消费者并不愿意相信广告。而人格丰满的账号有信任背书,因此消费者愿意相信账号里的人物所推荐的产品。企业如何做到让消费者相信自家的产品呢?可以从讲故事、讲理念的角度出发,去打动消费者。例如,从花精力找产品、找产品的理念,以及找到产品后如何改进产品的角度去讲故事,突出自己对产品的用心、用情。

3. 如何让社群有价值?

因为叶子的文章在微信朋友圈、QQ 空间的传播次数较多,因此主动加叶子微信的人也逐渐多了起来。有的人对大凉山感兴趣,有的人则对蜂蜜感兴趣。为了方便管理,叶子索性建了一个微信群,把大家聚集在一起。她常常在群里讲述自己找蜂蜜的故事,讲蜂蜜的具体功效,讲辨别蜂蜜真假的技巧等。可能是因为她讲得比较真诚,群里好友会自发地拉好友进群。叶子的群也从最初的几十人发展到了后来的几百人。

这样有互动、有信任又精准的社群,还愁卖不出去蜂蜜吗?也就是在这个群里,不断有人想做叶子的蜂蜜代理。

很多人也在做社群经济,但效果并不理想。而叶子能够成功,最主要的原因还是她在寻找大凉山蜂蜜的故事中呈现出一个真诚、善良的形象。社群是人格化的群体,而不是人群化的群体。不是企业随便发几个朋友圈,随意拉几个人建群就能产生销售业绩的。

4. 通过老客户开发新客户

叶子之前还提到一个问题,目前的客户大多是老客户,开发新客户困难。但一款产品既然有忠诚的老客户,为何不让老客户帮忙转介绍呢?

可能很多企业都在用这个方法,让老客户在朋友圈宣传企业产品,企业给予小红包感谢。但有一点值得注意:文案必须由老客户自己出。虽然客户的文案水平参差不齐,但老客户的好友熟悉他的语言风格,也有信任基础,营销和拉新效果会更好。如果客户真诚地介绍产品,那么效果会比企业规规矩矩的广告文案要好。

当叶子发现有能力玩好社群时,把转介绍进行了升级。她和自己的代理先建了一个群,拉了一些愿意参加活动的意向客户和老客户进群,然后又通过客户拉人,当晚 500 人的群就满员了。

随后,叶子首先在群里发布了一款中档定价的意峰蜂蜜,并详细介绍了这款蜂蜜的卖点、口感等。然后在群内请有兴趣的客户自己写文案、发朋友圈售卖蜂蜜,并且表明:在一定时间内销量最佳者可以得到 500 元红包。当时群内气氛很好,又有 500 元红包的刺激,很多客户也喜欢并信任叶子家的蜂蜜,就帮忙发朋友圈推广了。让消费者自主积极地帮企业宣传、推广产品,才是有价值的传播推广。

5. 从包装上做文章

叶子反映虽然老客户会回购她的蜂蜜,但回购时间比较长,可能半年至一年才回购一次。设想一下,很多人在购买蜂蜜后,前几天可能还会按时按量地冲水喝,但时间一长,可能就忘记喝了。回购的时候还会犹豫:买了之后能喝完吗?

针对这类情况,企业在考虑消费者体验的同时,也要想办法缩短消费者的回购时间。所以叶子将原先每瓶 500g 的包装换成了两个 250g,并在详情页描述中说明:500g 分两瓶装,一瓶放在办公室喝,一瓶放在家里喝。这样一来,消费者感受到企业贴心的同时,喝蜂蜜的速度也会加快。

叶子还可以在包装上印如 "每天 2 勺蜂蜜,还你细嫩皮肤" 等广告语,当消费者看到广告语时,就会产生一种喝了蜂蜜对皮肤有益的心理暗示,从而不由自主地多喝一些。包装方面,可以简单大方但不能简陋,好的包装有助于产品溢价。另外,包装上可以贴上企业个人微信或店铺二维码,当消费者买产品送礼或向朋友推荐时,直接扫一扫就能找到企业。

还有一些包装上的细节可以改进。例如,我们在喝蜂蜜时都有相同的体验:直接拿瓶子倒蜂蜜,会把蜂蜜弄得到处都是;如果用勺子,每次还要洗干净勺子再擦干净,很麻烦。所以直接在瓶盖上连一根蜂蜜棒(见图 8-28)就会方便消费者舀蜂蜜。

图8-28 蜂蜜棒

大部分消费者无法直观地区分蜂蜜质量,但是他们可以从包装和细节上获得更好的用户体验,从而更加认可叶子的蜂蜜。

包装作为实现产品价值和使用价值的手段,在生产、流通、销售和消费领域发挥着极其重要的作用。笔者希望企业对包装功能的认识不只停留在美观度上。

现实生活中像叶子一样适合做微信电商产品的人不在少数，但因为不懂营销模式，不懂产品策划，也不懂客户的购买心理，所以产品被埋没。这类产品包括地方土特产、水果生鲜类产品、母婴类产品、教育类产品等。通过好的产品策划，这些产品都能卖出比常规同类产品更高的价格，获得更好的销量。

课堂实训 2：通过微信活动，让老客户裂变

越来越多的企业开始注重微信电商营销，甚至有企业把微信平台视为营销活动主"战场"。孙涛，传统滋补和保健食品类目企业的运营专员，擅长通过社群运营和活动运营，把用户引到微信里，进行长线布局，放大流量价值。

在活动运营中，孙涛根据用户的兴趣爱好策划了一些规则简单、方便落地的微信活动，如朋友圈集赞、邀请好友有奖等。这些活动既容易落地，参与门槛又低，奖品还很诱人，容易激起用户的兴趣。

由于整个电商环境发生了变化，导致获取新流量的成本越来越高。所以，企业一定要实现老客户价值最大化，从而提升销售额，这样就可以减少获新成本。虽然不是所有的老客户都值得挖掘价值，但在淘宝上购买过产品的消费者，本身对产品就有需求，如果能将他们加到微信中，通过公众号、微信群、朋友圈等方式刺激他们的需求，挖掘效果还是很可观的。

常见的"加粉"方法就是在包裹里放好评返现卡，吸引消费者加微信好友。但这种方式吸引来的消费者，活跃度很低、黏性差。因为返现是小利，并不是消费者最想得到的，所以，我们换一种思维，即持续性地为消费者提供服务，解决消费者的痛点问题。例如，针对一款瘦身保健食品，我们会在包裹里放置小卡片，提醒消费者添加我们营养师的微信，可以受到一对一的健康饮食指导，保持健康体重，这样消费者的黏性就会提高。

而线上交易，最重要的就是建立信任感。尤其是高客单价的产品，如果消费者信任你，后期成交的可能性就会更大。那么，如何建立信任感呢？我们可以从以下几个方面入手。

- 打造个人形象：营养师的微信名都是"××老师"，朋友圈也不发广告，只分享专业的瘦身知识和学员的真实案例，给消费者营造专业感和真实感；

这样一来，消费者和老师进行微信交流时，也会感受到专业性，从而保持尊重的态度。

- 了解消费者信息：在加完消费者微信后，我们会记录消费者的身高、体重、年龄等信息，从而对消费者有一个大概的了解；同时也会询问消费者平时的饮食习惯，如果有不合理的习惯，就会给予指正。
- 专业解答：负责微信互动的营养师都经过了专业培训，当消费者提出问题后，我们都会去告诉消费者应该如何解决，同时也有丰富的消费者瘦身数据供消费者参考。所以，消费者对我们产品的满意度比较高，复购率在30%左右。

在一对一沟通比较好的前提下，我们会把消费者加到消费者群中进行管理。例如，和老师交谈时比较有礼貌，近期瘦身效果比较明显的消费者就是优选对象。起初一个群的成员数量控制在70人左右，安排1个助手维护秩序。群公告也会申明，本群宗旨就是大家互帮互助、共同变瘦。群成员需要每天打卡，汇报当日体重、瘦了多少。

为调动群内氛围，我们会设置奖励，如图8-29所示。

- 热心客户奖：当群成员发问时，积极帮助成员分析原因并提供建议的客户有机会参与每周一次的"热心客户"评选，投票得数第一的热心客户，可以获得1份价值400元的产品；投票得数第2~7名的客户，可以获得价值98元的产品1份，这样一来，便调动了消费者的积极性。

图8-29 常用奖励活动

- 邀请好友奖：在颁发1~2次热心客户奖后，我们又策划了另一项活动，邀请6名好友进群，可以获得价值98元的产品1份；在奖品的激励下，很多客户会积极地邀请好友进群。
- 朋友圈集赞奖：以朋友圈获66个赞可获得价值98元的产品的规则，引导老客户发朋友圈集赞；朋友圈文案大致为，最近好多朋友都说我瘦了，想知道我怎么瘦的吗？你点赞，我告诉你答案。

通过以上活动进群的新客户，大多持观望和怀疑的态度。但是长期在群内看到老客户的购买记录、减肥记录，慢慢地就会心动，也会建立一些信任感。这时再用团购的形式，刺激新人下单，效果一般会比较好。

例如，当一个减肥群的人数从 70 人发展到 370 人时，我们就会在群内发预告：3 天后（4 月 15 日），为感谢新老客户，原价 399 元的 ×× 产品团购价仅要 299 元，限量 1000 份。为刺激消费者下单，还可以设置阶梯礼品。例如，前 30 名下单的消费者，可获赠价值 69 元的产品。有了信任在前，再有活动的刺激，营造好抢购的氛围，一个效果良好的营销活动基本就成功了。

当新人在活动中买了产品且使用效果明显后，再筛选出优质消费者，将他们拉到新群里。重复上述操作，让新客户变成老客户，老客户又吸引新客户。

活动对于大部分电商企业都有价值。企业应根据自己的产品特性去策划相应活动，以吸引更多新老客户，售卖更多产品。

课堂小结

本章首先详细介绍了活动运营的概念、作用以及基本类型，旨在帮助大家认识活动运营对于新媒体运营的重要性。接着从活动的准备和活动的策划出发，详细说明了活动的目的、主题、创意、文案等元素的重要性，旨在帮助大家迅速建立起活动策划的模型。

课后作业

1. 分析两个品牌活动的目的。
2. 分析直播间活动与视频活动的区别和联系。
3. 为小米策划一场微博活动，包括确定活动的目的、主题、创意、文案等。

第9章 社群运营

社群运营作为新媒体运营中的重要环节,其核心在于,"用人来连接人,与消费者交朋友"。新媒体运营者应该了解社群运营的特点,熟悉社群的创建及管理方法。企业要想通过社群营销达到成交变现的目的,首先要想办法留住人,然后要使自己建立的社群保持活跃状态,并长期维持社群热度。本章将为大家详细讲解社群运营的要点。

本章学习要点

- 了解社群运营的特点
- 了解创建社群的平台及步骤
- 了解社群运营的要素

9.1 社群运营的概述

新媒体运营者要想掌握社群运营的方法与技巧,首先应该了解什么是社群运营,以及社群运营的特点等。

9.1.1 什么是社群运营?

社群运营是指将群体成员用纽带联系起来,并让群体成员有共同的目标和持续的沟通交往,从而增强群体成员的群体意识。通俗地讲,社群运营就是基于用户相似的兴趣爱好,通过载体(如微信、QQ)将用户聚集,再通过产品或服务,满足用户的需求而产生的商业形态。新媒体运营者需要做的社群运营工作,主要是负责搭建社群、管理群组、密切关注群内成员的变化,并在给群成员提供价值的同时带动群成员转化。

小米是一家专注于高端智能手机自主研发的互联网公司。小米集团公布的2021年财报显示,2021年小米集团总收入达3283亿元,同比增长33.5%。由此可见,小米公司处于正向发展阶段,是一个很有潜力的企业。

小米为何可以突出重围,取得今日佳绩呢?这离不开小米的社群运营。小米借助论坛、微博、微信等新媒体平台做社群营销,来凝聚粉丝力量。例如,小米的营销逻辑有着鲜明的特色,先邀请用户进入社群讨论,再通过用户内测后,在预售产品的同时进一步联接用户,并扩展其产品线,如图9-1所示。

图9-1 小米的营销逻辑

小米这样的营销逻辑,看起来就是企业在与用户交朋友,并根据用户需求生产产品。随着用户需求被满足的同时,用户也更加认可企业及其产品。如此一来,不仅弱化了企业与消费者之间的交易关系,企业还能了解到用户更多的兴趣爱好,生产出更利于销售的产品,从而提高企业收益。那么,小米是如何进行社群运营的呢?简单来说,可以概括为如图9-2所示的4大点。

正是因为小米这种围绕核心产品构建、运营社群的模式,让产品迎合用户需求的同时,也让用户更认可企业。除了小米外,还有很多知名企业也借助社群运营取得了不错的效果,如星巴克、罗辑思维、秋叶等。新媒体运营者可以结合自己的特点,选择一个切入口,打造一个有生命力的社群。

图9-2 小米的社群运营　　　　图9-3 社群运营的特点

9.1.2 社群运营的特点

社群运营作为一种低成本的用户运营模式，是用一个点将有相似兴趣与需求的群体集合再运营。新媒体运营者要想做好社群运营工作，就必须先了解社群运营的特点。总体来说，社群运营的特点如图9-3所示。

1. 多向互动

社群营销是通过社群成员之间的互动交流完成的，也就是说，群内的成员之间可以实现多向互动。例如，群管理员与群成员之间的互动，群成员与群成员之间的互动等。多向互动的优点不仅体现在有利于用户交流，还包括信息和数据的平等互换，让群成员既是传播者也是分享者。特别是一些有利于品牌传播的信息，可能会被群成员分享给更多其他用户，为企业营销创造更多机会。

同时，正是因为社群运营可以实现多向互动，使得传播主体从集中走向分散，是一个弱中心化的过程，让用户更有参与感。

2. 情感营销

社群营销具有情感营销的优势，因为社群中的成员是基于相似爱好、兴趣而聚在一起的，彼此很容易建立情感关联。这也让社群运营具备了传统运营不具备的特点。如果企业建立了与用户情感上的联系，那么不仅能减少投诉，还能提升产品销量。新媒体运营者在建立社群后，要寻找交易之外的关系，加强与用户的情感交流，从而增强用户对企业的忠诚度。

- 积极沟通：企业在为用户选品时，可以多问用户需求，并有针对性地给予建议，让用户感受到一对一的暖心服务。
- 找机会回访：在用户购物后，不要"坐等"用户再上门，而是应主动找上门去回访;如某用户在店内购买了某款蜂蜜,3个月后,客服可通过旺旺、微信、打电话等途径联系用户,询问蜂蜜的食用效果,询问建议,让用户感到被重视。

- **人格化服务**:虽然服务用户的客服、库房人员都是真实人物,但在用户看来,企业不是一个鲜活的人物;如果有一个客服专门服务这一个用户,每次聊天都以"我"自称,以提供人格化服务,就会强化企业和用户的情感。

3. 自行运转

传统的营销模式需要投入大量人力和财力,而社群运营可以通过社群成员的信息分享促成订单,从而实现自行运转,降低营销成本。例如,群内的很多忠实用户在购买产品后,会主动在群内分享正向的购物体验。这样真实的体验,比营销文案更具说服力,更容易刺激其他用户下单购买。

4. 碎片化

社群内的群成员有着多样性的特点,这也导致社群运营呈现多样化、碎片化的特点。以一个健身打卡群为例,由于群成员身份多样,如健身教练、减肥者、产后宝妈、营养师等,他们的在线时间可能有所差异,这也导致群内信息多样化和碎片化。新媒体运营者可挖掘、整理其中有价值的信息,并对这些有价值的信息进行放大宣传,为企业营销打基础。

5. 传播速度快

社群内的每一个用户都有可能发展为潜在传播者,将社群内的信息分享至朋友圈、微博等地方,或直接将信息分享给好友,使信息迅速传播。如某微信社群内有某款产品的低价秒杀活动,群内的 500 名成员有 200 名认可该活动,他们都有可能将秒杀活动涉及的产品、价格、购买方式等信息分享给其他微信好友,让信息迅速裂变。

9.1.3 社群运营的优势

社群运营除了有互动性强、信息传播速度快等特点,还具备门槛低、营销成本低等优势,这也是众多企业都会重点抓社群运营的原因。总而言之,社群运营的优势如图 9-4 所示。

图9-4 社群运营的优势

1. 门槛低

可用于社群运营的平台非常多，如目前常见的微信群、抖音群、微博群以及微信公众号等，这些平台的门槛都非常低，适合普通用户和企业。如一些小微企业，即使只有几名员工，也可以通过创建微信群来进行社群运营。

2. 成本低

与其他推广方式相比，社群运营门槛较低。特别是一些成熟的社群，到了后期，有稳定的忠实用户主动维护群内环境，甚至无须企业再安排专人运营，企业只管在群内发布一些活动信息、品牌信息即可。

3. 精准营销

社群基本是基于圈子、人脉所产生的，因此群成员之间有更多的相似的兴趣、需求，营销也就更为精准。例如，对于一个经营大码女装的企业而言，从抖音平台收获的社群成员基本是身材较为丰满的女性，她们的需求更多的是买到能体现身材曲线、弱化身材缺点的服装。新媒体运营者在做营销时，就要重点抓住"显瘦""大码"等关键词，这样更能激起这些用户的兴趣。

4. 产品优化

企业在社群运营过程中，可以直接面对消费者，因此可以更直观地了解消费者的需求及对产品的反馈。这也意味着，更有利于企业对产品进行优化。特别是对于一些创新能力较强的企业而言，可以主动向用户提问，从而根据大多数用户的需求生产出更符合消费者习惯的产品。

9.1.4 什么样的企业适合做社群运营？

近年来社群运营非常火，很多企业通过社群运营，让自己的销售额成倍增长，但是什么样的企业适合做社群运营呢？一些运营人员通过自学社群营销的相关知识，自己也小试牛刀做了社群运营，但并没有取得理想成绩，原因离不开盲目跟风。

很多企业只想要自己的利益，想模仿同行做社群运营，其目的就是把用户抓在手里，方便推送信息，销售产品。但事实上，并不是所有的企业或者行业都适合做社群营销，适合做社群运营的企业如下。

- 企业产品或服务本身具有群体属性，适合用户群体参与，如各类体育运动（健身、跑步、打羽毛球、足球等）类产品、学习（读书、考研、考证等）类产品。
- 企业产品或服务所属行业具有群聚属性。如骑行、爬山、野营等都是一群人参与的活动，因此，销售相关的户外运动类产品的企业就适合进行社群营销。Nike 就是社群运营的代表，虽然卖的是鞋子，但是运动锻炼是群体属性。

- 通过企业产品或服务能够创造互动场景并形成社群。比如，销售婴幼儿产品（尿不湿、奶粉品牌等）的企业，可以针对妈妈群体组建育儿社群；销售车类周边产品的企业，可以针对爱车一族创建社群。
- 快消品类行业。这一行业的客户消费相对高频，重复购买次数多，如美食、生活日常用品、美容美甲等。

海尔互联网冰箱"馨厨"就是典型的案例，它在传统冰箱功能的基础上融入了互联网，让一台冰箱拥有了影音娱乐、天气查询、美食菜谱、食材超市等功能。用户能够就美食、做菜的问题和经验在 APP 上交流互动，微信公众号@馨小厨也拥有数十万粉丝。这就是通过产品功能实现用户链接，进而营造了社群，让厨房生活更便捷。

企业可以对照上述几点思考自己的企业是否适合做社群，或者思考应该如何寻找切入点。其实，建立社群的目的更多的还是为用户服务，社群的服务价值是社群运营的重点。只有找到用户的共同利益点，并为之服务，社群才能兴旺发展。而一个有生命力的社群，其用户能够自主、自愿地互动交流，企业无须过度干涉，社群仍可自运营。那种必须依靠群主维护、广告泛滥的社群，已失去了创建社群的初衷。

9.2 社群的创建与管理

在知悉社群运营的基础内容后，接下来就可以着手创建社群了。但是适合做社群运营的平台很多，该如何选择呢？社群运营又有哪些步骤呢？本节将一一解答这些问题。

9.2.1 社群运营的平台

小米最初自建了米聊社区（现已关闭）来聚集用户，罗辑思维则是通过微信公众号集合用户。那么，适合做社群运营的平台是否都需要自建或再三挑选呢？实际上，随着营销方式多样化以及用户兴趣多元化，适合做社群运营的平台也逐渐增多。例如，微博社群平台、微信社群平台、QQ 社群平台、百度社群平台以及一些 APP 社群平台。

1. 微博社群平台

微博是一种"迷你"型的日志，如新浪微博、腾讯微博等。提到微博，就不得不提粉丝这个词。粉丝即英文"Fans"的音译，在微博平台是关注者的意思。一个有意思的微博账号，其关注者会有很多，我们通常称之为"粉丝很多"。演员、歌手的粉丝一般都比较多，粉丝多，意味着受众多。

微博是一种基于用户关系实现信息分享、传播以及获取的社交媒体，有强大的分享传播功能。新媒体运营者可将关注企业账号的粉丝拉入微博社群，让粉丝再次裂变，从而实现传播品牌及产品信息的目标。

2. 微信社群平台

微信是目前社交工具中用户数量最大的平台，用户打开、使用微信的频次非常高，这也使得微信成为社群运营的重要平台。而且，微信的功能齐全，企业可以通过朋友圈、公众号、微信群等进行社群运营，方便且快捷。

3. QQ 社群平台

QQ 作为腾讯旗下的一款即时通信软件，为广大网络用户所熟知。它支持在线聊天、QQ 群聊、QQ 空间等多种功能，也可以作为社群运营的平台。QQ 也有着广泛的用户群，特别适合地域类、垂直类企业运营社群。

4. 百度社群平台

百度社群平台涵盖面广，涉及贴吧、论坛、文库、搜索引擎等，使用人群也比较广，适合做社群营销。如百度贴吧的小米吧，截至笔者截图时已有 7071148 名用户关注，如图 9-5 所示。

图9-5 小米吧主页

5. APP 社群平台

APP 社群平台众多，比较适合做社群营销的就是小红书、知乎一类。在这些

APP中，用户可以关注自己感兴趣的知识型、美妆型博主等。新媒体运营者可以将已关注自己企业账号或自己个人运营账号的用户集合到同一社群里进行重点维护。

当然，适合社群运营的平台还有很多，如抖音、快手等。新媒体运营者可以结合产品特点和目标用户选择适合的社群平台。

表9-1所示为部分社群运营的形态以及适合的企业，如美食、教育等。

表9-1 部分社群运营的形态以及适合的企业

形态名称	举例	特点	适合的企业
群形态	QQ群、微信群、支付宝群	（1）这种社群营销形式操作最为简单，任何企业组织只要想做，就能把用户拉进群。也正因为门槛低，导致很多人因莫名其妙被拉进各种群而产生抵触情绪，也有很多群沦为广告群、垃圾群 （2）这种形态的社群难以沉淀用户数据和信息，往往因无效信息太多而对群成员造成骚扰 （3）主要靠人力管理，不能形成持续的管理制度，并且成员容易流失，每个群的人数有限制	适合中小企业、个人品牌和只对部分重点客户进行维护的大品牌
自建网站（APP）论坛形态	海尔社区、京东社区、百度贴吧	（1）网络论坛（BBS）形态历史悠久，基本被所有平台和大品牌企业所需要，像淘宝、京东、小米、海尔、美的等企业都会采用这样的形式 （2）用户量巨大，要实现深度用户互动玩法，收集复杂的用户数据的企业，一般会自建这样的系统或借用平台系统，如美的吧，利用的就是百度贴吧	适合平台企业，特别是用户量级超大型的企业
"公众号+社群工具"形态	小鹅通、小程序	（1）特别是美食、美妆类企业，常以微信公众号搭载社群工具，构建社区，引导粉丝交流签到、发帖等 （2）成本低、更高效	适合美食、美妆、教育学习、母婴等强社区属性的品类
线下沙龙	樊登读书会	以线下为主，线上结合微信群或APP，做轻度链接	适合需要人与人见面沟通、呈现交互性的产品或行业，如亲子娱乐、品酒、品茶等

9.2.2 社群运营的周期

很多企业在创建社群之初都信心满满，认为马上可以在群内大展宏图，轻松实现目标销售额。但实际上，很多社群在运营中期就因为各种原因冷场甚至解散了。

社群运营也有运营周期，各个阶段各有特点，如图 9-6 所示。新媒体运营者应掌握社群运营的周期，以便判断自己的群组处于什么阶段，从而采取相应的措施，避免出现过多成员退群的现象。

图9-6 社群运营的周期

1. 起步阶段

社群起步阶段，也可以理解为创建群阶段。此时，企业创建了新的群组，群内成员基本只有公司内部成员及一些亲朋好友，需要新媒体运营者通过视频、直播、图文等方式，大量宣传群消息，吸引更多用户进群。

2. 稳定阶段

社群稳定阶段是指群内人数稳定、话题稳定的阶段。以微信群为例，正常情况是 500 人满员，群内已经聚集了 300~400 人，基本没有新进群和退群的情况。在这个阶段，重点考虑如何带动现有的人主动邀请新人进群，如策划常见的"拉新有奖""群内新增 30 人发大红包"等活动。

3. 繁荣阶段

社群繁荣阶段，是指群内成员不抵触商家营销，甚至有老成员主动欢迎新人，并向新人推荐产品等情况。此时的群氛围良好，大家会主动聊天、购物，甚至无须企业的运营人员主动维护群内制度、营造群内的氛围。

4. 衰亡阶段

到了社群运营后期，群成员很少会有变动，大家所聊话题也逐渐变少，甚至有成员分享其他产品信息及不实信息，导致群质量下滑、群内氛围下降。针对这个周期的社群，最好采取一些方法，如分散一部分老成员去新群组，往群里拉更多新用户，注入新鲜血液等。

新媒体运营者在社群运营过程中，应及时对照当下社群所处的阶段，采取相应的措施以维护社群环境。

9.2.3 社群的变现模式

虽然对于大部分企业而言，社群运营主要是为了方便售卖自己的产品以达到变现目的，但实际上，社群运营的变现模式不局限于卖货式，还包括会员式、咨询式、广告式。

1. 卖货式

卖货式变现就是将社群作为渠道售卖产品，也是最常见的一种社群变现方式。例如，一个美妆视频账号，通过持续输出视频内容，将对美妆感兴趣的用户吸引到微信群内，便于企业在群内更新美妆知识的同时，也便于企业宣传美妆产品。因为进群的用户基本是对美妆感兴趣的用户，只要能在群内接收到更多关于美妆产品或美妆技巧的知识，他们就愿意在群内购买美妆产品。对于创建社群的企业而言，越来越多的人在群内下单购买产品，即达到了卖货变现的目的。

2. 会员式

会员式变现是指通过直接收取会员费以达到变现的目的。例如，一些技术培训类的社群，用户要想学习更多技术，就需要缴纳会员费，成为会员才可以入群。随着入群人员的增多，企业的社群变现能力会逐步增强。

3. 咨询式

咨询式变现是指通过在群内回答咨询者的问题来实现变现的目的。例如，心理咨询、情感咨询、法律咨询等咨询类服务社群，用户提问后需要支付一定的咨询费用，企业收费后便会回答问题。

4. 广告式

广告式是指通过广告变现，也就是把社群当作广告投放渠道。例如，一些购买能力很强的社群，有着很高的商业价值。其他企业要想在群内打广告，就需要支付一定金额的广告费用。

总之，社群运营是通过输出价值取得用户信任后，为用户提供产品或服务，让用户愿意下单转化，最终实现变现。

9.3 社群的运营

很多新媒体运营者花大把的时间进行社群运营，却始终不见起色。那是因为这些运营者虽然目的很明确，希望通过社群为企业带来好的收益，但并没有一个合理的管理计划。新媒体运营者应该掌握社群运营的要素,并了解提升社群活跃度、成交率的方法。

9.3.1 社群运营四要素

同样是社群运营,有的社群不断繁衍新社群,使其社群团队不断壮大;而有的社群从未热闹过,或是在短暂的热闹后陷入沉寂。是什么原因导致社群运营产生截然不同的结果呢?答案就是社群运营的四要素。社群运营四要素包括仪式感、组织感、参与感及归属感,如图9-7所示。

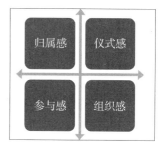

图9-7 社群运营四要素

1. 仪式感

一个好的社群一定离不开仪式感,特别是在部分QQ群中,从新成员进群的欢迎仪式到后来的修改群名片等操作,都能让成员感受到满满的仪式感,让群成员快速融入群集体。

图9-8所示为某与宠物相关的QQ群内的部分成员名片信息,进群的成员统一将群名片改成"地区+猫品种"的格式,让成员对彼此的地区和猫品种等信息一目了然。有仪式感的社群,往往能给用户带来更好的体验。

2. 组织感

社群运营如果没有组织、没有规矩,就很难走得长远。一个有组织的社群,管理条例清晰,往往能带给用户很强的秩序感。如图9-9所示的微信群公告中,详细说明了该群的福利和制度。

图9-8 某宠物群的部分成员名片信息

图9-9 某微信群公告

图9-10 某网购平台的微信群

企业在建群时需要在公告中写明群规则，如不允许发广告、不允许恶意诋毁其他产品等，避免群成员在今后发生不必要的争执。

3. 参与感

要想让社群保持活跃度，就必须引导群成员参与互动。例如，某网购平台的微信群内，客服每日发送打卡福利的小程序，用开启现金红包的方式吸引用户进入小程序打卡，如图9-10所示。

4. 归属感

一个社群要想运营成功，就要能带给群成员归属感，让老用户自发地口口相传，实现老带新的良性循环。如图9-11所示的微信群，当有新人进群时，不少老用户会以家人的形式欢迎新人，让新人感受到群内氛围良好，从而有归属感。而这些自主欢迎新人的老用户，也是因为在群内感受到了强烈的归属感，才愿意主动欢迎新人。

由此可见，仪式感、组织感、参与感及归属感，是增强用户体验的必要条件，也是社群运营的要素。新媒体运营者只有把握住这四要素，才能留住更多的忠实用户。

图9-11 某微信群内老用户欢迎新人

9.3.2 社群运营的方法

很多企业都有社群运营版块，但只有少部分企业能通过社群运营裂变用户，生成更多订单。究其原因，离不开社群运营的方法得当。新媒体运营者在社群运营过程中应掌握一些方法技巧，以实现运营效果。

1. 设置群规则

企业在创建群后必须设置群规则，如设置社群主题，规定群内鼓励什么行为、禁止什么行为。以一个经营厨具的企业为例，创建的微信群的主题是集合一群美食热爱者来分享每日餐食及餐具；鼓励大家分享自己的烹饪过程及餐盘、锅铲、菜刀等好物；禁止群内分享带有链接的产品信息（管理员除外）。这样一来，凡是竞争对手进来发了广告，都会被踢出群聊。

2. 输出价值

社群要想长久留住用户，就必须持续输出价值，如抢购、秒杀等活动信息，某个方面的知识等。以一个经营宠物用品的企业为例，其创建的抖音群，每日分享一款秒杀产品，让群内成员感受到可以更低价格购买产品；或是在群内分享一些与宠物相关的小知识，如猫猫洗澡周期、狗狗常见皮肤病等，让用户觉得在群内有所收获。

3. 游戏互动

在群成员较多的群里，非常适合用游戏来互动，如常见的摇骰子、猜谜语、猜歌手名字、玩脑筋急转弯等。特别是有福利加持的互动，能迅速点燃群内气氛。例如，在推广一款新品之前，先在群里组织一场摇骰子游戏，最先摇到点数"3"的用户可免费获得这款产品。只要介绍产品的营销文案写得好，即使有的用户没有免费名额，也愿意付费购买产品。

4. 红包互动

红包功能非常好，可以活跃群内气氛。很多人喜欢抢红包，金额可以不大，但数量一定要多。有技巧的企业可以采用口令红包，将产品信息和联系方式作为打开红包的口令。成员要想领取红包必须将红包口令复制一遍，自然会对商品信息有一个记忆的过程。

5. 保持群活跃度

群的活跃度相当重要，只有活跃的气氛才能留住老成员，吸引新成员。这一步算是建群步骤中最难的，因为稍有不适，群成员之间就可能发生冲突。所以，指定几个明事理的管理员就显得尤为重要。运营者可以选择发言较多且有一定话语权的人作为管理员。

6. 主动抛出诱饵

企业要想引流，就必须讲策略。就吸引用户而言，需要有诱饵营销，如选择与后续销售的产品关联度较高的诱饵产品，既可以让客户提前体验商品，也可以带动后续的商品销售。企业要送自己的主营产品，让用户在使用后有复购欲望，在复购时购买更多其他产品。诱饵除了可以是有形的产品，还可以是无形的服务。

- 美容护肤品商家可赠送面膜、护手霜、润唇膏等。
- 口腔诊所可赠送牙线和护齿类产品。
- 教培机构可赠送体验课程。
- 健身机构可送一个周期的健身卡（次卡或者周卡）。
- 电脑商家可提供免费安装系统服务。

• 空调商家可赠送上门清洗服务……

9.3.3 社群运营的6大步骤

社群运营其实就是先运营核心用户，再让核心用户引领普通用户成为核心用户。核心用户可以理解为积极分子，将核心消费者运营好了，既可以保证社群的正常运转，还能让店铺朝着健康、积极的方向发展。

社群是因为某个人群因某个因素聚集在一起，然后又在此基础上进行分裂，呈现多个中心点的生长过程。社群运营应该如何做呢？如表9-2所示，社群运营大概分为6大步骤。

表9-2 社群运营的6大步骤

步骤编号	步骤名称	具体内容
第1步	找准目标人群	将在店内有过购物经历且有可能成为忠实用户的人集中在一起。例如，某经营母婴产品的企业给在店内购买过某款0~12个月婴儿奶粉的用户发送添加微信有礼的短信，将这些人集中在微信群中进行统一管理
第2步	设置共同目标	将同一人群集中在一起后，还需要设置共同目标，让群内的人自发活跃起来。例如，某经营瘦身产品的企业在微信群内设置瘦身目标——月瘦8斤，鼓励群成员每日分享运动以及体重等信息
第3步	整合群内资源	收集群内各用户信息，整合信息后了解各成员的优势所在，并主动称赞各用户，以提高整个群的质量。例如，某经营茶产品的企业在了解群内用户信息后，发现有几位用户对茶有较深的了解，便可以在群内主动称赞他们懂茶，并邀请他们做茶方面的分享
第4步	速度反馈用户信息	当用户提出疑问时，企业的运营或客服人员要主动回复、解决疑问，让用户感受到企业的用心。例如，某经营儿童玩具的企业在旺旺群内看到有用户提问"如何组装某玩具"时，应及时在群内发送该玩具的组装视频。这样既回答了用户问题，又向其他用户展现了该产品的外观、玩法，让更多用户了解该产品
第5步	建立信用体系	要想获得忠实用户，就必须以信用为前提。企业应该通过社群运营建立信用体系，让更多用户相信产品或店铺。例如，某经营家用电器的企业在产品详情页和群内均提出：所有产品7天无理由退换。当有用户提出退换货要求时，应主动帮忙处理，而不是推卸责任，不做处理，否则会让用户对店铺失去信任
第6步	形成可持续发展的环境	通过对接社群教育、社群电商、社群金融等方式，增加变现方式的同时丰富各位群成员的知识，逐渐形成良好的可持续发展的环境

9.3.4 如何提升社群的活跃度和成交率？

社群就是一个大舞台，要想将这个舞台经营好，就要学会烘托现场的气氛，点燃观众的观看热情。相声节目往往是一个舞台上最能烘托气氛的，而相声节目中有两个非常重要的角色，即"逗哏"和"捧哏"，这两个角色也是舞台上烘托气氛的关键人物。下面我们就具体来看看如何通过"说相声"的方式经营社群。

采用"说相声"的方式时一般需要掌握以下4个要点。

1. 气氛带动

任何团队都需要活跃分子，社群更是如此，需要通过"逗哏"和"捧哏"这样的角色来活跃气氛，营造良好的社群氛围。在很多初建的社群中，群成员之间互不相识，由于不熟悉，因此谁也不愿意主动说话，打破沉默。这时就特别需要一两个人站出来，带动整个社群的氛围，使气氛活跃起来，进而带动其他群成员融入社群的活动主题中来。

2. 新人破冰

进入社群的新人一般会在7天之内做出去留决定，在这段时间内，如果他们认为这个群不适合自己，就会选择离开。为了留住更多新人，社群的管理人员一定要让新人一进群就能感觉到亲切。当社群有新人进入时，"逗哏"和"捧哏"要第一时间带动大家表示欢迎，这样新加入的人就能感受到这个"大家庭"的温暖，也就更容易融入社群中。群管理员除了要对新人的到来表示欢迎以外，还可以让新人邀请自己的好友进群；或者通过新人的朋友圈寻找相关话题，让其快速融入社群。

3. 成交推动

大多数消费者都有"跟风消费"的习惯，当企业推出一款产品后，大家会很自然地先选择观望，看看有没有人购买这款产品。如果有人购买，自己再跟着购买。社群营销时，企业就要利用消费者的"跟风心理"来推动成交。当社群中率先有人购买产品后，就能将社群的购买氛围带动起来，大家就会纷纷跟随该群成员购买产品，进而形成"羊群效应"。

4. 统一行动

有些企业在经营社群时，可能建立了不止一个微信群。为了方便管理这些社群，企业可以设立一个社群行动小组，进行统一的协调安排。社群行动小组需要提前对各个社群的活动进行安排和规划，比如，确定今天几点在几群要进行什么活动，哪些群管理员要与其他成员进行什么样的互动，以及群管理员的话术怎么说，等等。

9.3.5 如何保持社群热度？

在社群运营中，很多企业不允许其他人在自己建立的社群中进行推广宣传和引流活动，这种想法本身是没有问题的，因为没有人愿意与别人共享自己努力获得的成果，但是这样的做法却不利于社群的长久发展。从用户角度来看，一个社群如果只有一个项目，时间一长，用户必然会丧失新鲜感，从而选择退群或者屏蔽群消息。这样下去，该社群就会成为一个"僵尸群"，也就失去了社群运营的意义。

所以，要想运营好一个社群，就不能只站在自己的角度考虑问题，还要站在用户的角度考虑问题，要具有用户思维。用户加入一个社群，是希望在一个社群中获取有价值的东西。为此，企业就要想办法为用户提供有价值的东西，这样才能使他们一直对社群充满期待，从而持续保持社群热度。

要使一个社群保持热度，就必须保证群成员的新鲜感。企业可以通过在社群中持续为成员提供有价值的内容的方式，保持社群热度，如常见的筛选广告、知识分享、资源置换等。

1. 筛选广告

一般来说，企业创建的专门用于营销的社群，都是严禁其他群友发布广告信息的；一旦发现有群友发布与本群无关的广告信息，群管理员就会将其"踢出"该群。但为了使社群保持热度，企业可以适当对这种规定做出一些变通。比如，可以在该群中发布广告信息，但必须经群主审核通过才能发布，而且要为其他群友发红包。

实际上，个别群友发布的某些广告信息，对于社群里的大多数用户来说，也是具有一定价值的。这样一来，用户在该企业的社群中，不仅能获得更多有价值的信息，还能抢红包，那么他们自然愿意长久地留在这个社群中。所以，只要企业严格控制广告信息的数量，认真对广告信息进行甄别和筛选，社群中适当地出现一些高价值的红包广告也是一件好事。

> 会在社群中发布广告信息的群友，一般是其他企业的营销人员。这部分人只要不是竞争对手，就可能成为创建当前群的企业的潜在用户。所以，企业可以通过社群与这部分人建立良好的合作关系，以实现互利共赢。

2. 知识分享

在社群中进行知识分享，能够有效地让用户获取到有价值的东西，是保持社群热度的一个好方法。在社群中进行知识分享一般有以下3种形式。

- 在社群中分享相关知识：首先需要对用户进行全面的分析，根据用户的需求为他们提供相关知识，因为用户需要的就是最有价值的。
- 邀请名师到社群中为群友讲课：比如，可以邀请服装设计师到社群中为群友讲解如何进行服装的创意搭配；邀请养生专家到社群中为群友讲解如何养生；邀请知名发型师到社群中为群友讲解如何选择适合自己的发型等……这种形式对于专家达人来说是一种自我推广，对于社群中的用户来说则是一种福利。
- 话题讨论会：寻找用户喜欢的话题，在社群中发起针对这个话题的讨论。针对研讨会，企业需要提前编好引导剧本，通过话题讨论，将用户的关注点逐步引导到产品的优势上去，形成潜移默化的营销。

3. 资源置换

作为企业，肯定都希望能够到更多的社群中去引流。所以，企业与企业之间可以进行资源置换，只要彼此之间不是竞争对手，且发布的营销内容不冲突，就可以利用双方的社群进行广告互换，相互在彼此的社群中进行推广引流。例如，A企业是销售生鲜类产品的，B企业是销售厨具类产品的，它们就可以到彼此的社群中为自己的产品进行宣传推广。

一般情况下，对方企业到当前企业的社群中进行推广引流，都会为当前企业社群中群友提供一些福利，如各种小礼品、免费体验卡或者红包抽奖等。因此，这种企业之间的资源置换行为，不仅能为自己社群的群友谋取福利，还能提升社群的活跃度和用户的黏性，并且自己也能从其他企业的社群中获取到更多流量，是一举多得的好事。

值得注意的是,在进行资源置换的过程中,企业一定要控制广告的数量和质量,社群中不能出现广告信息泛滥的情况;对方企业在当前企业的社群中发布的广告信息,最好营销意味不要过于强烈,否则很容易遭到社群中用户的反感。企业一旦发现对方企业发布的广告信息,使社群中的用户产生了不满情绪,就要立刻要求对方企业停止发布广告信息,以保证自己群友的利益不受伤害。

总之,企业要多从用户角度出发,给用户提供更多有价值的东西或内容,不断通过"变魔术"的手法,让他们保持对社群的期望,从而使社群保持热度。

课堂实训:小面馆的社群运营

有个小面馆创建了一个面馆群,群成员在60人左右,但后来由于没有活跃度又"死"群了。如果用惯性思维来思考,小面馆做社群难道要天天在群里发吃面可打折的活动信息?这样的话,不仅客户看得没劲,商家自己也发得没劲,确实很快会面临"死"群风险。

那该怎么办呢?我们可以跳出去,换个思维方式——借船出海!商家可以组建一个周边社区的兴趣群。既然是兴趣,肯定是大家找的共同兴趣,如相约夜跑、踢毽子、打羽毛球、乒乓球等。这样就很容易吸引群友,而且群友也会自发地往群里拉人,从而形成"聚集效应"。

该商家就用这个办法,组建了两个健身交友群,很快群就满员了。紧接着,小面馆又组建了社区美食吃货群、广场舞群等,群内成员都是周边的潜在客户,如图9-12所示。

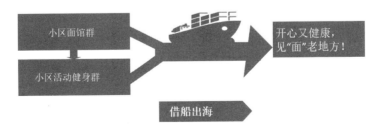

图9-12 小面馆"借船出海"

即使这些群不是直接的面馆群,但由于面馆老板是群主,他掌握着整个群的管理权和规则制定权,因此可以时不时地在群里做面馆的宣传和活动。当群里的人都知道群主是某某面馆的老板后,面馆的影响力就大了。群成员一起运动完后,还会到面馆吃饭聊天,以群内口头语"开心又健康,见'面'老地方!"作为对接暗号,加深客户对面馆的印象。

由此还可以形成聚集效应。因为大多数人不喜欢独来独往,哪怕是吃简餐,也希望有认识的朋友同行。有了群组后,很多人到面馆吃东西不仅仅是为了填饱肚子,还为了和群友聊天。有了这些客户基础,该商家就把附近的门面也租了下来,扩大了店面,店内天天爆满。

这招"借船出海"对很多商家而言,都是简单而有效的。首先找到所在社区人群的兴趣爱好,组建区域群和兴趣群,然后以各种兴趣为聚集点,拉同兴趣的人进群。这类兴趣群的成员会有很强的信任感,非常利于产品成交。只要商家树立好领头人物的形象,就会形成示范作用,吸引更多客户去买同一件产品。"借船出海"不仅是线上引流爆群的实用方法,还是线下营销很好的一个爆点。

商家在了解"借船出海"这一方法后,可将这一方法落实,以获得更多忠实客户。这里以一家保健品公司为例,详细介绍以"借船出海"的方式搭建社区健身群的操作步骤。

- 建群改名:新建一个微信群,并修改群名为"西直门社区健身活动交友1群"。
- 骨干进群:先邀请一些骨干成员及好朋友进群,让群内有第一批群成员。
- 建临时群:再建一个微信群,修改群名为"西直门社区健身活动交友群";同样邀请几位骨干进群,搭建一个对外宣传的临时群。
- 打印二维码:打印临时群的二维码,并写上"西直门社区健身活动交友群,喜欢运动健身的快快扫码进群,寻找一起运动的邻居"。
- 粘贴二维码:将二维码打印并粘贴在显眼且合理的地方,吸引他人扫码进群。值得注意的是,随意粘贴容易被社区管理员撕毁,所以要粘贴在公告栏这种允许粘贴小广告的地方。
- 邀人进入临时群:二维码吸引进群的人都集中在临时群,在一番聊天后将这些人逐步拉入正式群。
- 拉入正式群:在临时群内发公告,说明这是临时群,然后请群内的小伙伴添加群主，以便进入正式群；群成员从临时群进入正式群后，管理员不要急于将其从临时群删除，要让临时群群成员保持在160人左右，给新进群的人留下一种临时群都很热闹的印象。

- 裂变2群：当正式群达到300人后，就不要主动拉人进群了，靠内部人裂变就行；接着成立2群，并从临时群拉人进入2群。
- 循环上述步骤：群的二维码时效为7天，过期后可以再贴一次；多贴几次并多贴一些地方，让更多人看到并进群。

值得注意的是，商家不需要在群内大肆宣传自己的产品，只需要把群名片更改为"群主姓名+昵称"的形式即可。平时多在群里互动，多组织活动，久而久之，群成员就会熟悉群主的产品，并主动帮忙介绍生意。部分影响力大的群，还会有周边社区商家主动找上门合作，进一步增加群主的收益。

"借船出海"可借的船很多，如小区群、吃货群、美食群、闲置物品交流群、养生群、老乡群、同学群、公益相亲群、旅游群、驴友群、读书会群、学习群、家长群、行业交流群、游戏群、某物品的粉丝群、团购群、优惠打折群，以及各种兴趣群等。总体而言，商家可以根据自家产品情况、客户兴趣、周边特点等选择合适的建群方向。

课堂小结

本章首先介绍了社群运营的概念、社群运营的特点等基础内容，旨在帮助企业分析自己是否适合做社群。然后针对适合做社群运营的企业，详细讲解了社群运营的平台及步骤，以及社群管理与运营的方法和技巧等内容。

课后作业

1. 分析用户运营与社群运营的区别和联系。
2. 分析瑞幸咖啡适合做社群运营的平台有哪些，并说明理由。
3. 策划一场微信社群运营活动。

第10章 数据化运营

在新媒体时代,数据分析技术已经渗透到了新媒体的各个领域。为了使大家对新媒体数据分析有一个比较全面的认识,本章将对新媒体数据化运营的概念、思维、方法,及数据化运营的价值、核心指标等内容进行详解,以帮助各位新媒体运营者更好地掌握新媒体数据化运营的基础技能。

本章学习要点

- 了解数据化运营的概念、思维及方法
- 了解数据化运营的价值
- 认识数据化运营的核心指标

10.1 数据化运营的概述

在新媒体时代,数据分析具有非常关键的意义和作用。运用新媒体数据分析手段进行内容生产和信息传播,已然成为新媒体运营的常态。下面我们就一起来看看到底什么是新媒体数据分析,以及新媒体数据分析的特征和意义是什么。

10.1.1 什么是数据化运营?

新媒体数据化运营就是利用各种数据统计分析方法,对各类新媒体数据进行收集整理、汇总归纳和处理分析,并从中提炼出有用的信息加以研究和总结的过程。简单来说,数据分析就是将数据转化为有用信息的过程,如图10-1所示。

图10-1 数据分析

新媒体是利用数字技术和互联网向用户提供信息和服务的传播形态。新媒体中传递的所有信息,以及用户与新媒体之间的所有交互,都可以被称为新媒体数据。新媒体数据中蕴含着非常丰富的信息,新媒体数据分析不仅可以使人类的社会活动、传播行为具有可计算性,还能够有效帮助新媒体运营者进行精细化运营,以数据驱动业务决策,解决各种业务难题。因此,新媒体运营者需要根据新媒体运营的需要,借用各种数据分析手段,将各类新媒体数据进行加工处理,并从中获取有用的信息和规律。

10.1.2 数据化运营的思维

新媒体运营者要想将无价值的数据转换为有价值的信息,就需要具备一定的数据分析思维。在进行新媒体数据分析的过程中,新媒体运营者应该掌握5大思维:对比思维、拆分思维、增维思维、降维思维和假设思维,如图10-2所示。

图10-2 数据分析思维

1. 对比思维

对比思维是最基本的一种数据分析思维，该思维的应用范围非常广泛，比如，在分析短视频/直播效果或者分析销售数据时，都需要通过对比分析来获取有用的信息。例如，某抖音账号近期有4条短视频，利用柱状图对这4条短视频的浏览量进行对比（见图10-3），就可以一目了然地知道该账号的哪条视频浏览量较高，哪条视频的浏览量较低。

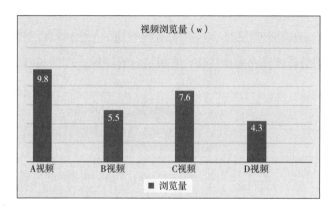

图10-3　某抖音账号的4条短视频浏览量对比

2. 拆分思维

拆分思维是指对数据指标进行分解的一种数据分析思维，即在确定一个分析因素（对象）之后，对组成该因素（对象）的各个子因素（对象）进行分析。例如，运用拆分思维对淘宝平台上的流量进行分解，从而明晰流量的分类。拆分的示意如图10-4所示。

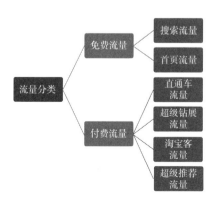

图10-4　运用拆分思维分析流量

运用拆分思维，可以使数据之间的逻辑关系变得更清晰，有利于新媒体运营者更好地理解和分析数据。

3. 增维思维

增维思维是指增加多个维度的数据指标，来帮助自己进行数据分析的一种思维。增维就是将简单的数据多元化，增加的维度也被称为"辅助列"。例如，某电商商家运用增维思维对市场上销售的防疫安全类商品进行数据分析，结果如表10-1所示。

表10-1 运用增维思维进行数据分析

商品类目	搜索指数	全站商品数
一次性口罩（儿童）	2530	530106
一次性口罩（成人）	3358	345285
酒精	1596	58586
棉签	1638	45896

通过表10-1我们可以发现，搜索指数和全站商品数是两个独立的数据指标。前者表示市场需求，而后者表示行业竞争。用搜索指数除以全站商品数，可以获得一个新的指数，这个指数可以表现出市场竞争的激烈程度，有助于运营者准确判断市场当前的竞争情况。

4. 降维思维

有增必有降，既然有增维思维，自然就有降维思维，增维与降维的概念是相对的。降维思维是指将复杂的数据简单化，提炼核心数据进行数据分析的一种思维。很多新媒体运营者在面对一大堆维度广泛的数据时，常常会束手无策，不知从何下手。其实在分析数据时没必要对每个维度的数据进行分析，只选择部分具有代表意义的数据指标进行分析即可。

例如，新媒体运营者在进行用户分析时，可能有众多数据指标。而运营者只需要对用户的性别、年龄、消费层级等重点数据进行着重分析即可，一些参考意义不大的数据可以忽略。

5. 假设思维

假设思维是指从结果到原因，通过逆向思维进行推导的一种思维。在实际的数据分析过程中，对于把握度不高的数据分析，可以采取假设的方式来处理，即先假设一个结果，然后运用逆向思维来倒推，接着一步步剥丝抽茧，最终寻找到最佳的解决方案，以达到数据分析和推理的目的。

在新媒体数据分析过程中，按照时间序列可以将数据细分为3种，即历史数据、当前数据和预测数据。

- 历史数据是指已经发生过的数据，其主要作用是总结、对照和提炼有用信息。比如，网店的历史运营数据、退款数据、订单数据或者销售额等。
- 当前数据是以时间单位而定的数据，如网店当日的成交转化率、销售量等。其主要作用是帮助运营者及时了解运营现状，发现问题。单一的数据是没有参考价值的，因此当前数据往往需要与历史数据进行对比分析。
- 预测数据是指还没有发生的未来数据，需要通过预测才能够得到，如网店参加活动的营销成本预算、销售额预测、店铺规划等。其主要作用是帮助运营者通过预测识别经营风险，及时做好相关的运营和优化工作。基于多方面因素的影响，实际结果和预测结果可能会存在一定的偏差，所以预测数据仅作为参考数据使用。

以上3种数据是单向流动的，预测数据变成当前数据，再变成历史数据。新媒体运营者需要针对不同阶段所产生的相关运营数据，开展更为有效的数据分析工作。

10.1.3 数据化运营的方法

在进行新媒体数据分析的过程中，新媒体运营者不仅要用建模的思维来开展数据分析，还要掌握一些科学的数据分析方法，这样才能更加全面、精准地分析数据。下面为大家介绍几个常用的电商数据分析方法。

1. 对比分析法

对比分析法是指将两个或两个以上相关联的数据指标进行比较，来体现它们之间的差异，以此了解数据内部规律的一种分析方法。对比分析法最大的特点在于可以精准、量化地展示对比数据之间所存在的差异。

例如，某内容创作者将自己拍摄的一条短视频作品分别上传到了抖音和微信两个平台，一段时间后他对两个平台的视频播放量进行了对比分析。通过数据对比分析可以直观地看到哪个平台的数据更高。

在新媒体数据分析中,运营者可以针对不同时期的数据、竞争对手或行业的数据、优化前后的数据以及活动前后的数据进行对比分析。

2. 细分分析法

细分分析法是指按照一定的参考标准,将整体数据细分为若干个数据,再进行内部分析与统计的一种分析方法。

在进行数据分析时,新媒体运营者根据不同的维度对数据进行细分,在细分的过程中找出具有代表性的核心数据进行深入分析,从而得到更精准的数据分析结果。通常新媒体运营者可以按照区域、时间、渠道、用户、行业等维度对数据进行细分。

细分分析是一个比较复杂的过程,需要根据不同的切入点将数据进行分类,而不同的切入点又可能会产生不同的细分结果。所以,使用细分分析法时需要把握好切入点,以最佳切入点来进行细分,这样才能得到比较精准的数据分析结果。

3. 漏斗分析法

漏斗分析法是一套科学的流程式分析模型,可以很直观地反映每个环节的情况,如转化情况、流失情况。漏斗分析的本质是通过数据流程的变化来控制结果,通过评估各个环节的数据情况,进而达到优化数据的目的。

漏斗分析法有以下 3 个重要作用。

· 快速发现问题,及时调整问题。

· 把问题具体化和细分化。

· 提高流量的价值和转化率。

漏斗分析法通常在分析商品的成交转化情况时使用得较多,但使用流程图只能掌握商品的成交转化过程,无法精准地判断商品具体的成交转化情况。所以这时就需要对流程图进行优化,使用层次更分明的漏斗模型图来分析商品的成交转化情况,如图10-5所示。

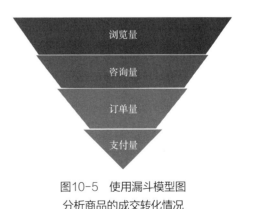

图10-5 使用漏斗模型图分析商品的成交转化情况

4. 类聚分析法

类聚分析法是指将抽象的数据按照类似的对象进行分析的一种分析方法,该数据分析法能够反映数据更深层次的关联与含义。类聚分析法主要用于对用户数据进行分析,通过大数据对用户进行追踪和深入挖掘,精准地发现用户之间相同或者是相近的属性,从而制定对应的运营策略。

用户类聚主要是以行为和属性来划分的,拥有共同行为属性的用户会被视为同一用户群体。例如,按照年龄对某抖音账号的粉丝进行属性分类。如果25~34岁这个年龄段的粉丝占比最高,达到了57%,说明这部分粉丝将是运营者重点研究和维系的对象。

用户类聚分析的主要目的是精准地定位用户群体,在后期运维和推广阶段,能够以点到面地开展营销活动,引发用户的归属感,形成群体营销的局面,最大限度地降低推广成本。

5. 平均分析法

平均分析法是指利用平均数对数据进行比较分析的一种统计分析方法。平均数据是衡量总体数据在一定时间和地点条件下的综合指标,它比总量指标更具有说服力,能够更好地帮助运营者预测新媒体运营的发展趋势和规律。

平均数据包括算数平均值、几何平均值、对数平均值等,其中常用的是算数平均值。算数平均值的计算公式为:算数平均值 = 各数据的总和 ÷ 数据个数。

例如,在分析某微信公众号阅读量时,可以借助 Excel 导出的数据快速找到阅读量高于平均值的文章。将阅读量高于平均值的文章进行重点分析,如分析这些文章的标题、排版、配图等,以便更好地提升后续文章的内容质量。

数据化运营的方法很多,远不止上述 5 种,感兴趣的新媒体运营者可查阅更多相关资料,以便掌握更多方法。

10.1.4 新媒体数据化运营的工作流程

通过数据化运营,有利于发现运营过程中的问题并及时解决问题,从而达到更理想的营销效果。那么,对于新媒体而言,新媒体数据化运营又包括哪些流程呢?整个新媒体数据化运营的工作流程可概括为如图 10-6 所示的 4 大步骤。

1. 制定目标数据

要制定的目标数据范围很广,包括粉丝数据、销

图10-6 新媒体数据化运营的工作流程

售数据、用户回购数据等。目标数据并不是随口一提得到的某一个数据，而是参考行业发展、竞品分析以及历史数据等分析得出的目标。例如，2022年7月某抖音账号需要新增3000粉丝量，这就是一个粉丝目标数据。

2. 收集数据

目前多个新媒体营销平台都会提供数据，新媒体运营者只需要在各个平台后台收集与目标数据相关的关键数据即可。以微信公众号为例，运营者可登录微信公众平台查看粉丝情况、文章阅读量、转发量、点赞量等关键数据。

3. 分析数据

分析数据就是结合目标数据及目前所收集到的数据，对数据进行分析。例如，某篇小红书软文的目标数据是阅读量过10万，现在收集到的数据显示，该篇软文的阅读量只有3万。就要分析为什么这篇软文的阅读量远不及目标数据，是因为标题吸引力不强？还是因为图片不够吸睛？抑或是因为文章内容不够好？

4. 数据优化

通过罗列数据不达标可能的原因及优化方案，找到目前较为可行的几种方案进行尝试，直至优化数据。例如，某快手小店的某款新品的目标销售额是10万元，但通过分析快手的直播数据和短视频数据，发现该产品的点击率很高，但转化率很低。仔细分析发现，快手平台有另一款外观、功能与之类似的产品，价格远低于店内售价，所以可能是定价不合理导致无法达到目标销售额。在这种情况下，就需要重新制定产品价格。

10.1.5 新媒体数据化运营的常用工具

为了方便新媒体运营者的数据化运营工作，各个平台推出了很多实用性很强的工具，如分析新媒体账号发展状况的新榜、提供新媒体排行榜的清博大数据、用户行为分析平台神策数据等，如图10-7所示。下面逐一介绍这些常用的数据分析工具。

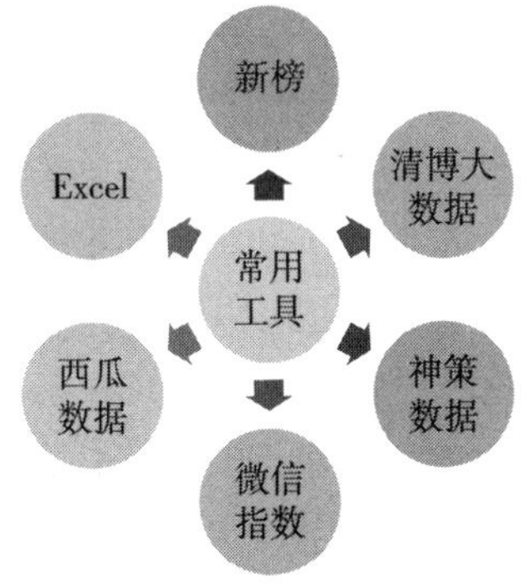

图10-7 数据化运营的常用工具

1. 新榜

新榜是一个综合性的新媒体内容生态服务平台，基于当下各主流的新媒体平台（如微信、微博、抖音、小红书、快手、今日头条、哔哩哔哩等），权威发布最真实、最具价值的运营榜单，以便用户能够清晰地了解新媒体平台的整体发展状况，为账号决策提供参考，新榜的首页如图10-8所示。

图10-8　新榜首页

新榜根据数据产生的时间，将各新媒体平台的数据分为日榜、周榜和月榜。在榜单中用户可以看到账号的发布作品数、转发数、评论数、点赞数、新增粉丝数、累计粉丝数等数据。同时，新榜还基于各主流新媒体平台，提供新抖、新视、新红、新站、新快等数据工具，为用户带来了实时热门素材、品牌声量、直播电商等全面的数据监测分析能力。

2．清博大数据

清博大数据（清博智能）是一个全域覆盖的新媒体大数据平台，也是国内制定各类互联网、新媒体、大数据排行榜的权威机构。清博智能拥有清博指数、清博舆情、新媒体管理考核系统等多个核心产品，提供微信、微博、头条号等新媒体排行榜、舆情报告、数据咨询、融媒体等服务。在清博智能中，除了可以查看微信、微博、头条号等新媒体榜单外，还可以一键查询爆款热文，及时了解市场爆文情况，为新媒体内容创作提供参考，清博智能的首页如图10-9所示。

图10-9　清博智能首页

3. 神策数据

神策数据是一个基于用户大数据分析和用户管理需求的多维度数据分析平台，具有私有化部署、支持基础数据全采集、PaaS 平台开发等优势。如果新媒体运营者想获取精准的用户画像，就需要借助神策数据进行用户行为分析，神策数据的首页如图 10-10 所示。

图10-10　神策数据的首页

同时，神策数据还拥有多维度数据实时分析功能，可以轻松帮助新媒体运营者解决用户数据分析的各种需求，如深度洞察用户行为，深入了解用户是从哪里来的，又是在哪里消失的，从而找到新的产品增长点，提高企业的运营效率。

4. 微信指数

微信指数是微信官方提供的基于微信大数据分析的移动端指数，能反映关键词在微信内的热度变化情况。微信指数通过整合微信上的搜索和浏览行为数据，对微信搜索、公众号、视频号等内容进行综合分析，从而可以获取到关键词的动态指数变化情况，便于新媒体运营者查看某个词语在一段时间内的热度趋势和最新指数动态，图 10-11 所示为微信指数对于"遮阳伞"这一关键词的数据展示。

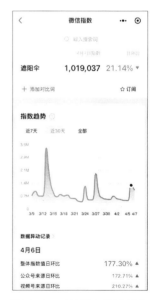

图10-11　关键词"遮阳伞"的数据页面

5. 西瓜数据

西瓜数据是一款公众号运营及广告投放效果监控的专业大数据分析工具，提供全网优质公众号查询、监控及诊断等数据服务，并提供多维度的公众号榜单排名、公众号推荐等实用功能，西瓜数据的首页如图 10-12 所示。

图10-12　西瓜数据的首页

目前西瓜数据收集了 380 万公众号数据，4 亿条公众号发文记录，可以"分钟级"检测公众号阅读，帮助新媒体运营者快速获悉公众号运营数据，提高公众号运营效率。

6. Excel

Excel 是一款比较常见、比较基础的数据分析软件，其数据分析功能十分强大，不仅提供简单的数据处理功能，还有专业的数据分析工具库，包括相关系数分析、描述统计分析等，能够很好地满足新媒体运营者的数据分析需求。

新媒体运营过程中产生的有些数据是新媒体平台和第三方数据分析工具无法获取的，如文字发布数量、后台评论类别、同行口碑分析等。这时就需要新媒体运营者对这些数据进行手动统计，然后将人工统计后的数据整理到 Excel 中进行进一步的分类汇总和分析。

Excel 软件中的函数、数据透视表、图表等功能能够很好地满足新媒体运营者对数据进行分析的需求。因此，新媒体运营者可以将从新媒体平台或第三方数据分析工具中获取到的数据，导出至 Excel 软件中，然后利用 Excel 对数据进行个性化分析，如时间分析、公式分析、对比分析、趋势分析等。

10.2　数据化运营的价值

随着新媒体行业竞争的加剧，精细化运营势在必行。不少新媒体运营者逐渐从过去靠感觉、凭经验运营，转向由数据驱动运营决策，通过数据来指导自己开展运营工作。在大数据时代下,数据分析对于企业的新媒体运营工作具有十分重要的意义,如可以帮助运营者了解企业运营现状、分析企业运营出现问题的原因等。

1. 了解企业运营现状

新媒体运营者需要通过数据分析,及时掌握企业现阶段的运营状态,了解企业的营销趋势、盈亏状况和活动效果。对于新媒体运营数据的分析,应重点关注网站流量数据、微信公众号粉丝数据、微博阅读数据、今日头条内容数据、活动转发与评论数据等。

例如,运营者可在抖音后台查看账号的相关内容数据,然后根据该抖音账号的相关运营数据,分析账号的整体运营情况,通过数据判断该账号发布的内容是否有价值、是否能够有效实现企业的营销目标。

2. 分析企业运营出现问题的原因

在对企业运营现状进行分析后,运营者会对企业运营状况有个初步了解,包括发现运营过程中出现的问题。

例如,有的企业账号粉丝量虽然有明显增长,但用户下单的数量却没有增加。这就涉及转化率低的问题。既然发现了问题,接下来就应该对转化率进行深度分析,找出导致这一问题的原因,从而进行优化,以提升转化率。只有不断发现问题、解决问题,才能保证企业处于正向发展的趋势。

3. 预测企业未来的运营状况

在熟悉了企业的运营现状,并对其进行深入分析以后,新媒体运营者就可以进一步对企业未来的运营状况进行预测,提前对企业进行全方位的运营规划。

例如,通过对比同一产品近 3 年同一时段的销量变化情况,可大致了解当前产品的市场情况,然后结合这些数据推测第二年该产品的销量。如果一款产品的销量逐年下降,就可以考虑是不是因为该市场饱和,是否需要转换产品,从而进一步保障第二年的销售额。

4. 评估企业的营销方案

营销方案是运营者凭借以往运营经验而制订的工作计划,最终需要通过客观、真实的数据来评估该方案的可行性和有效性。另外,通过数据分析还可以及时发现营销方案在实际执行过程中遇到的问题,为下一次营销方案的制定提供参考依据。

例如，某企业新媒体部门策划新产品线上推广方案时，计划在微信、微博、抖音3个平台上推广新产品。营销方案实施一周后，新媒体运营者对3个平台的推广费用和销售数量进行了统计，结果如表10-2所示。从该统计表中可以看出，微信和微博两个推广平台的推广费用虽然没有抖音平台的推广费用高，但新产品在这两个平台的销售数量却远远低于抖音平台，因此可以得出的营销方案评估结果是，在本次推广方案中，抖音平台的推广效果最好，企业应适当减少微信和微博两个推广平台的推广费用，加大抖音平台的推广力度。

表10-2 新产品线上运营数据统计

推广平台	推广费用/元	销售数量/件
微信	1200	123
微博	800	51
抖音	1500	720

10.3 数据化运营的核心指标

新媒体营销与传统营销有着诸多不同，相较于传统营销，新媒体营销有粉丝可控化和数据可视化等优点。那么，新媒体运营过程中有哪些核心指标呢？肯定离不开粉丝数据、内容数据以及转化数据等。

10.3.1 粉丝数据

对于新媒体运营而言，粉丝就是营销的基础，粉丝越多，转化的可能才越大。所以无论是哪种新媒体运营方式，都离不开粉丝数据。以抖音平台为例，运营者可以在创作者中心的"数据中心"查看粉丝数据，如常见的粉丝总数、粉丝净增量、粉丝性别分布、粉丝年龄分布、粉丝活跃度等。如图10-13所示为某账号的粉丝热门在线时段及粉丝净增量数据。

通过分析粉丝数据，能进一步了解粉丝的喜好及需求，这样才能有的放矢地生产更多符合粉丝口味的内容，从而吸引更多粉丝关注。通过分析粉丝的在线时段分布、地域分布、特征分布以及行为分布等，在一定程度上可以了解粉丝的特征与行为习惯，有利于优化营销内容。

新媒体运营者还可以借助"飞瓜数据"对粉丝画像、商品购买需求分布、粉丝活跃时间分布以及视频标签喜好分布等进行分析。

1. 粉丝画像

粉丝画像包括粉丝列表画像、视频观众画像和直播观众画像，可以展示粉丝的性别分布、年龄分布和地域分布等相关数据。这些粉丝画像信息有利于运营者进一步了解粉丝的特点，并策划出迎合其口味的内容及活动。例如，某抖音账号的粉丝画像显示，女性粉丝占比为 76.94%，如图 10-14 所示。今后运营者在策划视频内容中，就可以融入更多女性感兴趣的话题，如减肥、美妆、美食、娱乐等。

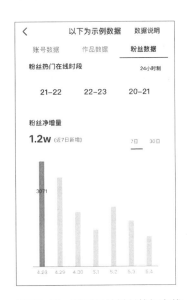

图 10-13　某账号的粉丝热门在线时段及粉丝净增量数据

图 10-14　某抖音号的粉丝性别分布情况

2. 商品购买需求分布

"商品购买需求分布"反映了粉丝近 30 天对账号带货品类的兴趣占比情况以及全部分类价格偏好情况。例如，某抖音账号的"商品购买需求分布"数据显示，11.28% 的观众对童装 / 婴儿装 / 亲子装有需求；11.28% 的观众对女装有需求，如图 10-15 所示。

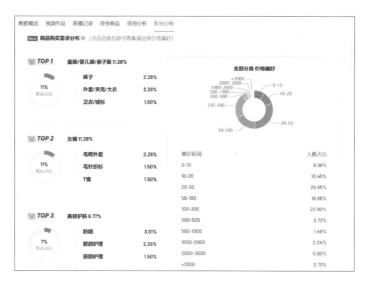

图10-15 某账号的"商品购买需求分布"数据

3. 视频标签喜好分布

"视频标签喜好分布"会罗列抖音号粉丝感兴趣的内容标签,并用百分比来表示用户对该内容的关心程度。例如,某抖音账号的"视频标签喜好分布"数据显示,28.83%的粉丝对"游戏"标签感兴趣;28.10%的粉丝对"教育"标签感兴趣,如图10-16所示。

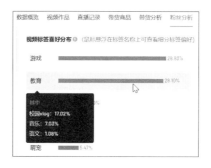

图10-16 某抖音账号的"视频标签喜好分布"数据

新媒体运营者可以根据粉丝的"视频标签喜好分布"情况,尽量多地创作一些粉丝感兴趣的短视频内容。

4. 粉丝活跃时间分布

"粉丝活跃时间分布"可以按照"天"或"周"显示某个时间段的活跃粉丝

占比情况。例如,某抖音账号的粉丝活跃时间集中在20:00—21:00,如图10-17所示。新媒体运营者可以根据这个活跃时间,合理规划视频作品发布时间或直播开播时间。

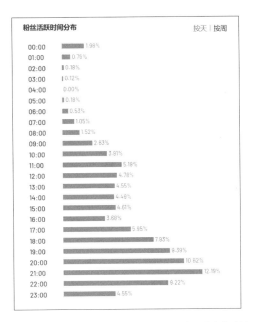

图10-17　某抖音账号的"粉丝活跃时间分布"数据

10.3.2　内容数据

无论选择哪种新媒体运营方式,都会涉及内容问题,如图文内容、视频内容、直播内容。而这些内容数据既是决定账号粉丝数量的关键,也是影响产品转化率的关键。本小节将以抖音和微信公众号为例,讲解内容数据分析的重点。

1. 抖音内容数据分析

以抖音平台为例,运营者应重点关注的内容数据包括完播率、点赞量、转发量等。新媒体运营者可以在抖音的"数据中心"查看作品数据,如某一条视频内容的时长、发布时间、点赞量、评论数、分享数等,如图10-18所示。

视频作品的点赞、评论、分享等数据越好,账号权重越高,内容也越容易被系统推荐给更多

图10-18　某一条视频内容的时长、发布时间等数据

用户，从而可能吸引更多人关注账号。

2. 微信公众号内容数据分析

在微信公众号后台的"内容分析"模块，运营者可以查看群发数据（图文数据）和多媒体数据（视频/音频数据）两部分内容；除了可以看到总体数据，还可以看到单篇群发数据和单个多媒体数据。微信公众号主要是发布图文内容的平台，要想针对每次推送的图文进行数据分析，就需要围绕公众号的图文阅读量展开分析。

这里以单篇群发数据为例，讲解公众号图文阅读量的分析方法。在微信公众号后台的"内容分析"模块，依次选择"群发分析"→"单篇群发"选项，即可查看指定日期的单篇图文内容的相关数据，如图10-19所示。

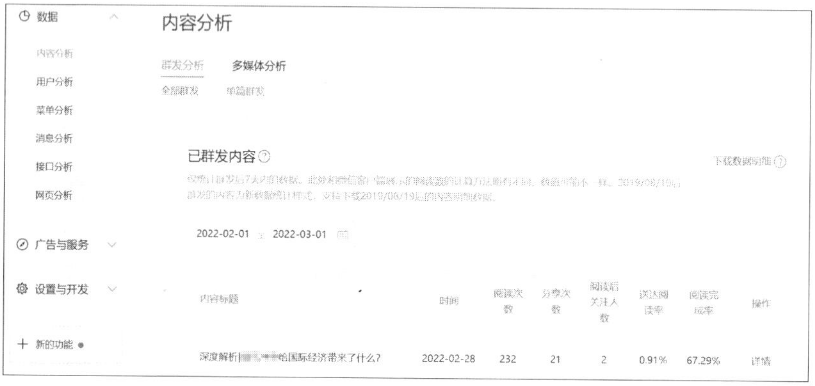

图10-19　单篇群发数据

点击单篇图文右侧的"详情"超链接，可以进一步查看该篇图文内容的送达转化、分享转化、数据趋势、阅读完成情况以及用户画像。分析公众号图文阅读量，主要查看的是送达转化和分享转化这两个数据指标。

送达转化指标反映的是单篇图文内容的首次打开率，也就是公众号消息阅读次数与送达人数之间的比值。分享转化指标包括公众号消息阅读次数、首次分享次数、总分享次数和分享产生的阅读次数，如图10-20所示。单篇图文内容的首次分享率是指首次分享次数与公众号消息阅读次数之间的比值；单篇图文内容的总分享率是指分享产生的阅读次数与总分享次数之间的比值。

打开率和分享率是微信公众号内容数据分析中的两个重要指标。其中，打开率可以反映标题质量，分享率可以反映用户对内容的满意度。

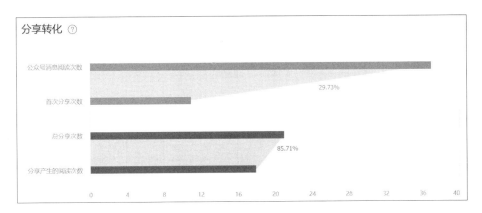

图10-20　单篇图文内容的分享转化数据

10.3.3　转化数据

新媒体的营销本质是变现，自然要关注转化数据，如销量、转化率、复购率等，其中，账号的转化率、复购率等数据也是数据化运营的核心指标。有的账号粉丝多，内容数据也很好看，但转化率很低，故仍然需要优化。凡是可以挂产品链接的新媒体运营平台，运营者都可以直接查看产品的销量、转化率等数据。如图10-21所示，截至笔者截图时，抖音橱窗中的这款产品的销量为18.9万件。

更多关于产品转化的数据，如转化率、复购率等，需要在账号后台或借助数据分析工具查看。例如，在"飞瓜数据"中可以查看抖音号的带货数据、商品分析、团购分析、合作小店等内容。

图10-21　抖音橱窗某款产品的销量为18.9万件

其中，"带货商品"分析中的"带货数据"展示的是指定统计周期内抖音号的销量数据和销售额数据。例如，在图10-22所示的某账号30天的带货数据页面，我们可以看到预估总销量、预估总销售额、视频带货和直播带货等数据。

新媒体运营者必须了解这些数据指标，并能在各个后台查看这些数据。各个账号前期可能因为定位不同，侧重方向也有所不同。例如，有的账号前期只为提升粉丝量,而有的账号则侧重于提升作品播放量、点赞量等。总之,不管账号的侧重点是什么,只要优化好各个方面的数据,就必然能取得好的营销效果。

图10-22 某账号30天的带货数据

课堂实训: 通过分析直播数据发现运营问题

以直播间数据为例,新媒体运营者可以将近期的直播数据整理到Excel表格中,生成数据记录表。直播数据记录表可以针对已出的数据,对直播间进行分析诊断。可以理解为,通过整理数据、分析数据,找到直播中需要改进的地方。

直播数据记录表主要用于记录一个周期内(通常为1周或1个月)的直播时长、时速、人均观看量、粉丝总数、转粉率等数据,便于新媒体运营者分析该周期内直播内容的质量好坏。直播数据记录表所记录的内容诸多,新媒体运营者可以按实际情况添加。图10-23所示为需要运营者关注的数据。

图10-23 直播数据

- 转粉率：要求直播间的转粉率在 5% 以上；例如，一共有 100 名用户进入直播间，5% 的转粉率就要求至少有 5 个人有关注行为，这样才算达标。
- 停留时长：要求直播间的人均停留时长在 300 秒（5 分钟）以上，该数据可以在直播后台直接获取。
- 互动率：要求互动率在 10% 以上；例如，某直播间共有 100 个用户，10% 的互动率就要求有 10 个人有互动行为，如点赞、评论等。
- 粉丝回访率：要求粉丝回访率在 10% 以上；例如，某直播间累计共有 10000 个粉丝，10% 的粉丝回访率就要求有 1000 个（10000×10%）老粉丝来直播间。
- 点击率（产品）：要求点击率在 20% 以上；例如，某直播间共有 100 名用户，20% 的点击率就要求有 20 人（100×20%）进店或点击产品链接。
- 直播间转化率：各个产品之间的转化率有差异，故没有固定参考值，建议主播参考类目行业平均转化率。
- 人均观看量：与其他数据相反，人均观看量数值越小，越有利于直播间的发展。因为人均观看量数值越大，越有刷人气的嫌疑，人均观看量在 1~3 次较佳，最好不要超过 5 次。
- 时速：每小时的观看量情况，其计算公式为：时速 = 观看量 ÷ 时长。时速没有具体标准，越高越好。
- 新 UV 占比：要求达到 50%，上不封顶；例如，某直播间共有 100 个粉丝，新粉丝占比要达到 50%，就要求至少有 50 个新粉丝。

图 10-24 所示为某居家建材类直播间 2022 年 5 月的每日数据记录表（部分）。从图中可以看出，该直播间的观看量呈上升趋势，且新粉占比达到了 90% 多。这是因为，作为一个新直播间，其坚持在劳动节期间每天开播 5~10 个小时，所以平台愿意给予新流量。

时速	直播总UV	人均观看量	老粉UV	新UV	新流量占比	人均停留时长	新增粉数	粉丝总数	老粉回访率	转粉率	互动人数	互动率
612	5021	1.218681538	253	4768	94.96%	37.31	40	14164	1.79%	0.64%	194	3.86%
591	4815	1.226375909	210	4605	95.64%	41.02	39	14203	1.48%	0.85%	232	4.82%
692	2893	1.196681645	163	2730	94.37%	41.68	30	14233	1.15%	1.10%	135	4.67%
964	3332	1.446878752	141	3191	95.77%	39.73	34	14267	0.99%	1.07%	145	4.35%
716	5794	1.236106317	243	5551	95.81%	31.54	57	14324	1.70%	1.03%	228	3.94%

图 10-24 某居家建材类直播间 2022 年 5 月的每日数据记录表（部分）

当然，从图中也可以看出诸多问题。例如，人均停留时长在 30~40 秒之间，离目标 300 秒还相差甚远，需要想办法把进入直播间的用户留下来。比如，相较于讲解一个产品就用 30 分钟的主播，用 5 分钟讲解完产品的主播更有可能留下用户。因为用户进入后者直播间，即使发现主播当前讲解的产品不是他们喜欢的，他们也可能会因为主播讲解产品很快，而愿意多停留一会儿看看其他产品。

再来看老粉回访率，从图 10-24 中可以看出，该直播间粉丝总共有 1 万多，但粉丝回访数量仅在 200 左右，说明大部分粉丝在关注主播后没有再回来，故有买粉丝的嫌疑。针对这种情况，主播要想办法把粉丝吸引回来，如设置粉丝专享价、发起粉丝福利活动等。

课堂小结

本章介绍了数据化运营的概念、思维、方法及常用工具，深度说明了数据化运营的重要性。为进一步让大家认识数据化运营，还讲解了数据化运营的价值及数据化运营的核心指标等内容。

课后作业

1. 通过微信指数查看"保温杯"的指数。
2. 提升内容数据的方法有哪些？

第 11 章
新媒体运营实战操作指南

新媒体运营并不复杂，简单来说就是通过微博、小红书、微信、抖音等平台，对产品及品牌进行营销。本章将通过小米微博营销案例、王饱饱小红书运营案例、Girlcult 的 B 站运营案例、自嗨锅短视频运营案例以及酒时浪的多平台联合营销案例，进一步加深读者对新媒体运营的理解。

本章学习要点

- 了解小米的微博运营案例
- 了解王饱饱的小红书运营案例
- 了解 Girlcult 的 B 站运营案例
- 了解自嗨锅的短视频运营案例
- 了解酒时浪的多平台联合营销案例

11.1 微博运营案例——小米：为米粉手写十万张明信片

小米是一家生产智能手机、智能硬件等丰富产品的公司，成立于2010年，至今也有10多年历史。小米公司的多名高层管理人员都通过创建、运营新浪微博账号，让产品逐步走进大众视野，既提高了自己的知名度，也宣传了公司产品。小米公司这种搭建微博矩阵的营销方式，拉近了品牌与用户之间的距离。

特别是小米的创始人雷军，在小米公司成立的第9年，通过微博分享了一组名为"2020探索不可能"的明信片，如图11-1所示。这组明信片表达了小米能走到现在，离不开小米每位员工的努力以及用心。文案还提到每到年底，小米员工都会为米粉手写十万张明信片。

图11-1 名为"2020探索不可能"的明信片文案

这条微博中展现的6张明信片中的文字内容依次如下。

- MIX Alpha 环绕屏 探索未来边界，最重要的是保持勇气 以及，身边有你；
- 进入世界500强 最年轻世界500强，用实力创造奇迹 只为，与你分享；
- 小米科技园落成 北漂九年，拥有了一个家 还有，千万个你；
- 首发一亿像素相机 一亿像素，开启影像新篇章 为你，颠覆视界；
- AIoT 赋能智能生活 智能生活的快乐，不限量发放 请你，保持想象；
- Redmi 品牌升级 新的探索，是为了不顾一切的热爱 出发，一起冒险。

每段文字都与"你"有关，如"以及，身边有你""只为，与你分享"等，拉近了与粉丝的距离。另外，文案中提到的"北漂""家""探索""500强"等关键词，不禁让众多"80后""90后"想起自己的奋斗经历、买房经历，从而引起情感共鸣。截至笔者截图时，该条微博被转发数千次，点赞1.4万多次，使得小米的品牌形象更加深入人心。

11.2 小红书运营案例——王饱饱在冷启动阶段打透小红书渠道

小红书，营销人认知中最大的高颜值、精致生活"种草"阵地。适合美妆、日化、食品、小家电等以女性消费者为主，且能拥有高成图率的新品上市推广。品牌对小红书最常见的应用模式为，规模化的达人内容"种草"。规模化不一定要体现在达人数量上，更多的是基于关键词的产品内容维度规模化，尽可能最大化地去覆盖用户的潜在搜索需求。

2018年5月上线的"王饱饱"品牌，通过内容运营、用户运营等新媒体运营方式，迅速抢占市场。王饱饱品牌于2018年8月入驻天猫平台，凭借独特的烤燕麦产品，入驻首月就达到了200万元的销售额。王饱饱的成功离不开产品，更离不开小红书。在大量的小红书投放内容中，构建了王饱饱的典型消费场景以及年轻女性的人设，然后将"代餐""零食""不怕胖""好吃""减肥""热量低""高颜值"等标签高频地穿插在内容中，以此塑造出了王饱饱产品的典型特征。

在2018年8月王饱饱天猫旗舰店上线的当月，王饱饱在三大平台进行了同步投放，但在小红书上的投放资源是显著高于其他平台的。一个重要的原因是，小红书APP上的用户画像与王饱饱的核心目标消费人群重合度比较高。

2018年的8月，王饱饱与18位KOL合作，其中包括2位粉丝近200万的美食博主；9位粉丝数量在20万~70万的博主；7位粉丝数量在1万~15万的博主。

到了9月份，王饱饱与14位KOL合作，其中只有1位粉丝数量超30万的博主，有4位粉丝数量在15万~30万的博主；9位粉丝数量在1万~10万的博主。

在KOL的选择上，王饱饱构建了一个类金字塔的组合，即少量的超级大V、部分腰部网红以及较多的底部达人，如图11-2所示。在合作的顺序上，也是遵循了自上而下的原则，层层推进，以实现"种草—搜索—信任—转化"的过程。

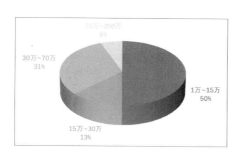

图11-2 王饱饱投放达人粉丝量级占比

图11-3 某小红书达人分享的王饱饱麦片内容

　　王饱饱的小红书营销,不是简单的卖点内容"种草",大量KOL在提及王饱饱时,还会加一些搭配组合和具体做法。例如,某小红书达人在提及王饱饱麦片时,不仅提到了搭配组合,还展示了具体做法及成品,如图11-3所示。整篇内容有精美图片做视觉冲击,让王饱饱的燕麦看起来令人更有食欲,也更吸引人。

　　在2018年8—12月,王饱饱于小红书密集投放了近60位粉丝数量在百万、几十万、十几万的网红、KOL和达人后,在8月—11月,王饱饱天猫店铺的搜索流量暴增了三倍,如图11-4所示。

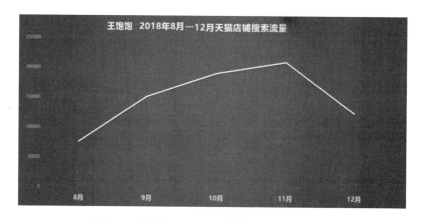

图11-4 2018年8—12月王饱饱天猫店铺搜索流量

由此可见，2018 年的王饱饱作为一个新品牌，借助小红书营销，成功俘获了大批用户的芳心。

11.3 B站运营案例——Girlcult近1亿的曝光量

品牌要想在 B 站上做好营销，最关键的原则就是真诚。让 UP 主们按照自己既定的人设，以发挥创作优质内容为首要前提，然后在此基础上大方地融入产品角色，而不是要求一上来就讲产品，通篇都以广告为主，这种做法会让 B 站的粉丝非常反感。

品牌在 B 站的合作模式多以 UP 主合作为主，而其中大部分的营销场景，又是以产品为基础的营销推广，比如新品上市、产品促销等。Girlcult 作为一个风格化国潮彩妆品牌，通过用户运营及 B 站运营，让集中在"90 后"及"00 后"的用户更全面的了解并认可品牌。Girlcult 自创立之初，就已经在 B 站建立了账号并通过了企业专车号，为用户搭建了一个专属的自由表达空间。

Girlcult 的三大关键词是浪漫、冒险和怪诞，所以打开 B 站，不难发现 Girlcult 做出来的内容可能跟大众或者一些主流品牌不太一样，如图 11-5 所示。Girlcult 的形态很多，装载不同故事、可以让不同的人表达不同的态度和内容。

图11-5　Girlcult在B站的部分内容

对于具体的投放策略，Girlcult 有一个"1928 法则"，就是以 10% 的头部 UP 主 +90% 的成长型 UP 主以及 20% 内容定制 +80% 种草植入的内容构成。

在合作的 UP 主方面，其中 10% 是具有较大影响力的 UP 主，或者说是头部的 UP 主，他们就像大广场的喇叭一样，站在广场中间，通过大喇叭把整个品牌最重要的信息播放出去；然后 90% 的成长型 UP 主，相当于广场上站得稍微高一点的人，他们看到得更多，帮品牌辐射周围更多的人，不断产生圈层之间的互动，扩大品牌影响力。

在内容方面，有 20% 的内容强调创作自由，基于 UP 主自身对品牌的理解，讲好品牌故事，使之产生更强的自主分享意愿。剩下 80% 的内容则是种草植入，通过发布测评产品类的内容，全方位宣传品牌及产品信息。

截至 2022 年 7 月，Girlcult 一共合作了 1000+UP 主，获得近 1 亿的曝光量，3000 多万的互动量。

11.4　短视频运营案例——看自嗨锅讲大家的故事

自嗨锅作为速食界的一个品牌，于 2018 年问世，第一年就取得了 1 亿元营收额，到了 2019 年，更是达到了 5 亿元营收额，让不少同行企业都刮目相看。自嗨锅通过用户运营、短视频运营等运营方式，逐渐走进大众视野。自嗨锅研究年轻人的心态，和年轻人共同成长，正如"自嗨锅"抖音账号主页上的品牌介绍：自嗨锅陪你一起玩美食、做料理、看好剧，如图 11-6 所示。

自嗨锅结合自身的产品属性，不仅深入用户美食场景，以创意料理与用户达成同频沟通，还通过自制创意剧，持续、多维地占领用户的碎片化时间，强势占位看剧时吃自嗨锅的场景标签。

自嗨锅通过抖音自制剧的形式，将品牌产品与年轻人的日常创意嫁接融合起来，还原了当代年轻人的真实生活场景。图 11-7 所示为自嗨锅部分自制剧封面图。在这一过程中，品牌放低了姿态，充分尊重年轻人的价值观，自嗨锅更有温度、有个性、有故事的品牌力也得以彰显。

从自嗨锅讲述的故事中，我们能看到许多的社会角色：白天上学、晚上去便利店打工的大学生；因业绩不达标而被辞退的带货主播；有着社交恐惧症的游戏者……这些不同个性、不同处境的人，由点及面织成了一张大网，总能让用户或多或少地从角色身上看到自己或者身边人的影子，自然地引起用户情感共鸣，加深了用户对品牌的印象。

图11-6　自嗨锅抖音账号主页

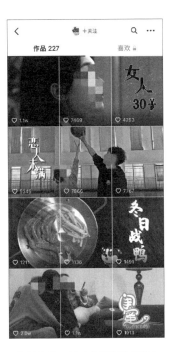

图11-7　部分自制剧封面图

当然，自嗨锅的成功也有其他因素，但抖音短视频、直播渠道，确实是其成功的关键因素之一。

11.5　多平台联合营销案例——酒饮品牌"酒时浪"获年轻人青睐

从品牌名来看，"酒时浪"的意思就是喝酒的时候"一起浪"。"酒时浪"主张的率性、真我、不羁和悦己的人生态度，在喝酒这件事上，快意自在。实际上，"酒时浪"通过用户运营及产品运营，以年龄为标准对消费者进行了划分，将目标人群锁定于"90后"和"00后"群体，定位为轻酒饮。

"酒时浪"的轻酒饮主要有三个层面的意思，一是"酒时浪"的产品是低度微醺，二是"酒时浪"的产品大多适合轻松休闲的场景，三是介于酒水和饮料之间。"酒时浪"不仅仅是一个酒瓶上的标签，更是一种生活主张。

从产品来看，"酒时浪"的产品大多是微醺低度酒，很符合年轻人的消费偏好；

产品包装采用更新潮的设计,高颜值的外包装自带话题度和传播度;在使用场景上,以聚会、独酌等多场景渗透年轻人的生活。

作为一个新锐品牌,"酒时浪"通过小红书、抖音和公众号三个平台更好地接触到年轻人,从而获得品牌知名度和销量的双增长。

1. 小红书营销

对于想实现从 0 到 1 突破的品牌和新产品,作为年轻人的生活方式平台与消费决策入口的小红书是一个非常好的营销选择。并且小红书的受众购买意向极高,品牌能在上面更好地进行"种草"。

在小红书平台搜索关键词"酒时浪",可以看到既有点赞上千的笔记内容,也有点赞只有几十个且带有"赞助"字样的笔记内容,如图 11-8 所示。"酒时浪"在小红书上投放的主要是头部达人和尾部达人,头部达人有高影响力,可以打造广泛认知,以粉丝经济带动转化;尾部达人可以营造全民推荐氛围,转化高意向用户,促进购买行为。

图11-8 小红书平台"酒时浪"搜索结果页面

同时,"酒时浪"还创建了自己的小红书账号,通过场景内容进行产品的植入推荐。"酒时浪"的小红书主页如图 11-9 所示,最多的那一篇获得了 3.3 万个点赞数,截至 2022 年 7 月,已经有 1.9 万粉丝。并且小红书上有许多用户自发推荐"酒时浪"的产品,可见"酒时浪"在小红书平台营销取得了不错的成绩。

2. 抖音营销

据相关数据显示,抖音平台日活跃用户已经超过 6 亿,且有 38% 的用户日平均使用时长超过了 30 分钟,月人均使用时长超过了 28.5 个小时,与 2019 年同比增长 72.7%。庞大的用户群体和使用时长日渐增加,让抖音成为品牌营销的重要阵地。

"酒时浪"在抖音平台上虽然没有进行过多的广告投放,但是通过进行产品创意短视频的内容输出,更好地接触了年轻消费者。截至 2022 年 7 月,"酒时浪"在抖音平台已有 1.5 万粉丝,如图 11-10 所示。

图11-9 "酒时浪"的小红书主页　　图11-10 "酒时浪"的抖音主页

3. 公众号营销

在微信公众号上,"酒时浪"有自己的独特打法。如图11-11所示,用户关注公众号后,系统就会自动推送"酒时浪"工作人员的私人微信号,将消费者引流到私人微信账号后更方便后续的社群管理。

在公众号文章内容方面,"酒时浪"公众号中的每篇文章的最后都会留下有奖评论,通过奖励与用户进行互动,如图11-12所示。在内容方面,"酒时浪"紧跟当下年轻人的社交话题、紧跟时事,更好地和年轻人玩在一起。

图11-11 "酒时浪"公众号的自动回复

"酒时浪"能从酒饮市场脱颖而出的原因是,它首先通过市场细分,确定了目标人群;然后定位于轻酒饮,创造出了有竞争力的产品;最后通过小红书营销、抖音营销、公众号营销,更好地触达年轻人,完成了品牌的从0到1。

图11-12 "酒时浪"的公众号活动

通过小米、王饱饱、自嗨锅等知名品牌的新媒体运营实操案例,不难发现新媒体运营其实离我们很近,基本都是身边热门的抖音、微博、小红书等平台的运营。大家只要掌握这些热门平台的玩法并将其应用到实际的品牌、产品运营中,就有可能取得很好的营销效果。